SIMPLICITY IS THE MOST POWERFUL FORCE IN BUSINESS — AND THE BEST WAY TO STAND OUT IN A COMPLICATED WORLD.

THINK SIMPLE!

'심플함'은 비즈니스 세계에서 가장 강력한 힘입니다.
또한 복잡한 세상에서 돋보일 수 있는 최고의 방법입니다.
심플하게 생각하라!

켄 시걸

미친듯이 심플

Insanely Simple

이 도서의 국립중앙도서관 출판예정도서목록(CIP)은
서지정보유통지원시스템 홈페이지(http://seoji.nl.go.kr)와
국가자료종합목록 구축시스템(http://kolis-net.nl.go.kr)에서 이용하실 수 있습니다.
(CIP제어번호: CIP2014008280)

미친듯이 심플
Insanely **Simple**

스티브 잡스, 불멸의 경영 무기

켄 시걸 Ken Segall 지음 김광수 옮김

문학동네

아빠에게는 더없이 최고인 아들
제러미에게

"단순화하라, 단순화하라."

헨리 데이비드 소로

"단순화하라."

애플

인생은 기술skill과 운luck의 조합이다. 내가 이 업계에서 가장 노련한 사람이라고 내세울 생각은 없지만 가장 운좋은 사람 중 하나임은 분명하다. 나는 넥스트(NeXT, 1985년에 스티브 잡스가 애플에서 물러나 세운 회사로 훗날 애플에 합병된다—옮긴이)와 애플을 오가며 10년 넘게 스티브 잡스와 함께 일했다.

우리 관계가 항상 수월하지는 않았다. 어쩌면 썩 정상적이지 못했다는 표현이 더 나을지도 모르겠다. 그래도 그와의 교류는 늘 흥미로웠고, 내가 잡스에게서 얻은 교훈은 평생 갚아야 할 빚으로 남을 것이다.

잡스는 내가 이 책을 끝내기도 전에 세상을 떠났다. 그의 죽음은 예견된 것이었지만 나는 그 사실을 온전히 받아들이지 못했다. 그의 건강이 겉으로 보이는 것보다 나을지도 모른다는 희망의 끈을 나 혼자 붙들고 있었다. 그가 없는 세상은 생각조차 하기 싫었다.

그래서 이 책에는 원래의 출간 목적 외에 개인적인 의미도 담겨 있다. 잡스에게, 그리고 그가 세상에 기여한 모든 것들과 개인적으로 내게 준 모든 기회들에 경의를 표한다.

이 책에 실린 개념들은 내가 창안한 것이 아니다. 나는 그저 지켜보았을 뿐이다. 모든 것을 단순화한 잡스에게 고마움을 전한다.

차례

들어가는 글

심플 스틱The Simple Stick

잡스 앞에서 막 프레젠테이션을 끝내고 돌아온 패키지 디자인팀 사람들의 얼굴에 상황이 그대로 드러나 있었다. 살육의 명백한 징후는 보이지 않았다. 다만 '의도한 대로 일이 풀리지 않았다'는 기색이 역력했다.

나 역시 무척 안타까웠다. 까다로운 패키지 문제를 해결하기 위해 몇 주 동안 혼신을 다해왔음을 잘 알고 있었기 때문이다. 그 무렵 같은 건물에서 다른 프로젝트를 진행하던 나는 경비가 삼엄한 그들의 기밀 회의실에 이따금씩 초대받아 브레인스토밍 회의를 함께하곤 했다.

패키지 디자인팀이 잡스를 만나고 돌아와 긴장을 풀고 있을 때, 나는 크리에이티브 부서 탕비실에서 프로젝트 책임자와 마주쳤다.

"정말 긴장돼서 미치겠어요. 오늘 아침 일, 어떻게 됐어요?"

"그게…… 심플 스틱(애플의 모든 것에 지독하리만치 단순함을 적용하려 했던 잡스의 경영 원칙을 상징하는 말—옮긴이)으로 맞았어요."

해석하자면 잡스는 그들이 가져간 결과물에 퇴짜를 놓았다. 결과물 자체가 형편없었다기보다 아이디어의 본질을 형상화하는 과정에 문제가 있었기 때문이다. 이를테면 직진해야 할 곳에서 회전해버린 것이다.

잡스를 짜증나게 한 것은 결과물이 창의적인지 아닌지 그 여부가 아니라 프로젝트 자체였다. 프로젝트 책임자는 팀원들에게 한 제품에 두 가지 버전의 패키지를 만들도록 했다. 잡스는 이것이 어리석은 발상이라고 판단했다. "그냥 통합하세요. 한 제품에 한 상자로." 그들은 두 가지 아이디어를 고안하느라 애쓸 필요가 없었던 것이다.

잡스가 옳았다. 그 방식이 더 심플하고, 빠르고, 효과적이었다. 대화는 이렇게 금방 끝났고, 누구보다 똑똑하고 유능했던 팀원들은 왜 진작 그 생각을 못했는지 의아해했다.

심플 스틱은 애플 내부의 핵심가치core value를 상징한다. 심플 스틱은 영감을 자극하기도 하고 원시인의 몽둥이처럼 위협이 되기도 한다. 또한 애플이 여타 기술회사들과는 다르다는 점을 언제나 상기시키고 이 복잡한 세상에서 애플을 돋보이게 한다. 그만큼 애플은 '단순함simplicity'의 힘을 거의 종교처럼 신봉한다.

애플과 일해본 사람들이 하나같이 인정하듯 단순한 방식이라고 해서 늘 손쉬운 방식은 아니다. 가끔은 더 많은 시간과 돈, 에너지가 요구된다. 누군가의 심기를 상하게 할 때도 있다. 그렇더라도 단순함은 훨씬 좋은 결과를 이끌어낼 때가 더 많다.

단순함은 두 명의 스티브, 즉 잡스와 워즈니악이 애플을 설립한 초창기부터 회사의 추진력이었다. 덕분에 두 사람은, 하나같이 특징 없는 기업들의 어두운 지하실에서 그저 데이터만 처리하는 기계가 아닌, 사람이 놀라운 무언가를 이룩해내는 데 실질적인 도움을 줄 수 있는 컴퓨터를 만들어내기에 이르렀다.

아울러 컴퓨터 역사에서 가장 획기적인 도약으로 평가받는, 마우스로 제어하는 그래픽 인터페이스를 도입한 매킨토시 개발에 방향등 역할을 한 것도 역시 단순함이다(온갖 기술 문제를 들먹이며 이 인터페이스를 '정말로' 누가 개발했는지를 두고 나를 추궁하지 않았으면 좋겠다. 이것을 대중화한 첫번째 컴퓨터가 매킨토시임은 분명한 사실이다).

1984년, 매킨토시를 선보이는 설명회에서 잡스는 그날 이후 수십 년에 걸쳐 회자될 유명한 말을 한다. 그는 매킨토시를 두고 "미친 듯이 엄청납니다insanely great"라고 했다.

사람들이 이 기술적 대사건을 더 가까이에서 보기 위해 긴 줄을 서게 된 건 일종의 광기 같은 것이었다. 그가 11년의 유배 생활을 정리하고 애플로 돌아왔을 때 이 광기도 부활했고 사람들은 다시 줄을 서기 시작했다. 복귀한 잡스는 가장 먼저 컴퓨터(아이맥)에 다시 불을 붙였고, 그러고 나서 음악(아이팟과 아이튠스)과 스마트폰(아이폰)을 혁신했으며, 가장 최근에는 컴퓨터 전반(아이패드)을 혁신했다.

애플이 주도한 모든 혁신은 단순화를 향한 사활을 건 헌신에서 탄생했다. 새로운 기기가 등장할 때마다 새로운 부문을 창조하거나 기존의 부문을 재편했다. 이 모든 일은 아이맥의 예전 광고 문구처럼

"그저 놀랍고, 놀랍도록 단순한simply amazing and amazingly simple" 기술 덕분이었다.

애플뿐 아니라 인텔, 델, IBM의 마케팅을 주도해온 나는 단순함을 추구하는 애플의 지향이 매우 독특하다고 장담할 수 있다. 그것은 열광이나 열정의 차원을 넘어 집착에 가까운 수준이었다.

단순함을 향한 애플의 사랑은 잡스의 머리에서 시작되었지만, 이제는 조직 DNA에 깊숙이 파고들어 전 세계 모든 애플 직원들의 길잡이 역할을 한다. 단순함은 잇따른 혁신을 촉발시켜 큰 만족을 낳는다. 그뿐만 아니라 엄청난 돈다발이라는 지극히 전통적인 방식으로도 보답한다.

이 사실을 간단히 확인하려면 애플의 이익 규모를 경쟁사 중 한 곳과 비교해보면 된다. 그보다 더 확실하게 알고 싶다면 애플의 이익 규모를 경쟁사들 전부의 이익을 합친 것과 비교해보면 된다. 애플은 2011년 삼사분기에 스마트폰 시장에서 4퍼센트의 점유율로 업계 이익을 절반 넘게 차지했다. 개인용 컴퓨터 시장에서도 전 세계에서 약 5퍼센트에 불과한 시장점유율로는 믿기지 않을 만큼 업계 전체 이익을 크게 잠식했다.

물론 단순함이 애플의 유일한 성공 요인은 아니다. 리더십, 비전, 재능, 상상력, 놀랍도록 강도 높은 노력이 조금씩 어우러졌다는 표현이 맞을 것이다. 하지만 이 모든 것을 관통하는 공통된 줄기가 바로 단순함인 것이다. 무언가를 창조하고 실행하도록 북돋우는 원동력이 이 단순함에서 나온다. 고객들과 단단한 관계를 형성하고 고객들이 동료와 친구, 가족 들에게 애플을 알리도록 북돋우는 힘 역시 단순함을 향한 애플의 헌신에서 비롯된다.

단순함은 애플의 혁신을 그저 가능케 하는 수준을 넘어 '몇 번이고' 혁신이 가능하도록 만든다. 세상이 변하고 기술이 변해 애플이 그 변화에 적응하더라도, 단순함에 대한 신념만큼은 변함없다. 자신들의 기술을 누구도 거부하기 어려운 기기로 전환할 수 있는 배경에 바로 이 가치 체계가 자리한다.

단순함을 향한 애플의 사랑은 의심의 여지가 없다. 바라보이는 모든 곳에 단순함이 자리한다. 그것이 곧 회사의 제품이고, 광고이며, 내부 조직이고, 스토어이며, 고객과의 관계다. 애플 내부에서는 단순함이 목표고, 업무 프로세스이며, 평가의 척도다.

이 모든 것은 하나의 궁극적인 의문으로 이어진다. 단순함을 향한 애플의 집착이 그토록 확고하고 재정적 보상 역시 확실하다면, 왜 지구상의 다른 기술회사들은 애플의 방식을 모방해 동일한 수준의 성공을 거두지 못하는 것일까?

답은 간단하다. 쉽지 않기 때문이다.

단순함이란 비즈니스에 쉽게 접목시킬 수 있는 어떤 막 같은 게 아니다. 미리 포장해서 보관할 수도 없고, 온오프 스위치로 작동시킬 수도 없다. 하지만 그러하기에 결단력과 지식만 있다면, 누구나 그 이점을 온전히 자신의 것으로 만들 수 있다.

양분과 물, 햇빛이 적절히 배합된다고 해서 단순함이 저절로 생명력을 얻는 것은 아니다. 투사가 있어야 한다. 원칙을 위해 싸우고,

단순함의 쌍둥이 악마인 '복잡함complexity'의 유혹을 거부할 수 있을 만큼 강인하며, 머리와 가슴 모두로 기꺼이 프로세스를 이끌 수 있는 사람 말이다.

쉽게 상상할 수 있듯이 심플 스틱으로 얻어맞기보다는 그것을 휘두르는 편이 훨씬 더 재미있다. 단순함의 가치를 받아들일 때 당신은 변화를 촉진하고, 동료들을 올바른 방향으로 이끌고, 회사에서 당신의 가치를 입증하는 존재로 나날이 거듭날 것이다.

부인할 수 없는 진실

이 책의 주제가 단순함이므로, 이 책의 거의 모든 내용이 하나의 단순한 사실에서 비롯한다는 점부터 짚고 가야겠다. 바로 '사람들은 단순함을 선호한다'는 사실이다.

벌써 단순함을 강조하기에는 조금 이른 감이 있다. 그래서 표현을 조금 장황하게 바꿔보겠다. '선택권이 주어졌을 때, 분별 있는 사람이라면 복잡한 길보다 단순한 길을 택할 것이다.'

이렇게 바꾸더라도 의미가 명확히 전달된다면, 당신은 단순함의 놀라운 속성 중 하나를 제대로 인식한 것이다. 이 말은 지극히 당연해 보이고, 당연하게 들리고, 당연하게 느껴진다. 당신은 무의식중에 고개를 끄덕이며 동감을 표할 것이다.

하지만 사람들이 '단순 명료함'을 간절히 바라고 또 긍정적으로 받아들인다는 사실을 과소평가해서는 안 된다. 우리들은 점점 복잡해지는 세상에서 살고 있으며, 그러한 세상에서 단순함을 찾기란 그리 만만치 않다. 이는 수요와 공급의 기본 원리로도 나타낼 수 있다. 즉 단순함이 희소해질수록 그 가치는 높아진다. 따라서 무언가를 단순화하고 더이상 복잡해지지 않게 하는 능력도 더욱 중요해진다.

연령과 종교, 문화, 정치적 신념과 상관없이 모든 사람들은 단순함을 선호한다. 사실 단순함을 좋아하는 존재는 인간만이 아니다. 이는 살아 있는 모든 세포의 기본 구조에 각인되어 있다. 그래서 평범하고 일상적인 판단에 직면했을 때, 대다수 생명체들은 '단순한 길에 훨씬 더 끌린다'는 사실에 공감한다.

당신이 사람이 아니라 개나 물고기, 아메바일지라도 더 간단한 방식에 더 적극적으로 반응할 것이다. 그것이 의식적 반응이 아니라도 마찬가지다. 이 사실을 이해하고 받아들여 적용하는 사업가들은 그렇지 않은 사업가보다 더 큰 성공을 거머쥘 것이다.

이렇게 살아 있는 모든 것이 태생적으로 단순함을 선호하는데 왜 일—그리고 인생—은 그토록 복잡하기만 할까? '균형'이 자연의 섭리이기 때문이다. 단순함이라 불리는 멋진 개념이 존재하는 동시에 복잡함이라는 먹구름도 존재한다. 복잡함의 힘은 강력하고 유혹적이므로 그 존재를 과소평가해서는 안 된다.

이제 막 복잡성에 매료된 사람들은 우리와 비슷하게 보이거나 우리처럼 행동할 때가 많다. 그리고 매일 일하면서 이런 사람들을 만난다. 그들은 복잡한 방식이 어쨌든 좀더 기발하다고 믿거나 혹은 그렇게 믿게 된 사람들이다. 우리가 그들에게 한줄기 빛을 보여줄 수도 있다. 아니면 아예 그들의 손발을 묶어버리는 것이 우리가 할 수 있는 전부일 수도 있다. 이상하게 들리겠지만 우리는 복잡함의 대리인들이 존재한다는 사실에 감사해야 한다. 그들이 존재하기에 단순함이 더 두드러져 보이기 때문이다.

단순함은 힘이다. 개인과 조직, 그 누구라도 사용할 수 있다. 문제는 당신에게 이 힘을 자신만의 비즈니스 강점으로 전환할 수 있는 통찰과 기술이 있느냐는 것이다.

곧 그렇게 될 것이다.

이 책은 마케팅 서적인가, 아니면 무엇인가?

이 책은 애플을 성공으로 이끈 '단순함을 향한 집착'에 대해 말하고 있다. 그러나 단순함의 의미를 제대로 이해하려면(애플에서 이 개념이 어떻게 실행되고, 유지되고, 강제되는지 이해하고 그 힘을 회사의 목표를 달성하는 데 이용하는 방법을 배우려면) 정황에 비추어 바라봐야 한다. 잡스가 세운 조직에서 정황이란 곧 마케팅을 의미한다. 애플이 성공하는 데 마케팅의 역할이 애플 제품들만큼이나 중요하다는 말은 절대 과장이 아니다.

그렇다면 내가 이 책에서 다루는 많은 사례들이 주로 마케팅과 관련된 것이라고 생각하면 될까? 당연히 그렇다. 그럼 당신이 마케팅 부문에 종사한다면 이 책이 도움이 될까? 그렇지 않다면 내가 무척 속상할 것이다. 그렇다면 꼭 마케팅 업계 사람들만이 이 책에서 중요한 비즈니스적 통찰을 얻을 수 있다는 뜻일까? 전혀 그렇지 않다.

이 책에서는 아이디어와 일의 진행과정을 다룬다. 최고의 결과물을 창조해 생존 기회를 극대화하고, A에서 B까지 더욱 효율적으로 도달하는 동시에 매우 만족스러운 결과를 얻는 법을 소개한다. 이 원리는 비단 마케팅뿐만 아니라 모든 비즈니스 영역에 적용된다.

고객을 응대하고, 팀을 관리하고, 마감일에 맞춰 업무를 완수하고, 골치 아픈 문제를 해결하기 위해 여러 팀을 조율하는 등 어떤 경우에라도 이 책은 당신이 비즈니스를 성공적으로 이끌 수 있도록 획기적인 아이디어와 통찰을 제시한다.

마케팅을 잘 모르는 사람이라도 여기서 소개하는 상황들을 이해하기 어렵지는 않을 것이다. 〈매드 멘〉(Mad Men, 유명 광고 제작자의 일과 삶을 다룬 미국 드라마—옮긴이)을 비롯해 수많은 방송 프로그램과 영화에서 다루는 비즈니스를 이해하지 못해 애를 먹는 사람은 아마 없을 것이다. 게다가 애플의 세계에서 실제로 벌어지는 이야기들은 할리우드 버전만큼이나 재미있다.

이 책에서 당신은 잡스의 회의실 벽에 붙은 한 마리 파리가 될 것이다. 또 그와 한밤중에 통화하는 상대도 될 것이다. 여기에 소개하는 많은 사례들은 마케팅의 다양한 측면을 보여줌과 동시에 애플을 애플답게 만든 단순함을 향한 사랑을 조명한다. 이 책은 당신의 비즈니스를 애플처럼 성공으로 이끌 것이다.

당신의 여정을 안내할 나는 애플과 넥스트에서 광고 크리에이티브 디렉터로 17년을 일하며 동료들과 협력해 두 회사의 이미지를 구축하는 마케팅 캠페인을 기획했다. 복잡한 아이디어를 흥미롭고 매력적인 이야기로 탈바꿈시키는 것이 내 임무였고, 그렇게 거둔 성과들도 이 책에서 소개할 것이다.

이 책의 존재 이유

애플의 전설이 널리 알려지면서 그 이야기를 다룬 책들도 속속 등장했다. 그중 상당수는 저널리스트나 외부인이 스스로 조사한 내용에 애플 내부의 잡다한 이야기를 짜깁기해서 만든 것들이다.

그러나 이 책은 그런 책들과 다르다.

애플이 하드웨어, 소프트웨어, 제조, 전략, 제품 출시, PR, 마케팅, 소매 등 많은 분야에서 성공할 수 있었던 실효적 이론을 제시한다. 그것은 바로 애플의 모든 것을 긴밀하게 연결하는 공통 줄기인 단순함이다.

애플이 이 지구상에서 가장 값비싼 기업으로 성장하는 데 단순함이 기여한 과정을 이해한다면, 당신의 비즈니스에도 다양한 방식으로 접목할 수 있다. 애플이 단순함을 이용해 경쟁사들에 그늘을 드리운 것처럼, 당신의 회사도 경쟁에서 앞서나갈 수 있다.

솔직히 말하면 이 책을 쓰는 데 영감을 준 기업으로 애플이 유일한 것은 아니다. 오래전부터 신기술 열병을 앓았던 나는 수년간 IBM과 인텔, 델 같은 상징적 기업들의 수많은 마케팅 캠페인을 기획하는 데 노력을 기울였다. 그런데 애플과 다른 기업들의 문화는 지극히 대조적이었고, 그 때문에 나는 단순함의 힘을 깨닫기 시작했다. 한쪽에는 단순함이라는 날개를 달고 훨훨 비상하는 기업이 있었고, 다른 한쪽에는 날마다 복잡함과 싸우느라 힘을 잃어가는 기업들이 있었다. 단순함에 관심을 보이는 곳도 더러 눈에 띄었지만, 그 관심을 집착으로까지 발전시킨 기업은 단 하나뿐이었다. 그 기업만이 천문학적인 고도까지 비상할 수 있었다.

나는 애플을 두고 다른 기업들뿐 아니라 과거 애플의 모습과도 비교할 기회가 있었다. 잡스가 애플을 경영할 때뿐 아니라 존 스컬리가 최고경영자로 군림하던 암울한 시기에도 애플의 광고 제작을 대행하는 크리에이티브 디렉터를 맡고 있었기 때문이다. 또한 넥스트와 애플에서 잡스의 서로 다른 경영 스타일을 경험할 기회도 있었다.

그 세월 속에서 골라낸 경험들이 이 책에 고스란히 담겼다. 애플을 성공으로 이끈 집착, 그 정체를 밝히는 데 도움이 되는 이야기들을 묶어 독자들에게 선사하는 것이 내 목표다. 부디 그 모든 것이 당신의 회사를 성공으로 이끌 수 있기를 소망하며 이야기를 이어가려 한다.

뻔해 보이는 개념이지만 이 단순함의 의미를 명확하게 설명하기란 어려울 수 있다. 단순함은 하나의 선택이거나 느낌 혹은 방향 같은 것일 수 있다. 또 단순함을 일종의 신앙으로 볼 수도 있다. 당신은 그것을 믿는 곳에 있는지 그렇지 않은지를 비교적 쉽게 구분할 수 있기 때문이다.

단순함은 비즈니스에서 가장 강력한 양대 요소인 지성과 상식의 소생이다.

누구나 이 두 가지를 모두 갖고 있기에 단순함이 세상을 지배할 것이라고 생각할 수도 있다. 하지만 현실은 그렇지 못하다. 예컨대 애플의 아이튠스 스토어에 대항하기 위해 마이크로소프트에서 준 스토어Zune Store를 내놓았을 때, 마이크로소프트는 한 곡당 고정 가격을 지불한다는 상식에서 벗어났다. 대신 고객들이 100포인트 단위로 구입해야 하는 '마이크로소프트 포인트'를 만들었다. 99센트짜리 노래 한 곡을 구입하려면 1달러에 해당하는 80포인트를 지불하는 방식이었다. 이 제도는 상식과 동떨어져 보였고, 이를 승인한 사람들의 뇌 구조에 약간의 문제가 있는 것이 아닌가 하는 의구심마저 들 정도였다.

이처럼 요즘 세상에서 흔한 문제 중 하나가 바로 지성과 상식의 무단이탈이다. 마이크로소프트처럼 진정한 '스마트함'을 기반으로 만들어진 회사도 예외는 아니다. 다시 말하면 단순함의 크립토나이트(『슈퍼맨』에 나오는 크립톤 행성의 암석으로 슈퍼맨을 무력화시키는 힘이 있다—옮긴이)처럼 정반대쪽에 단순함과 동일한 힘을 지닌 복잡함이 존재하기 때문이다. 흔히 말하는 균형이라는 개념을 바탕으로 판단한다면, 아마도 단순함보다 복잡함이 더 강하다는 주장이 훨씬 설득력 있을 것이다.

복잡함은 우리 도처에 진지를 구축하고 있기 때문에 아무리 훌륭한 의도를 가진, 지성과 상식이 풍부한 사람이라도 종종 단순함을 추구하는 데 실패하게 된다.

문명이 태동한 이후로 단순함과 복잡함은 끝없는 사투를 벌여왔다. 그리고 불행히도 인간의 조건 중 하나로 자리한 것은 복잡함이다. 그것은 우리 모두의 내면에 자리한다. 물론 잡스도 마찬가지다. 이 책이 끝날 무렵, 당신은 단순함의 전사로 일컬어지는 잡스 같은 사람조차 때로는 자신의 내면에 존재하는 복잡함의 희생양이 될 수밖에 없었다는 사실을 알게 될 것이다.

어느 정도 품격을 갖춘 단순함과 달리 복잡함은 추한 모습일 때가 많다. 설상가상으로 복잡함은 죽지도 않는다. 그나마 다행스러운 것은 단순함도 그러하다는 사실이다. 단순함은 자신의 어두운 면으로부터의 어떠한 도전도 물리칠 힘이 있으며, 그저 자신을 대신해 싸워줄 누군가를 필요로 할 뿐이다.

다행히 당신이 맨바닥에서 시작할 필요는 없다. 단순함의 대명사인 애플에서 교훈을 얻으면 된다. 당신도 애플처럼 단순함의 힘을 이용해 이 복잡한 세상에서 스스로를 부각시킬 수 있다.

당신의 경쟁자들이 덩치도 크고 자금 사정도 더 여유로울지 모른다. 하지만 심플 스틱은 당신 손에 있을 것이다.

전쟁을 준비하라

잡스, 그리고 애플 마케팅팀과 많은 시간을 보낸 나는 그동안 정말 특별한 곳에서 일했다고 자신 있게 말할 수 있다. 그곳에서 일하는 동안 기억할 만한 일이 생기거나 중요한 결정이 내려졌을 때는 노트에 별표를 하는 습관도 들였다. 내가 함께 일했던 다른 회사들과 비교해 애플이 차별화되는 점을 메모하고 싶었다.

나중에 노트를 뒤적거리던 나는 이해하지 못할 정도로 별표가 많다고 생각했다. 그러나 별표 수확이 모두 끝나고 나서야 깨달았다. 그 모든 순간에 단순함을 향한 애플의 집착이 어떤 식으로든 담겨 있었다는 것을 말이다. 애플에서 그 집착을 경영에 적용하는 방식은 매우 다양했지만, 내 기록에서는 일정한 패턴이 보였다. 바로 거기에서 단순함의 열한 가지 핵심요소들이 나타났다.

이 열한 가지 요소는 애플 혹은 어느 누구의 전유물이 아니다. 그 모두는 우리 것이다. 애플이 세상에서 가장 멋지게 단순함을 실천한 기업이더라도, 우리에게 실행의 여지는 분명히 남아 있다.

당신이 복잡함과 맞설 준비가 되었다면 싸울 기회를 찾기에는 아무런 어려움이 없을 것이다. 아마도 당신 주변을 온통 둘러싸고 있을 테니 말이다. 아주 예외적인 환경에서 일하는 것이 아니라면 당신 회사의 위계질서와 목표, 어쩌면 동료들에게까지도 복잡함이 침투해 있을 것이다. 당신 회사가 실패를 경험한다면, 그것은 결코 단순함의 잘못이 아니라 단순함이 '없었기' 때문이라는 사실을 깨달을 것이다.

이 책의 각 장에서 나는 단순함의 핵심요소를 하나씩 제시하면서 단순함을 향한 잡스와 애플의 애착이 오늘날의 그들을 만들었다는 것을 보여줄 것이다. 그리고 책이 끝날 즈음, 당신은 그 모든 요소들이 어떻게 조화를 이루는지 이해하고 앞으로 당신의 회사 혹은 조직을 이끌 강력한 무기로 무장하게 될 것이다.

단순함은 목표를 넘어 하나의 기술임을 이해해야 한다. 그 힘을 효과적으로 이용하려면 먼저 익숙해져야 한다. 그러기 위해서는 실천이 필요하다. 이 과정이 조금 어려울 수도 있다. 얄궂게도 단순함에 능숙해지는 과정은 그리 단순하지 않기 때문이다. 쉽게 얻을 수 없다. 제2의 천성으로 만들어야 한다.

또하나 기억할 것은, 단순함이란 마음대로 고르고 선택할 수 있는 뷔페가 아니라는 사실이다. 전부를 손에 넣든지, 아니면 아무것도 가질 수 없다. 당신의 이해나 기술이 불완전하다면 결코 이 책의 모든 기교를 잘 알고 있는 복잡함의 적수가 되지 못한다.

Chapter 1

냉혹하게 생각하라 Think Brutal

단호하고 명확한 판단이 조직을 나아가게 한다.
사람들을 명확하게 대한다고 해서 냉혹한 인간이 되는 것은 아니다.
팀이 최선의 결과를 거둘 수 있도록 해야 할 말을 하면 된다.

잡스는 건물 저편 회의실에서 기다리고 있었다. 어쩌면 그가 날 죽일지도 모른다는 생각마저 들었다.

내 잘못이 아니었다. 나는 아무 짓도 하지 않았다. 그저 광고계에서 가장 탐내는 일자리 중 하나인 애플의 로스앤젤레스 광고대행사 크리에이티브 디렉터 직책을 사임한 것뿐이었다. 잡스가 새로 만든 컴퓨터 회사인 넥스트의 뉴욕 광고대행사에서 크리에이티브 디렉터로 일하기 위해서였다.

한 가지 문제가 있다면, 나를 고용하기에 앞서 잡스가 나를 면접하도록 고려한 사람이 아무도 없었다는 사실이었다. 그리고 그는 그 사실을 썩 유쾌하게 여기지 않았을 것이다.

그래서 잡스와의 첫 광고대행사 미팅을 위해 건물을 가로질러 가는 내내 머릿속은 온통 예민한 생각들로 가득했다. 지나간 내 삶이 주마등처럼 눈앞을 스칠 정도로 두려웠던 것은 아니지만, 이 만남이 최악의 상황으로 흘러갈 경우의 대응책을 생각하느라 머릿속이 분주했고 그만큼 긴장됐다.

내가 새롭게 일을 시작한 광고대행사는 BMW 광고로 유명해져 창의적인 광고회사로 각광받던 아미라티 앤드 퓨리스Ammirati & Puris였다. 그 자리에 나를 초대하여, 자신이 잡스에게 저지른 실수를 경고 삼아 내게 알려준 사람은 랠프 아미라티, 바로 그였다. 아미라티는 우리가 이 난관을 충분히 헤쳐나갈 수 있으리라 확신했지만, 그의 이런 확신은 나를 대신할 유능한 크리에이티브 디렉터가 이미 심중에 있음을 알려주는 것에 지나지 않았다. 그리고 이런 기회를 얼른 붙잡으려는 사람들도 많았을 것이다. 잡스는 애플을 떠났지만 그의 명성과 카리스마는 조금도 달라진 게 없었다.

이 당시 나는 잡스와 일해본 적은 없지만 인연은 분명히 있다고 느꼈다. 애플의 로스앤젤레스 광고대행사에서 일하던 시절 내 상사이자 멘토였던 스티브 헤이든은 광고대행사 샤이엇데이Chiat/Day에서 매킨토시의 광고 책임자였고, 애플의 유명 광고인 '1984'를 만들었다. 많은 사람들이 역사상 가장 위대한 광고로 꼽는 이 텔레비전 광고로 인해 슈퍼볼은 거대한 광고 이벤트로 변모했다. 헤이든은 잡스와 일할 때 있었던 일들을 내게 수없이 들려주었고, 이제는 내가 그 모험을 시작하려는 참이었다. 한 시간 뒤에도 여전히 살아 있기를 기대하면서.

넥스트 본사는 샌프란시스코 남부에 있었지만, 이 기회를 잡는다면 나는 본사 근처의 로스앤젤레스에서 뉴욕으로 이사를 해야 했다. 잡스가 아미라티 앤드 퓨리스를 선택한 이유는 간단했다. 최고를 원했기 때문이다. BMW("궁극의 드라이빙 머신The ultimate driving machine")와 UPS("UPS는 운송업계에서 가장 체계적인 회사입니다We run the tightest ship in the shipping business") 광고에 매료된 그는 마케팅팀에 그 광고들을 제작한 회사를 찾도록 지시했다. 그러다 아미라티에서 두 광고를 모두 제작한 사실을 알고 곧바로 눈도장을 찍은 것이다.

긴 복도를 따라 회의실로 향하는 동안 내 심장은 두방망이질 쳤다. 이윽고 회의실 앞에 다다른 나는 천천히 심호흡을 하고 문을 열었다. 선 채로 잡스와 이야기를 나누던 랠프가 정식으로 잡스에게 소개하기 위해 내게 손짓했다. 얼굴에는 환영의 미소가 담겨 있었다. 악수한 두 손을 놓지 않은 채로 우리의 대화는 시작되었다.

"애플 광고를 맡아 해오셨다는 얘기는 들어서 알고 있어요."

잡스가 말했다. 나는 이 말을 희망의 신호로 받아들였다. 어쩌면 그가 나를 동지처럼 여기는 것 같기도 했다.

"네."

내가 자랑스럽게 대답했다. 그도 그럴 것이, 우리는 수상 경력도 화려했다.

"당신이 그동안 해온 텔레비전 광고가 정말 마음에 들어요."

잡스의 말에서 나는 다시 한번 긍정적인 확신을 얻었다. 그는 내 얼굴에서 시선을 거두지 않은 채 한없이 다정한 미소를 지으며 이렇게 덧붙였다.

"인쇄 광고는 정말 별 볼 일 없었죠."

어떻게 대응해야 할지 모르지만 어떤 식으로든 재빨리 대응 방식을 정해야 하는 그런 순간이었다. 잡스가 그렇게 말한 이유는 알지 못한 채 어쨌든 나는 얼굴에서 행복한 미소를 잃지 않으려고 무진 애를 썼다.

"감사합니다."

내 실력이 형편없다고 말하는 사람에게 고맙다고 대답했다는 것을 알았지만 그것이 내가 답할 수 있는 전부였다. 어떻든 문제될 건 없었다. 잡스의 말에서 악의는 전혀 느껴지지 않았다. 그는 평소 모습 그대로였고, 비록 내 자존심은 일부 상처를 입었지만 그래도 얼었던 분위기가 조금이라도 녹은 것에 만족했다. 한편으로는 내 능력을 어떻게 발휘하느냐에 따라 기회를 붙잡을 수도 혹은 놓칠 수도 있겠다는 생각이 불현듯 들었다.

솔직히 우리의 첫 만남이 앞으로 있을 수많은 만남을 투영하는 전조였다는 사실을 깨달은 것은 그로부터 몇 년이 지난 후였다. 나는 잡스를 대단하다거나 하잘것없다는 식으로 생각한 적이 없었다. 내게 그는 그저 있는 그대로의 존재였다. 이후로 오랫동안 우리의 관계도 그렇게 단순했다. 아이팟에 불필요한 버튼을 넣는 것을 싫어했던 것처럼, 그는 업무적 관계에서도 복잡한 것은 질색했다.

단도직입적인 것은 단순함이다. 머뭇거림은 복잡함이다.

그리고 몇 달이 지나면서 나는 내가 경험한 것이 잡스의 본모습이라는 것을 깨달았다. 그는 자신의 생각을 곧이곧대로 말하고는 상대방이 어떻게 느낄지에 대해서는 조금도 개의치 않았다.

잡스처럼 때와 장소를 가리지 않고 자신의 생각을 100퍼센트 솔직하게 말할 수 있는 의지나 능력을 가진 사람은 극히 드물다. 솔직하지 못해서가 아니라 그 상황에서 불편해지는 것이 싫기 때문이다. 누군가의 감정을 건드리고 싶지 않거나 화기애애한 분위기에 찬물을 끼얹는 역할을 피하고 싶어서일 수도 있다. 하지만 잡스에게 이런 것들은 아무런 문제가 되지 않았다. 당신이 그의 친구든 적이든 진실은 진실일 뿐이고, 그의 생각은 그의 생각일 뿐이었다. 그가 당신을 좋아하든 말든, 또는 당신의 기여를 고맙게 여기든 그렇지 않든, 이런 것들은 전혀 고려의 대상이 되지 않았다. 회의 분위기도 상관없기는 마찬가지였다.

인텔과 델의 마케팅팀과 일해온 나는 잔인할 정도로 솔직한 말을 듣는 것에 결코 익숙지 않았다. 비즈니스 세계에는 윤색된 진실varnished truth이 만연하며, 그 뒤를 잇는 것이 산발적 진실sporadic truth이다.

예를 들어 누군가가 당신에게 최고경영자가 당신이 한 일에 치명적인 결함이 있다고 생각한다는 말을 전했다고 하자. 하지만 실제로 최고경영자는 큰 문제가 아니라고 했고, 전달자가 그 말을 부풀려 전했다면, 당신은 솔직한 피드백이 아니라 전달자의 자의적 해석을 들은 것이다. 즉 전달자는(광고주라 하자) 자기만의 프리즘이나 의제를 통해 상황을 바라본 것이다. 이로 인해 당신은 정확한 진실을 알 수 없고, 당신의 팀도 프로젝트를 재고할 수밖에 없으며 결국 비즈니스 관계는 복잡하게 얽혀 손해가 발생한다.

애플과 일하는 사람은 자신의 위치가 어디쯤이고, 목표는 무엇이며, 그 목표를 얼마나 빨리 달성해야 하는지 정확히 알고 있다. 뿐만 아니라 일을 망쳤을 때 어떤 결과가 초래될지도 잘 알고 있다.

명확함은 조직을 나아가게 한다. 가끔씩 발현되는 명확함이 아니라 언제나 조직 전반에 퍼져 있고 노골적이며 절대 타협하지 않는 명확함 말이다. 대부분의 사람들은 자신이 속한 조직에 명확함이 결여돼 있다는 사실을 깨닫지 못한다. 십중팔구는 그렇다. 당신의 회사 계정으로 온 이메일을 무작위로 몇 개만 골라 냉혹한 시각으로 읽어보자. 애매한 내용이 얼마나 많은지 곧 알게 된다. 모든 사람이 냉혹할 정도로 솔직하게 이메일을 쓴다면, 수신함에 담긴 메일을 일일이 분류하느라 허비하는 시간이 절반은 줄어들 것이다.

잡스는 자신이 그랬던 것처럼 다른 사람들에게도 명확한 의사소통을 요구했다. 그는 애매하게 둘러대는 사람을 참지 못했다. 당신이 잡스 앞에서 두서없는 소리를 늘어놓는다면 그 자리에서 잘릴지도 모른다. 그는 시간을 조금도 허비하지 않겠다는 생각으로 회사를 경영했고, 이것은 애플의 현실을 고스란히 반영하는 것이었다. 뿐만 아니라 이는 경쟁을 심각하게 고민하는 모든 기업에 해당하는 것이기도 하다.

냉혹함은 단순함의 열한 가지 요소 중 하나로, 실행하기 가장 쉽다. 늘 솔직해야 하며 머뭇거려서는 안 된다. 함께 일하는 사람들에게도 같은 기준을 요구해야 한다. 몇몇 이들은 머뭇거리겠지만 곧 모두가 자신의 위치를 정확하게 알게 될 것이다. 당신이 속한 팀의 시간을 미래를 향해 진보하는 것에 100퍼센트 집중시켜야 한다. 즉 다른 사람들이 하는 말에 연연할 필요가 없다.

잡스에 대한 사람들의 일반적인 인식은 이렇다. 직원들에게 충성을 요구하고, 고함치며 명령하고, 신神적 공포를 주입시키는 심술궂은 폭군…… 잡스가 이런 행동을 보인 것이 사실이더라도 이것만으로는 그를 완벽하게 묘사할 수 없다. 그는 재미있고, 따뜻하고, 심지어 매력까지 갖춘 사람이었다. 냉혹하게 솔직한 것과 그저 냉혹한 것에는 커다란 차이가 있다.

사람들을 명확하게 대한다고 해서 당신이 냉혹한 인간이 되는 것은 아니다. 교활해지거나 심술맞게 굴 이유도 없다. 팀이 최선의 결과를 거둘 수 있도록 해야 할 말을 하면 된다.

기준은 굽히라고 있는 것이 아니다

인간이기 때문에 주변 사람들의 감성적 바람에 면역이 된 사람은 극히 드물다. 그런 생각을 입 밖으로 내지는 않지만 신경이 쓰이기 마련이다. 적어도 조금씩은 그렇다. 그래서 회사의 이익을 위해 개인의 삶까지 희생하며 열심히 일하는 동료들을 보면 잘되기를 바라는 마음이 드는 게 당연하다. 하지만 단순함에는 무자비한 측면이 있다. 다시 말해 무언가를 단순화하는 데 '거의'라는 것은 있을 수 없다.

오랫동안 애플의 광고를 대행한 샤이엇데이는 독창적인 문구를 새긴 티셔츠로 잘 알려졌으며, 그 문구들만 모아 책으로 낸 적도 있다. 그중에서도 완벽의 언저리에 눌러앉으려는 인간 본능을 공격하는 문구가 특히 유명하다. "적당히 괜찮은 것은 괜찮지 않다Good enough is not enough."

하지만 잡스에게는 이 티셔츠 문구조차 그리 훌륭해 뵈지 않았다. 그가 세운 자신만의 기준은 타협이 전혀 불가능했다.

사람들이 언짢아하고 등뒤에서 험담을 하더라도 자신의 생각이 더 낫다는 확신이 있다면 더이상 논쟁에 끼어들 이유가 없다. 어떤 경우에도. 차선에 안주하는 것은 단순함의 원칙을 깨는 것이며, 이것이 씨앗이 되어 상실감이 커지고 추가 업무와 잦은 회의를 부른다. 하지만 무엇보다 괴로운 것은 그 때문에 업무상 최악의 상황에 이를 수 있다는 사실이다. 즉 자기 자신도 확신할 수 없는 아이디어를 옹호해야 하는 처지가 될 수 있다.

당신의 기준이 위협받는 상황에서도 그것을 굽히지 않는 것이 중요하다. 잔인하지만 그렇다. 당신이 100퍼센트 확신하는 일만을 제시하고 당신이 100퍼센트 확신하는 일만을 승인할 때, 누구도 폄하할 수 없는 당신만의 무언가를 가질 수 있다. 신뢰는 바로 여기에서 비롯한다.

살면서 불확실한 무언가로 인해 고통받은 경험이 쌓이면 비로소 이를 믿게 될 것이다. 자랑은 아니지만, 나 역시 그런 과정을 거치면서 기준을 지키는 것이 얼마나 중요한지 깨달았다.

언젠가 몇몇 크리에이티브팀들과 일주일간의 고된 작업을 거쳐 잡스 앞에 내보일 광고 시안을 선정할 시점에 이르렀다. 한마디로 자랑스럽게 내놓을 수 있는 광고를 만들기 위해 모든 아이디어를 짜내던 시간이었다. 더불어 기준을 철저히 강조하던 시간이기도 했다.

몸이 아팠거나 판단력이 흐렸거나, 이유가 무엇이든 그 당시 내 방어벽은 많이 허물어져 있었다. 한 팀은 이 프로젝트를 완수하느라 녹초가 되었고, 그만큼 자기들이 내놓은 결과물에도 자신이 있었다. 하지만 나는 그들의 시안이 썩 마음에 들지 않았다. 그들은 프레젠테이션에 참여시켜달라며 애원했고, 나는 동정심과 기준 사이에서 오락가락했다. 그러다가 결국 그들의 광고도 포함시켰다.

다음날 잡스가 참석한 자리에서 나는 광고 시안들을 그의 앞에 펼쳤다. 그는 미심쩍었던 그 광고 시안을 가리키며 입을 뗐다. "흠, 그래서 B팀을 이쪽으로 분류했군요. 그렇죠?"

순간 어안이 벙벙했다. 사실은 그 광고도 '적당히 괜찮았'기에 내가 보기에 더 낫다고 생각되는 다른 광고들과 함께 포함시켰던 것이다. 하지만 모두가 모인 자리에서 시연회의 수준을 깎아먹는 결과를 초래했다. 손쉬운 판단이었지만 현명하지는 못했다. 그리고 나는 방금 잡스에게서 잃은 신뢰를 회복하기 위해 애써야 했다. 내 삶이 점점 복잡해지고 있었다.

잡스의 차가운 한마디가 가슴을 파고들었다. 내 첫 직감이 옳았음을 알았지만 상황 때문에 어쩔 수 없이 타협했다. 의도의 옳고 그름을 떠나 결과는 같았다. 다시는 내가 확신하지 않는 것을 옹호하지 않겠다고 스스로를 다잡았다.

애플의 세계에서 모든 관리자들은 높은 기준을 철저히 추구하는 존재가 되어야 한다. 상황에 따라 그때그때 기준을 바꾼다면 자기 자신과 단순함 모두 힘든 관계에 놓이고 만다. 타협은 종종 상황을 처음으로 되돌리며, 의뢰인은 그런 당신의 능력을 의심할 수밖에 없다.

스타일을 겸비한 냉혹함

무자비하고, 요구도 많고, 정말 견디기 힘든 악마 같은 최고경영자들의 이야기는 수도 없이 많다. '스티브 잡스'라는 이름의 폴더에도 그런 이야기들이 적지 않다.

그렇다. 잡스는 정말이지 무자비했고 요구사항도 많았다. 하지만 '견디기 힘들다'는 부분에 대해서는 논란이 있을 듯하다. 심한 말로 공격받았던 사람들 상당수를 내가 직접 지켜보니 당장 그만두어야 할 정도로 모진 상황에 처한 경우는 몇몇에 지나지 않았다. 대다수는 잡스가 하나의 목적을 위해 자신들을 밀어붙이는 것을 이해했고, "스티브 당하다being Steved"는 말이 반드시 사형을 뜻하는 것이 아니라는 것도 알았다.

잡스가 이전 회의에서 있었던 일을 다음 회의에서 '초기화'한다는 사실이 그나마 위안거리였다. 그와 불꽃을 튀기며 싸웠더라도 다음날이면 평소와 거의 다를 바 없는 일들이 이어졌다. 물론 당신이 전날의 싸움을 재개하며 그를 폭발시키지만 않는다면 말이다. 초기화는 어떤 상황이든 그 상황에서 대해서만 논한다는 하나의 보증이었다. 어제 멍청하게 보였다고 해서 오늘도 멍청이 딱지가 붙는 것은 아니다. 오직 자신의 가치를 입증하는 것만이 언제든 잡스의 은혜 속으로 되돌아가는 길이었다.

잡스와 꽤 오래 일한 사람들에게는 공유할 만한 좋은 일화들이 많다. 어떤 이야기들은 그 자체로 재미있고, 또 어떤 이야기들은 당신이 잡스를 상대하는 당사자가 아닌 한에서 흥미로울 수 있는 것들이다.

아무튼 잡스는 위트 있는 사람으로, 전통적인 기업 구조에 대한 경멸을 표현하기 위해 위트를 활용하곤 했다. 매킨토시 초창기에 샤이엇데이에서 있었던 일이다. 한 직원이 광고 촬영장에서 만난 잡스에게 다가가 자신 있게 스스로를 소개했다.

"회사에서는 어떤 일을 하세요?"

잡스가 물었다.

"고객 관리를 맡고 있습니다."

그가 대답했다.

"아, 그럼 당신은 간접비용이군요."

농담이었지만 잡스에게는 빈말도 아니었다. 그가 확신하는 프로젝트에 수백만 달러를 투자하는 것쯤은 전혀 문제될 게 없었다. 전략이 바뀌었다는 이유로 이미 투자한 곳에서 쉽게 손을 떼는 것도 마찬가지였다(실제 이런 이유로 우리에게 맡긴 텔레비전 광고를 제작하기 전날 밤에 취소한 적도 있었다. 이미 준비 과정에서 백만 달러 넘게 쏟아부은 상태였다). 하지만 그는 돈을 멍청하게 지출하거나 투자하고도 충분한 대가를 얻지 못하는 것을 지독히 싫어했다. 또 업무를 실제로 추진하는 실무자들은 높이 평가하면서도 '관리자들'은 그다지 존중하지 않았다.

잡스의 면모를 보여주는 또하나의 사례로, 글로벌 비즈니스를 맡기기 위해 샤이엇데이에서 추천한 후보자를 면접할 때를 들 수 있다. 잡스는 굵직한 고객들을 확보하는 등 경력이 화려했던 그 후보자에게 관심을 보였다. 서류상에 적힌 것만으로도 그의 자격은 충분히 증명되었다. 그는 미국 전역을 통틀어 가장 유망하고 창의적인 광고대행사에서도 뛰어난 능력을 보인 최고의 어카운트 디렉터(account director, 광고대행사에서 고객과 관련된 업무 전반을 총괄하는 사람—옮긴이)였다. 샤이엇데이는 그 정도 경력이면 잡스 같은 사람을 충분히 버텨낼 수 있으리라 판단해 그를 면접에 보낸 것이었다.

"그래, 지금은 어떤 일을 하고 있나요?" 잡스가 물었다.

"위든 앤드 케네디Wieden & Kennedy에서 나이키의 글로벌 어카운트 디렉터를 맡고 있습니다." 잡스의 직설적인 성향을 잘 아는 그가 이렇게 말했다. 그리고 잠시 침묵이 흘렀다. 잡스는 나이키 브랜드의 열렬한 팬이었다.

"나이키는 한동안 꽤 좋더군요."

"고맙습니다."

"그렇다면…… 당신이 하는 일이 무언가를 망치는 일은 아니군요." 잡스가 내린 결론이었다.

결국 잡스는 샤이엇데이에서 추천한 그를 고용하기로 했다. 잡스는 그가 (당시의 애플 같은) 고객의 진지한 요구에 충실히 대응하는 것과, 고객이 이미 전력을 다한 사업 일부를 유지하는 것의 차이를 분명히 인식하기 원했다. 이것은 잡스가 면접자를 비롯해 실제로 함께 일하는 사람들 모두에게 드러낸 일종의 솔직함이었다.

사실 나는 내 모든 경력을 통틀어 가장 부담스러운 회의를 경험하게 해준 잡스에게 감사한다. 넥스트 시절에 아미라티 앤드 퓨리스와 함께했던 그 회의는 냉혹한 솔직함이 무엇인지 보여준 진정한 의미의 축제였다. 하지만 그 회의를 언급하기 전에 회의가 열리기까지의 상황부터 이해할 필요가 있다.

다시 맨 처음부터 시작해 몇 년 만에 넥스트를 건설한 잡스는 회사의 첫 제품인 넥스트 컴퓨터의 출시를 앞두고 있었다. 바꾸어 말하면 넥스트의 첫 광고 캠페인을 우리가 기획해야 하는 순간이었다. 광고를 매우 중요하게 여기는 잡스의 성향과, 이 순간이 넥스트의 미래에 미칠 영향을 감안하면 이번 프레젠테이션이야말로 단순히 중요하다는 말로는 부족했다.

그 무렵은 넥스트와 우리의 관계가 막 시작된 시점이었기 때문에, 잡스가 광고 책임자로서 우리가 부적합하다고 느닷없이 결정해버린다면 우리로서는 배를 갈아타려는 그를 막을 도리가 없었다. 게다가 아미라티 앤드 퓨리스와 넥스트는 실제로 5천 킬로미터나 떨어져 있는 만큼 두 회사의 관계에 문제가 발생할 가능성도 컸다.

그만큼 중요한 순간이었기에 아미라티 앤드 퓨리스의 리더였던 랠프 아미라티는 넥스트 광고 캠페인의 독창적인 디자인 개발을 위해 자신이 아끼는 프리랜서 디자이너를 팀에 합류시키기로 결정했다. 넥스트의 마케팅을 미래 지향적으로 이끌고 나가겠다는 의지였다. 그가 선택한 디자이너는 샤이엇데이에서 오래 일한 아주 부드러운 성향의 여성이었다. 세련된 감각을 지닌 그녀는 그동안 받은 디자인상만으로 벽 하나를 가득 메울 정도였으며, 무엇보다 잡스에게 멋진 성과를 안겨주겠다는 의지로 가득했다. 객관적으로만 보면 그녀는 더없이 완벽했다.

그러나 기술광고업계의 역사를 완전히 오판한 이 디자이너는 (광고대행사의 전폭적인 지지를 등에 업고) 남들이 모두 저 길을 가고 있는데도 혼자서만 이 길을 가야 한다며 잡스에게 충고했다. 그녀는 대망의 최첨단 기술회사에 기술과는 무관한 이미지를 도입하겠다는 놀라운 구상을 했다. 그리고 넥스트 컴퓨터의 성능을 강조하는 여러 이미지를 긴 광고 문구로 도배한 시리즈 광고를 기획했다. 또 세상에서 가장 뛰어난 성능의 컴퓨터를 돋보이게 하기 위해 최신 사진술을 이용하기는커녕 손으로 그린 흑백 목판화 스타일을 채택했다. 누가 보더라도 기이하고 한물간 것처럼 보이는 이 이미지는 '농사용 달력'에나 더 어울릴 법했다.

지금에 와서 보면 이 광고가 중대한 실수처럼 들리는 게 당연하다. 그러나 그 당시 아미라티 앤드 퓨리스는 무언가 차별화된 광고를 추구했고, 광고업계의 인재들도 이것이 훌륭한 아이디어라고 생각했을 정도였다. 넥스트 본사에서 첫 프레젠테이션이 열린 날, 잡스는 광고 기획안을 보더니 어이없다는 표정을 지었다. 그러고는 곧장 퇴짜를 놓았다. 결국 우리는 다음주에 있을 부담스러운 회의에 대비해 팀을 다시 구성했다.

완전히 새로운 결과물과 완전히 새로운 마음가짐으로 우리는 다시 넥스트 본사를 찾았다. 이번에는 훨씬 현대적인 이미지로 광고를 새롭게 기획했고 자존심을 회복할 준비도 되어 있었다. 회의가 시작되었다. 그런데 기획안을 발표하기도 전에 잡스가 말을 꺼냈다. “잠깐 들어보세요. 새로 한 것을 보기 전에 지난주에 있었던 일부터 이야기했으면 좋겠네요.”

차분한 어조였다. 이전 같은 위협은 느껴지지 않았다. 하지만 막상 말을 꺼내자 차분했던 목소리는 천천히 요동치며 격앙되었고, 그는 점점 흥분하더니 상스러운 욕을(그것도 목청을 높여) 뱉어내기에 이르렀다. 요약하면 이랬다. “지난주에 당신들이 내게 보여준 건 한마디로 엿 같았어요. 나도 알고 ‘당신들도’ 알았을 텐데, 굳이 여기까지 들고 와서 내게 보여주었어요. 도저히 받아들일 수 없는 내용이었고, 그딴 거라면 다시는 보고 싶지 않아요. 다시는!”

잡스는 자기 생각을 솔직하게 전달했다는 점에서 점수를 받을 만했다. 그러나 광고대행사의 입장에서 그 발언은 그의 마음에 들기 위해 준비한 새 프레젠테이션을 시작할 분위기를 조성하는 데 매우 적절치 못했다. 다행히도, 그는 새 광고 기획안을 무척 마음에 들어했다. 앞선 공격의 여운이 여전히 회의실에 남아 있었지만 그래도 기분은 나쁘지 않았다. 이 광고는 넥스트가 존속하는 내내 캠페인에 활용되었다. 잡스가 아미라티 앤드 퓨리스에 관심을 갖게 된 계기였던 BMW의 광고 분위기와 비슷하게 굵은 검정색 헤드라인과 과감한 사진으로 현대적 이미지를 강조했다.

성과로 치자면 꽤 괜찮았다. 신뢰도 회복했고, 회사는 제작에 돌입할 준비가 되어 있었다. 하지만 너무 서두르면 안 되는 법이었다. 잡스는 회의를 시작할 때 그랬듯이 마치고 나서도 우리와 무언가를 이야기하고 싶어했다. 이제 기획안에 대해서는 어느 정도 안도하고 나니 아까 하던 이야기를 계속하고 싶었던 것이다. 그는 우리가 처음 의자에 앉을 때만 해도 굉장히 화가 나 있었다고 했다. 그만큼 첫 회의 때문에 속이 많이 상했다는 뜻이었다. 두번째 회의에서는 새 기획안의 수준을 확인하기 전까지 묵묵히 기다리려고 했는데 아무래도 자신의 기분을 말하고 상황을 바로잡는 것이 좋겠다고 판단했다는 것이다. 그가 입을 연 이유였다.

두번째 회의에서 우리가 내놓은 새 작품에 만족한 그는 골똘히 생각에 잠기더니 우리 각자의 위치를 자신이 직접 설명해주는 것이 좋겠다고 생각했다. 넥스트와 관계를 맺기 시작한 지도 이미 몇 개월이나 흘렀으니 말이다. 잡스는 회의실을 한 바퀴 돌며 우리가 거둔 성과에 대해 한 사람씩 평점을 부여했다. 운좋게도 나는 마지막으로 평가를 받는 자리에 앉아 있어서, 잡스가 특유의 솔직함으로 각자에게 평점을 매기는 광경을 지켜볼 수 있었다.

먼저 어카운트 매니저는 A를 받았다. 그의 일 처리 방식이 잡스를 무척 흡족하게 한 덕분이었다. 이어서 미디어 담당자에게는 B+가 주어졌다. 능력을 발휘했지만 잡스를 확실하게 만족시키지 못한 탓이다. 다음 순서는 나의 파트너인 아트 디렉터였다. 아쉽게도 그는 F를 받았다. 잡스는 지난주에 벌어진 실패의 원인으로 그를 지목했다. 그 일을 총괄한 사람이 아트 디렉터라는 사실을 비밀로 하고 있었는데도 잡스는 이미 파악하고 있었다. "그보다 더 잘할 수 없다면 스스로 물러나야 할 겁니다." 잡스가 아트 디렉터를 바라보며 말했다.

마지막으로 내 순서였다. 다행히도 나는 A⁻를 받았다. 하지만 내게도 여지없이 한마디가 날아들었다. "잘하고 있어요. 하지만 아직은 샤이엇데이의 악습을 완전히 털어내지 못한 것 같네요."

애플의 초창기 10년과 잡스가 애플을 떠난 후 10년을 각각 두고 보면 잡스의 평가는 두 가지 측면에서 흥미로웠다. 첫째, 샤이엇데이는 애플과 전체 광고업계 사상 가장 눈부신 업적을 이뤘고, 초창기 매킨토시의 성공에도 지대한 역할을 했다. 따라서 잡스가 샤이엇데이의 악습도 눈여겨보았으리란 것은 지극히 당연했다. 둘째, 정말 놀랍게도 이 대화가 오간 지 10년 후에 잡스는 애플의 리더로 복귀하면서 다시 샤이엇데이를(악습을 비롯한 그 모든 것과 함께) 광고대행사로 선정한다.

우리의 성적표는 이렇게 그의 입을 통해 전해졌고, 비교적 만족한 세 명과 풀죽은 아트 디렉터는 짐을 꾸려 뉴욕으로 돌아왔다. 결국 우리는 잡스를 흥분시킬 광고 캠페인을 제작하는 데 성공했고, 그의 솔직함 덕분에 우리의 정확한 위치도 파악할 수 있었다.

항상 반가운 소식만을 듣기는 어렵겠지만, 비즈니스적 관계에서 자신이 어떤 상태인지 정확히 이해하는 것도 대단히 중요하다. 즉 무엇을 잘했고, 무엇을 못했으며, 더 나은 미래를 위해 무엇을 해야 하는지 알아야 한다. 몇 차례 유쾌하지 못한 일이 있었지만 결국 우리는 잡스를 따랐고 서로에게 유익한 결과를 만들어냈다. 문제가 해결되지 못하고 남아 있는 상황에서 사람들은 앞을 똑바로 보지 못하고 주위를 두리번거리느라 많은 시간을 허비한다. 이럴 때 복잡함이 살며시 끼어들기도 한다. 하지만 잡스의 단순한 세계에서는 관련 없는 문제들로 주의가 산만해지는 일이 거의 없다.

회전포탑

애플에는 내부에서만 상연되는 연극이 있다. 규칙은 누구나 알고 있고, 예측 가능한 드라마들이 계속된다. 잡스가 어리석음을 참지 못하는 것은 이미 확인된 사실이다. 어리석음이 똬리를 틀 때면 잡스의 안중에 예의 같은 것은 이미 사라지고 없다. 그는 어리석은 사람이 애플에서 일하는 것을 특히 못마땅해했다. 애플 직원으로 남고 싶다면 그가 참석하는 회의에서 똑똑하지 못한 모습을 보이지 않게 조심해야 했다. 혹시라도 그를 화나게 했다면 보는 앞에서 바로 잡아야 한다.

애플의 고위 관리직 출신인 한 남성은 잡스의 직속 부서에서 일하면서 종종 목격한 일상을 떠올리며 그를 '회전포탑'이라고 표현했다. 포탑이 언제 가동될지 누구도 예상할 수 없었고, 오로지 대화가 어떻게 전개되느냐에 달려 있었다. 간혹 회의에 참석한 개념 없는 누군가가 남들도 다 할 수 있는 소리를 지껄이면 잡스의 뇌관에 불이 붙기 시작했다.

그의 첫 반응은 불편한 침묵이다.

하지 말아야 할 발언이 회의실에 울려퍼지는 순간, 세상은 온통 슬로우 모션처럼 보이고 잡스 내면의 레이더가 그 발언의 진원지를 찾아낸다. 기어가 맞물려 돌아가는 소리가 회의실에 퍼지면서 잡스의 '포탑'이 문제의 직원을 향해 천천히 회전한다. 그다음에 어떤 상황이 벌어질지는 누구나 안다. 하지만 누구도 이를 막을 힘이 없다.

이윽고 포탑이 표적을 조준한다. 잠깐 사이에 격발 장치가 활성화되고, 곧이어 몇 초도 지나지 않아 모든 탄약이 표적을 향해 일제히 쏟아진다. 그 광경을 지켜보는 것도 힘들지만 당하는 입장은 더더욱 힘들다. 하지만 애플에서 이런 광경은 그저 일상일 뿐이다.

공격을 받아내는 방법을 배워라

직원들의 위치를 거침없이 그리고 단호하게 설명하는 최고경영자가 있는 애플의 회의실은 어쩌면 시체들로 득실거릴지 모른다. 그러나 잡스와 직접 교류하는 사람들은 대부분 고위 관리직들이었고, 공격을 받았다고 해서 바로 해고되는 것도 아니었다. 고용이 유지된 채로 회의실을 떠나는 사람은 자신의 위치가 더 확고해졌다고 생각하면 된다. 생존자가 된 것이다. 이제 남은 일은 눈앞의 공격이든 아니면 다른 형태의 공격이든 그것에 대비해 면역력을 키우는 일이다.

회사에서 감정적으로 무너지는 모습을 보이는 것은 바람직한 일이 아니므로 철면피인 것이 오히려 결정적인 장점일 수 있다. 나는 넥스트와 애플을 거치며 잡스와 10년 넘게 일했지만, 내 기억에 영원히 남을 만큼 그가 무시무시하게 폭발했던 경우는 단 두 번밖에 없었다는 사실이 자랑스럽다. 한 번은 잡스 가족이 휴가를 보내던 하와이 낙원의 오두막 바로 근처까지 거의 1만 2천 킬로미터를 날아가서 그의 연타를 맞았고, 또 한 번은 내 사무실 책상 앞에 앉아 전화 통화로 공격을 당했다. 전화로는 그 공포가 덜할 거라고 생각할지 모르지만, 당해본 사람의 생각은 전혀 다르다.

당시에는 충격이 대단했지만 지금은 그 경험들이 용기의 휘장과도 같다. 잡스와 함께 일하면서 이런 경험이 전혀 없었다고 말하는 사람은 스스로를 속이고 있는 것인지도 모른다.

잡스의 기나긴 잔소리를 듣는 입장이 어떤 건지 경험한 사람은 수도 없이 많다. 그렇다면 잡스 자신은 어땠을까? 다른 사람의 입에서 쏟아지는 호된 공격에 어떻게 대처했을까? 그는 사회생활 초창기부터 철면피였다. 거의 임종에 다다랐던 애플에 많은 이들의 환대를 받으며 영웅처럼 복귀했던 1997년, 그가 가장 먼저 한 일 중 하나는 맥 호환기종 사업에서 손을 뗀 것이다. 그 당시 애플의 최고경영진은 다른 컴퓨터 제조사들도 맥과 호환되는 데스크톱 컴퓨터를 판매할 수 있도록 허용한 상태였다. 새로운 사용자들을 확보할 기회를 마련하고 어려움에 처한 플랫폼(소프트웨어 프로그램을 가동시키는 하드웨어와 운영체제를 통틀어 일컫는 용어—옮긴이)을 구원하기 위해 고안한 아이디어였다.

하지만 잡스는 이 아이디어를 마음에 들어하지 않았다. 그는 오로지 애플이 하드웨어와 소프트웨어를 통제하기를 바랐다. 그 당시에도 그는 완전한 경험complete experience의 필요성을 언급하며, 애플의 고객이 맥 운영체제에 만족한다 하더라도 애플 제품이 아닌 다른 하드웨어 문제로 애먹는 일은 없어야 한다고 강조했다. 그러나 애플을 선호하는 많은 사람들은 호환기종을 받아들이면서 맥 운영체제를 확장하는 것이 애플의 생존에 꼭 필요하다고 믿었다. 잡스가 이 아이디어를 거부했을 때 그들은 잡스를 향해 공격을 퍼부었다. 많은 이들은 잡스가 애플을 떠나 야생에서도 교훈을 얻지 못했고 여전히 회사를 위험에 빠뜨릴지도 모르는 경솔한 행동을 하려 한다며 우려했다.

공격의 강도는 내가 보기에도 놀라울 정도였다. 반대자들은 전문가이자 한 개인인 잡스에게 엄청난 폭언을 퍼부었다. 하지만 잡스에게 그 정도는 일상적인 일이었다. 비난을 처음 듣는 것도 아니고, 그리 오래가지 않으리란 것도 알고 있었다. 그는 쏟아져들어오는 소식들을 구분해서 원하는 것만 받아들이고 나머지는 차단했다.

내가 잡스의 철면피를 다시 한번 확인하게 된 사건은 또 있다. 1999년, TBS에서 영화 〈실리콘밸리의 해적들Pirates of Silicon Valley〉을 방영하기로 했다. 이 소식에 잡스는 무척 기뻐했다. 특히 NBC의 인기 시리즈 〈ER〉을 통해 유명해진 노아 와일이 자신의 배역을 맡았다는 것을 10대 아이처럼 떠벌리고 다녔다.

방영을 일주일 앞둔 날, 잡스는 첫 방송을 지인들과 함께 보기 위해 집에서 파티를 열겠다고 했다. 에이전시가 애플과 다른 기업 고객들을 위해 TBS에 약간의 투자를 한 덕분에 우리에게도 미리 견본판을 볼 수 있는 기회가 주어졌다. 그래서 나는 점심에 크리에이티브팀을 초대해 콤비네이션 피자를 먹으며 함께 영화를 감상했다. 피자는 환상적이었다. 하지만 영화는 전혀 그렇지 못했다. 절대로 수준 높은 영화는 아니었다. 게다가 스토리가 지나치게 과장됐고 타임라인도 뒤죽박죽이었다.

우리가 가장 우려한 것은 잡스가 그처럼 문제 많은 캐릭터로 묘사되었다는 사실이었다. 영화에서(그리고 현실에서도) 그는 이미 부자였는데도 아이와 자신의 관계를 인정하지 않았고 양육에도 소극적이었다. 그리 아름다운 모습은 아니었다(참고로 세상에 널리 알려진 대로 잡스는 결국 부녀 관계를 인정했고 딸과 가까워져 양육도 책임졌다).

처음 든 생각은 이랬다. '흠, 이걸 보면 잡스가 파티를 재고할지도 모르겠군!'

나는 당연히 해야 할 일이라는 생각에 잡스에게 영화가 부정적인 면을 많이 그리고 있다고 전했지만, 그는 전혀 당황하는 기색이 없었다. 이야기가 많이 각색되었다는 사실에도 동요하지 않았다. 그렇게 시간은 흘렀다.

주말에 영화가 방영되고, 바로 다음날인 월요일에 잡스를 만났다. 다시 영화 얘기를 꺼내야 할지 고민하고 있었는데 곧 그럴 필요가 없어졌다. 잡스가 회의를 시작하기 전에 팀원들 모두에게 영화를 보았는지 묻는 것이다. 얼굴에 함박웃음을 머금은 것으로 보아 영화에

퍽 만족한 듯했다. 우리가 같은 영화를 본 게 맞는지 의심스러울 정도였다. 그는 명성은 어떤 식으로든 좋은 것이며 부정적인 것은 그저 무시하면 된다고 생각하는 것 같았다.

Chapter 2

작게 생각하라 Think Small

스티브 잡스는 대기업형 행동양식을 적극적으로 거부했다.
그는 똑똑하고 창의적인 인재들로 구성된 작은 집단이
가장 효율적으로 이윤을 낼 수 있다고 믿었고, 그렇게 애플을 조직했다.

애플에서는 생각은 대범하게 하되 나머지는 모두 소규모로 하라고 권장한다. 말하자면 대기업의 방식으로 말하거나 행동하고픈 충동을 느낄 때는 집에서 혼자 하는 것이 최선이라는 의미다.

회의 규모가 좋은 예다. 샤이엇데이가 애플의 마케팅 파트너로 정해지고 우리가 작업에 착수하면서 매주 월요일마다 잡스와 회의를 했다.

보통 회의에 공식 의제는 없었다. 진행 상황을 잡스와 상의했고 그 또한 새로운 소식을 공유했다. 이것은 죽기 전까지 그가 고수한 회의 방식이기도 하다. 회의에 참석하는 사람들은 몇 명에 불과했다. 샤이엇데이 측에서는 크리에이티브 팀원들과 어카운트 디렉터, 미디어 담당자가 참석했다. 그리고 애플에서는 잡스와 필립 실러(제품 마케팅), 조니 아이브(디자인), 앨런 올리보(마케팅 커뮤니케이션), 아사이 히로키(애플 소속 크리에이티브 담당자)가 참석했다. 또 필요에 따라 특별

손님을 초대하기도 했다.

그러던 어느 날, 내가 전혀 모르는 한 여성이 애플 측 인사로 참석했다. 그후에도 본 적이 없어서 이름도 기억하지 못하지만, 이야기를 이어가기 위해 로리라고 부르기로 하자. 잡스가 회의실로 들어오는 시간에 맞춰 로리도 우리와 자리를 함께했다.

잡스의 기분이 좋아 보여서 우리는 잠시 잡담을 하다가 회의를 시작했다. "시작하기 전에 여러분께 몇 가지 소식을 알려드리겠습니다." 잡스가 회의실 내부를 훑어보며 말했다. "먼저 아이맥부터 이야기를……"

그는 순간 말을 딱 끊었다. 회의실 어딘가에 시선을 고정하더니 로리를 가리키며 말했다. "당신은 누구죠?"

로리는 그런 식으로 불린 것에 조금 놀란 표정이었지만, 곧 회의에 참석한 이유를 침착하게 설명했다. 그녀는 우리가 논의중인 마케팅 프로젝트와 관련이 있어 참석한 것이었다. 잡스는 그 말을 듣고 잠시 생각했다. 그러고는 심플 스틱으로 그녀를 후려쳤다.

"이 회의에 당신이 필요한 것 같지는 않네요, 로리. 고마워요."

잡스는 그렇게 말하고는 마치 아무 일도 없었다는 듯이(처음부터 로리라는 사람이 없었던 것처럼) 하던 말을 계속했다.

결국 회의가 시작되자마자 가엾은 로리는 잡스가 회의 석상에서 보길 '원했던' 여덟 명가량의 사람들 앞에서 자신의 물건들을 챙겨 일어나 회의실 문을 향해 한참을 걸어야 했다. 그녀의 잘못이라면, 회의에 꼭 필요치 않은 사람이었다는 것뿐이었다.

로리의 경우는 단순함의 가장 중요한 원칙 중 하나를 엄격하게 적용한 사례다. 바로 '똑똑한 사람들만의 작은 집단으로 시작하라. 그리고 작게 유지하라'는 원칙이다. 사람 수가 늘어날 때마다 복잡함도 하나씩 추가된다는 사실을 명심해야 한다.

소규모 집단 원칙은 단순함과 아주 깊은 관련이 있다. 이것은 애플이 꾸준히 성공을 이어올 수 있었던 열쇠일 뿐 아니라, 양질의 사고를 원하는 모든 조직에 반드시 필요한 원칙이다. 개념은 아주 간단하다. 회의실에 앉아 있는 모든 사람에게 존재의 이유가 있어야 한다. '자비로운 초대' 같은 것은 있을 수 없다. 평소 당신이 회의 자체를 비판적으로 생각하든 그렇지 않든 그것은 중요하지 않다. 일은 일일 뿐 개인적 감정과는 구분해야 한다.

잡스는 애플이 오래된 대기업임에도 대기업형 사고를 대변하는 행동양식을 적극적으로 거부했다. 그는 똑똑하고 창의적인 인재들로 구성된 작은 집단들이 애플의 놀라운 성공을 견인한 원동력이라고 판단했고 이후로도 그 생각을 고수했다. 회의를 소집하거나 회의 결과를 보고받을 때도 꼭 필요한 사람들만 빠짐없이 참석하기를 바랐다. 구경꾼은 환영받지 못했다.

이런 발상의 배경에는 집단의 규모가 작으면 큰 집단에 비해 집중력이 뛰어나고 동기부여가 원활하기 때문에 사람들이 일을 더욱 야무지게 해낼 것이라는 믿음이 자리하고 있었다.

이처럼 지극히 상식적인 원리를 깨닫지 못하는 조직들이 많다는 사실이 그저 놀라울 뿐이다. 지난 1년 동안 사람들로 북적거리는 회의에 참석한 적이 몇 번이나 되는가? 인원이 절반만 되었더라도 그렇지 않았을 텐데, 불필요하게 많은 사람들 때문에 주제가 옆으로 새거나 초점을 잃는 일이 얼마나 있었는가? 작은 집단 원칙에는 강제력이 필요하며 그럴 가치도 충분하다.

복잡함은 주로 손쉬운 탈출구를 만든다는 사실을 기억하자. 참석자가 많은 회의에서는 말없이 앉아 있는 사람도 많고 로리 같은 사람도 자리를 지킬 수 있다. 또 우리 대부분은 예의 때문에라도 이런 자리에서 대놓고 누군가를 공격하길 꺼린다. 작은 집단을 유지하려는 노력을 기울이지 않는 것은 규칙을 정해놓고 예외를 만드는 것과 같다. 이런 예외를 통해서는 결코 단순함을 달성할 수 없다. 냉혹해지지 않아도 얼마든지 냉혹하게 일을 처리할 수 있다. 그저 이유를 설명하고 작은 집단을 유지하면 된다.

잡스를 만나기 전에 나는 평범한 대기업들과 일했다. 잡스가 이끄는 단순함의 세계로 들어서면서 나는 (좋은 방향으로) 큰 충격을 받았다. 애플의 문화에서는 성과를 거두기가 상대적으로 쉬웠다. 하지만 잡스를 떠나 전형적인 기업들과 일하면서 과거와 똑같은 문제들로 어려움을 겪게 되자 또다시 나는 (이번엔 안 좋은 방향으로) 충격을 받았다.

모든 장밋빛 전망이 아직은 미래의 일에 불과하던 넥스트 초창기에 나는 잡스가 지금 이 순간을 충분히 즐기라며 직원들을 독려하던 모습을 기억한다. 그는 넥스트가 더 커지고 더 성공하면 오히려 '옛날이 좋았지' 하며 과거를 추억하게 될 것이라고 했다. 모든 것이 훨씬 복잡해질 테니까 말이다(넥스트의 계속된 어려움을 생각하면 그의 예측이 정확했던 것은 아니지만, 어떤 의미인지는 여러분도 잘 알 것이다). 그로부터 몇 년 뒤, 위계질서가 복잡한 어느 회사의 비생산적인 회의에 참석했을 때 잡스의 말이 내내 뇌리에 맴돌았다. 좋았던 옛날이 정말로 그리웠다. 그때의 사람들이 평온해서가 아니라 훨씬 똑똑했기 때문이다.

실제 비즈니스 세계에서 똑똑한 사람들로 구성된 작은 집단에 대해 이야기했을 때 반박당하는 경우는 거의 없다. 작은 집단이 바람직하다는 것은 이미 상식이기 때문이다. 사람들은 논점을 잃고 소중한 시간을 허비하고 훌륭한 아이디어를 고갈시키는 가장 빠른 방법이 바로 큰 집단에 일을 맡기는 것임을 경험을 통해 알고 있다. 아무리 좋은 아이디어라도 다수의 승인권자들이 관여하면 이와 동일한 위험이 초래되는 것처럼 말이다.

많은 회사들이 사내 조직을 이처럼 비대하고 통제하기 힘들게 만드는 한 가지 이유는 회사의 문화를 개인보다도 중요하게 여기기 때문이다. '회사가 일하는 방식'을 바꾸기는 어렵다. 하지만 단순함을 따르고자 하는 이들은 바로 이 부분을 공격해 타성을 극복해야 한다.

작은 집단 원칙은 현명하고 현실적으로 적용해야 한다. 단순히 팀을 작게 만든다고 해서 해결되는 것이 아니다. '작다'는 것은 상대적인 개념이다. 비즈니스를 알고 프로젝트의 본질을 꿰뚫어야 '너무 많다'와 '너무 적다'를 구분할 수 있다. 조직이 불필요하게 비대해졌을 때는 집행자가 되어 심플 스틱을 휘두를 준비도 해야 한다.

그동안 애플의 마케팅팀은 혁신에 혁신을 거듭해 성공적인 업무 프로세스를 만들어왔다. 프로젝트팀은 소수의 인재들로 작게 구성해 실질적인 책임을 부여한다. 때문에 구성원들은 시간에 구애받지 않고 미친듯이 일하며 양질의 아이디어를 내놓을 수 있다. 양보다 질을 중시하므로 회의는 격식 없이 진행되고 주 단위로(매일은 아니더라도) 가시적인 성과가 창출된다.

어떤 회사든 생산성을 극대화하고 불필요한 회의를 줄이고 싶어 한다. 그렇지만 대응방식은 저마다 크게 다르다. 애플에서는 똑똑한 이들로 작은 집단을 구성하는 일이 자연스럽다. 애플의 문화에서는 그것이 바로 '회사가 일하는 방식'이기 때문이다.

가끔 보면 기업들은 공동의 가이드라인을 제시하며 생산성을 '억제하려고' 애를 쓴다. 내가 일했던 어느 유명 기술회사는 직원들의 생산성을 자극하기 위한 문구를 만들어 모든 회의실에 붙여놓았다. 제목은 이랬다. "성공적인 회의 비결" 그 내용은 마치 사규를 옮겨다놓은 듯했다. 이를테면 기호를 넣고 다음과 같은 내용을 붙이는 식이었다. "회의 시작에 맞춰 의제를 언급하라." "모든 참석자들의 참여를 북돋워라." "다음 일정에 합의하고 회의를 마무리하라."

하지만 이런 문구들의 실제 의미는 이렇다. "큰 회사에 오신 것을 환영합니다! 여기에 적힌 대로 그저 따라오기만 하면 금방 적응하게 될 것입니다."

그러나 우리는 대기업의 행동양식을 적극적으로 배격했던 잡스가 이 표어들을 떼어내고(넥스트의 회의실이 그랬던 것처럼) 성찰과 영감의 순간이 담긴 앤설 애덤스의 사진 작품을 흡족한 마음으로 바꿔 다는 모습을 자연스럽게 상상할 수 있을 것이다.

만약 당신이 애플에서 일하고 싶다면, 미안한 얘기지만 회의실 벽에는 회의를 어떻게 진행하면 좋을지 알려주는 문구가 없다. 마찬가지로 신발끈을 묶거나 물잔을 채우는 법 등을 설명하는 어떠한 표식도 없다. 애플에서 당신을 고용하는 이유는 당신이 지성과 상식이 있는 사람이고, 성숙한 성인으로서 준비된 사람이라고 생각하기 때문이다. 아직 당신이 단순함의 신봉자가 아니더라도 조만간 그렇게 될 것이다. 반대로 단순함과 함께하기 싫더라도 문제될 것은 없다. 단순함은 날뛰는 야생마를 억지로 길들이지 않는다.

회의실 벽에 정말로 무언가를 걸어놓고 싶다면 차라리 이런 문구가 나을 것이다.

생산적인 회의 요령

1. 꼭 참석할 필요가 없는 사람은 퇴장시킨다.
2. 회의가 30분 이상 길어지면 퇴장한다.
3. 오늘 이곳에서 보낸 시간을 메우기 위한 생산적인 활동을 한다.

물론 과장된 부분도 없지는 않다. 회의는 협력적으로 성과를 이루기 위해 꼭 필요하고도 중요한 과정이다. 하지만 불필요한 회의가 잦거나 참석 인원이 많다면 뛰어난 직원들이 지닌 창의적 에너지를 고갈시킬 수도 있다는 것은 누구나 알 것이다.

작은 집단 원칙은 회의 가이드라인으로서도 의미가 있지만 프로젝트팀에도 꼭 필요하다. 많은 회사들이 본능적이지만 잘못된 원칙을 따르는 경향이 있다. 즉 프로젝트가 중요할수록 많은 인원을 참여시킨다. 경영 이론에서는 두뇌가 많아지면 그만큼 아이디어도 많아진다고 주장한다. 하지만 더 많은 두뇌가 항상 '더 나은' 아이디어를 의미하지 않는다는 사실은 논쟁의 여지조차 없다.

구성원이 많으면 보고사항이 복잡해지고, 업무 속도를 높이기 위해 더 많이 다독여야 하며, 각자의 업무를 평가하고 필요한 피드백을 하기 위해 더 많은 시간을 들여야 한다. 따라서 똑똑한 사람들로 구성된 작은 집단은 성공에 이르는 가장 효율적인 방법이다(이 점을 반드시 기억해야 한다).

프로젝트에 많은 사람을 투입해야 좋은 결과를 거둘 수 있다는 말은 당신이 구성한 집단을 자신할 수 없다는 의미와 같다. 달리 말하면 당신은 보험증권을 찾고 있다는 뜻이며, 이것 '역시' 당신이 구성한 집단을 믿지 못하겠다는 의미다. 동기가 무엇이든 이런 말의 본질은 인력을 적재적소에 투입하지 못한다는 것이다. 생각을 바꿔야 한다. 가장 똑똑한 사람들로만 구성한다면 작은 집단도 경영진에게 충분히 믿음을 줄 수 있다.

똑똑한 사람들로 이루어진 작은 집단을 밀어붙이면 모두에게 승리를 안겨줄 수 있다. 회사는 더 좋은 아이디어를 얻고, 집단은 인정받는다는 생각에 더 열심히 일에 매진한다. 이런 구조의 조직에서는 어떤 프로젝트를 수행하든 생산성이 실제로 향상된다.

애플의 광고대행사였던 샤이엇데이도 이와 동일한 철학으로 성공을 거둔 회사다. 명예의 전당에 이름을 올린 크리에이티브 디렉터 리 클로우가 지휘한 작은 집단들은 애플의 작은 집단들과 호흡을 잘 맞췄다. 집단의 크기를 제한한 덕분에 일도 빨리 해냈고 정보도 빨리 얻었으며 뜻밖의 변수에도 민첩하게 대응할 수 있었다.

작고한 샤이엇데이의 창립자 제이 샤이엇도 오래전에 이와 비슷한 태도를 보였다. 샤이엇과 잡스는 매킨토시 초창기에 특별한 관계를 형성했고 서로 닮은 구석도 꽤 많았다. 샤이엇데이에서 일했던 시절, 나도 회의중에 기분좋게 쫓겨난 적이 있었다. 잡스가 로리를 쫓아낸 상황과 비슷했지만, 이번에는 혼자가 아니라 둘이었다. 회의를 시작하기 전에 회의실을 둘러보던 샤이엇이 나와 내 파트너인 아트 디렉터를 쳐다보더니 물었다.

"두 사람은 여기서 뭘 하는 거죠?"

"솔직히 모르겠습니다." 내가 말했다. "그냥 불려왔을 뿐입니다."

"이런 말도 안 되는 일에 당신들까지 참석해서 떠들 필요 없어요." 샤이엇이 말했다. "가서 뭐든 창의적인 일을 하세요."

덕분에 우리 둘은 미소를 머금은 채 회의실을 빠져나올 수 있었다. 로리에게는 없었던 권리였다.

샤이엇과 잡스가 일하는 스타일은 나와도 잘 맞았다. 팀을 임무에 집중시켜 최상의 결과를 이끌어내는 리더의 능력으로 치자면 두 사람보다 나은 사례를 보지 못했다. 게다가 두 사람은 모두 회사를 세워 눈부시게 성공시켰다. 이는 결코 우연이 아니다.

나는 아무런 소득도 없는 대규모 회의에 갇혀 있는 내 자신이 한심하게 느껴질 때마다 혼자 공상에 빠지곤 한다. 잡스가 이 회의실에 앉아 나처럼 괴로움을 견뎌야 했다면 과연 어떤 말을 하고 어떤 행동을 할지 상상한다. 공상 속에서 나는 로마 콜로세움에 앉아 눈앞에 펼쳐진 광경을 즐기곤 한다. 이번에는 잡스가 회의에서 누구를 발가벗기고 누구를 내쫓을 것인가? 언제쯤 발표를 중단시키고 헛소리라고 소리칠 것인가?

잡스가 거칠다는 평도 많지만, 때로는 우리가 하고 싶어도 하지 못하는 말과 행동을 그가 실행할 뿐이라는 사실도 인정해야 한다. 자신을 포함해 회의에 참석한 모든 사람들의 시간이 허비되는 상황에서 잡스로서는 더이상 자상할 이유가 없는 것이다.

잡스가 아닌 사람들에게 이런 문제는 반드시 직면할 수밖에 없는 어려움 중 하나다. 대다수 사람들은 냉혹한 통제자가 되기를 부담스러워하면서도, 프로젝트의 궤도를 유지하기 위해서는 가끔씩 그럴 필요가 있다는 것을 안다.

그나마 다행스러운 소식은, 냉혹한 것과 존경받는 것이 결코 서로 배타적이지 않다는 사실이다. 오히려 필요할 때 냉혹할 정도로 솔직한 모습을 보여주는 것은 존경받을 수 있는 아주 좋은 방법이며, 똑똑하고 작은 집단을 유지하는 길이기도 하다.

크게 생각하고, 작게 행동하라

2010년, 디지털 컨퍼런스에서 잡스는 애플 내부 구조의 한 단면을 소개했다.

> 애플에 위원회가 몇 개나 있는지 아십니까? 하나도 없습니다. 우리는 창업 회사처럼 조직되어 있습니다. 이 지구에서 가장 큰 창업 회사지요.

잡스가 단순함이라는 가치에 정성을 쏟은 것은, 거꾸로 말하면 복잡한 위계질서를 그만큼 싫어했다는 뜻이다. 그는 세계적인 기업을 복잡함이라는 악마의 발톱을 들이대지 않고서도 얼마든지 성공시킬 수 있다고 확신했다. 더 구체적으로 말해, 옛 애플의 가치관을 되살린다면 새 애플도 다시 성공할 수 있다고 믿었다.

> 규모가 커진다고 해서 꼭 변해야 할 이유는 없다고 생각합니다.

얼토당토않은 소리처럼 들린다. 회사의 규모가 커지고 수천 명에 불과하던 고객이 수천만 명으로 늘어나는데 어떻게 '변하지 않을 수' 있을까? 그러나 불가능은 없다고 믿는 잡스는 자신이 옳다고 생각하는 대로 밀고 나갔다. 소기업형 사고를 강조한 것도 이와 같은 맥락이다. 그는 무언가를 실행할 때 그것이 전통적인 기업 행동양식과 충돌

한다 하더라도 이상적인 방향을 추구했다.

1985년에 잡스를 애플에서 방출하는 데 공을 세웠다는 이유로 한때 많은 비난을 들은 전 최고경영자 존 스컬리는 2010년의 인터뷰에서 잡스의 조직 원칙에 대해 이렇게 설명했다.

> 당시 잡스에게는 맥을 담당하는 팀이 백 명을 넘어서는 안 된다는 원칙이 있었습니다. 따라서 누군가를 집어넣으려면 다른 누군가를 빼야 했지요. 왜 그렇게 생각했는지는 자신이 한 말에 잘 드러납니다. "나는 백 명이 넘는 사람들의 이름을 일일이 외우지 못합니다. 또 개인적으로 잘 아는 사람들과 일하고 싶습니다. 따라서 인원이 백 명을 넘어가면 조직 구조를 내가 원하지 않는 방식으로 바꿔야 한다는 압박에 부딪힐 것입니다. 모든 것 하나하나에 내 손길을 미치게 하는 것이 내가 원하는 방식입니다." 애플에서 잡스를 알고 지낸 내내, 그가 조직을 운영하는 방식은 정확히 이러했습니다.

이 원칙은 애플에서 매킨토시를 출시하던 시절부터 잡스가 현역으로 일했던 마지막 날에 이르기까지 거의 변함없이 지켜졌다. 잡스가 제도화한 것 중에 '톱 100'으로 불리는 것이 있다. 그것은 바로 애플의 전 세계 임원들을 소집해 회사 밖에서 개최하는 연례 회의였다. 톱 100이란 애플의 비전을 이해하고 부하직원들에게도 회사의 비전을 충분히 인지시켰다고 잡스가 생각하는 임원들을 말한다. 톱 100 회의에서 잡스와 경영진은 이듬해의 전략과 이후의 대략적인 방향까지 논의하곤 했다. 잡스가 그 자리에 모인 임원들의 이름을 전부 알고 있었다는 데에는 의심의 여지가 없다.

차고에서 애플이 탄생했던 시절, 잡스와 워즈니악을 비롯한 몇몇 친구들은 그야말로 뛰어난 인재들의 작은 집단이었다. 애플의 소기업적 경향의 근간에는 이 방식에 대한 잡스의 믿음이 있었다. 무엇보다 대단한 것은, 이 방식이 단순히 애플을 대기업으로 성장시킨 데서 그치지 않고 세상에서 가장 값비싼 기업으로 만들었다는 사실이다(어쩌면 두번째로 비싼 기업일 수도 있다. 어느 시점을 기준으로 하느냐에 따라 애플의 시가총액이 엑손모빌보다 적을 때도 있었다).

소규모의 원칙

당신이 '똑똑한 사람들의 작은 집단' 중 '똑똑한 사람들'을 확보했다고 가정하자. 그것만으로도 축하할 일이다. 이제는 '소규모'에 집중할 때다. 나는 그동안 광고업계에서 우여곡절을 겪으면서 과학적 원리 하나를 추출했다.

• 프로젝트 성과의 질은 프로젝트에 투입된 인력의 수에 반비례한다.

이를테면 사무실에서 일하는 사람이 많을수록 좋은 결과를 얻을 가능성은 줄어든다. 하지만 조직을 구성할 때 유의할 점이 인원 조정

뿐만은 아니다. 조직에는 반드시 포함시켜야 할 특별한 존재가 하나 있다. 이것은 또하나의 독립된 원칙으로 삼아도 될 정도로 중요한 요소다.

- 프로젝트 성과의 질은 최종 의사결정권자의 관여도에 정비례해 증가한다.

최종 의사결정권자가 반드시 최고경영자일 필요는 없다. 어느 관리자에게든 그 책임이 주어질 수 있다. 그러나 누군가에게 의사결정권을 부여할 때는 그 사람의 관여 수준도 협의해야 한다. 프로젝트의 방향에 대한 책임자의 피드백도 없이 몇 주나 몇 달을 일하는 것은 비생산성의 차원을 넘어 조직 구성원들을 지옥과도 같은 혼란에 빠뜨리는 것이다. 책임자는 프로젝트를 진행하는 내내 정확하게 지시를 내리고 필요한 시점마다 관여해야 한다.

많은 대기업들은 최고경영자가 마케팅에 지나치게 관여하는 것이 비현실적이라고 말한다. 그렇기 때문에 더욱 잡스 같은 비현실적인 사람이 존재했다는 것이 다행이라고 생각한다. 잡스는 디자인 회의 못지않게 마케팅 회의에도 열정적으로 관여했다. 애플이 성공하려면 두 가지 모두 중요하다는 것을 알았기 때문이다. 또 애플이 경쟁사들에 둘러싸인 환경에서 시장을 계속 넓혀나가기 위해서는 자신이 마케팅 과정에 참여해 똑똑한 사람들의 작은 집단을 지휘해야 한다는 사실도 누구보다 잘 알았다.

그는 마케팅과 관련된 중요한 의사결정권을 다른 사람에게 위임하는 것에 반대했다. 모든 프레젠테이션 자리에, 프로젝트의 모든 과정에 그가 있었다. 나는 1997년부터 2002년까지 지속된 "다르게 생각하라Think Different" 캠페인에 사용된 모든 이미지와 문구에 그가 관여했다는 것을 보증할 수 있다. 포악한 군주로서가 아니라 열정적인 참여자로서 말이다. 새로 공개할 광고 문안을 상의하기 위해 한밤중에 그와 통화한 횟수도 헤아리다가 포기했을 정도다.

잡스는 내가 어디서도 실행된 걸 본 적 없는 정책을 고수했다. 이런 식으로 일하는 대기업 최고경영자는 내가 아는 한 세상에서 잡스 한 사람뿐이었다. 그는 자신이 직접 확인하기 전에는 어느 누구도 광고대행사의 아이디어를 접하지 못하게 했다. 자신이 직접 보기 전에는 어느 누구도, 심지어 마케팅을 담당하는 부사장에게도 광고 시안을 거치지 못하게 했다. "내가 무엇을 좋아하고 또 싫어할지 다른 사람이 추측하는 것이 싫습니다." 잡스가 여러 번 한 말이다. "누구도 보지 못한 곳에서 번득이는 무언가를 발견할지도 모르니까요."

많은 최고경영자들은 마케팅을 향한 잡스의 열정에 공감하지 않는다. 대부분 그럴 시간이 없다고 말할 게 뻔하다. 그렇기에 잡스가 애플과 픽사Pixar의 최고경영자를 맡고 있으면서도 마케팅 아이디어를 검토할 시간을 마련했다는 사실이 더욱 훌륭해 보인다. 결론은 이렇다. 중요하다고 생각하는 것이 있으면 거기에 투자할 시간을 확보해야 한다. 너무 바빠 여유가 없거나 그 분야에 전문 지식이 없을 때는 그 일을 대신할 사람을 고용해서 업무를 위임해야 한다. 더불어 실질적인 권한도 부여해야 한다.

작은 집단 = 더 나은 관계

잡스의 변덕이 죽 끓듯 했다면, 그 스트레스 때문에 애플과 광고대행사의 관계가 파국에까지 이르는 일이 종종 있었으리라고 추측할 수 있다. 그랬다. 스트레스는 분명히 있었다. 하지만 파국까지는 아니었다. 오히려 그 반대였다. 잡스와 샤이엇데이는 마케팅 역사상 가장 오래 유지된, 그리고 가장 성공적인 파트너십 사례 중 하나였다.

이유가 무엇이었을까? 놀랍게도 바로 똑똑한 사람들의 작은 집단 때문이었다. 그 덕에 샤이엇데이는 잡스 그리고 애플과 긴밀한 관계를 유지할 수 있었다. 그로 인해 좋은 성과가 지속되었고, 긴장이 고조되는 상황에서도 발전적인 관계를 유지할 수 있었다. 이런 관계는 여러 면에서 결혼과 닮았으며 바람직한 혼인 관계는 스스로 생존 방법을 찾는다는 점에서 더욱 그러하다.

샤이엇데이는 1980년을 기점으로 5년 동안 애플과 함께 일했다. 그리고 1997년에 재회해 지금까지도 계속 관계를 유지하고 있다. 광고업계의 관행으로 보면 보기 드물게 오래 유지되는 관계다. 샤이엇데이의 리더 클로우와 잡스가 돈독한 관계를 이룬 때는 매킨토시 초창기로 거슬러올라간다. 따라서 잡스가 1997년에 애플로 복귀하면서 샤이엇데이와 다시 손잡은 것도 놀랄 일은 아니었다. 이 광고대행사는 그동안 합병을 거치며 지금은 TBWA\샤이엇\데이라는 이름으로 불린다(지금부터 이 공식 명칭 대신 '샤이엇'이라고 부르겠다. 그래야 백슬래시를 반복해서 입력하는 수고를 덜 수 있을 것이다).

흥미로운 점이 하나 있다. 애플이 광고대행사를 'BBDO'로 바꾼 시기에 샤이엇은 IBM의 PC 부문을 맡고 있었는데, 이때 IBM은 샤이엇이 고객을 빨리 지치게 만든다는 평판 때문에 고민이 많았다. 결국 IBM은 오래갈 사랑을 찾기로 했다. 운명의 장난이었을까, 애플은 샤이엇과 재회했고 IBM이 PC를 만들어온 세월보다 더 많은 시간을 이 광고대행사와 함께하게 된다.

'샤이엇-애플' 방정식에서 똑똑한 사람들의 작은 집단은 양쪽 문화에 모두 중요한 요소다. 두 회사 모두 내부 조직을 이 방식으로 구성했기 때문에 두 집단이 서로 만났을 때 융화도 훨씬 쉬웠다.

사실 잡스가 샤이엇과 인연을 끊겠다고 협박한 적도 있었지만, 그보다는 촉촉한 눈빛으로 우리가 한 일들에 진심으로 감사한 적이 더 많았다. 무엇보다 중요한 것은, 우리가 서로의 입장을 정확히 알고 있었다는 사실이다. 두 회사는 열정을 나누었다. 그리고 서로 솔직했다. 냉혹한 적도 있었지만 대부분은 파트너에게 아무것도 숨기지 않는다는 바람직한 관행을 따라 솔직하게 표현했다. 문제가 생겨도 금방 해결되었다. 애플과 샤이엇의 관계는 워낙 뿌리가 깊어서 서로에게 안정감과 동시에 책임감을 느끼게 했다.

두 회사의 관계가 특별했다는 증거를 제시하라고 한다면, 내가 샤이엇을 떠나 광고대행사 '유로 NY'에서 인텔과 일했던 때를 떠올리고 싶다. 유로에서 인텔의 광고대행을 맡기 오래전부터 인텔은 '까다로운' 고객으로 정평이 나 있었다. 물론 이 표현은 최근에 인텔과 관계를 '맺고' 있는 이들이 사용하는 아주 정중한 수사일 뿐이다. 과거에 인텔을 경험한 동료들은 이보다 훨씬 저속한 표현들을 서슴없이 내뱉었다.

애플과 달리 인텔은 대기업답게 움직이는 대기업이었다. 애플에서는 일이 가장 중요했지만 인텔에서는 꼭 그렇지만은 않았다. 부차적인 문제들, 과도한 분석, 사후 비판 등 정작 중요한 창의적 활동을 산만하게 방해하는 것들이 한두 가지가 아니었다. 또한 큰 두 집단이 협업하다보니 광고대행사와 고객의 관계도 형식에 구애받거나 마찰을 빚는 일이 많았다.

자연히 부담스러운 관계를 피할 수 없었다. 서로의 교류를 증명하기 위해 인텔은 연애관계에서나 할 법한 일들을 매 분기마다 강요했다. 가장 사이가 좋았을 때와 가장 나빴을 때를 기록하고 고쳐야 할 결점을 적는 '성적표'를 내야만 했던 것이다. 인텔이 성적표를 요구하면 우리는 어쩔 수 없이 제출해야 했다. 큰 집단이 일하는 방식과 애플의 작은 집단이 일하는 방식에는 이처럼 현저한 차이가 있었다. 성적표 따위를 만들고 처리하느라 소중한 시간을 허비하는 것은 잡스의 사고방식으로는 이해할 수 없는 일이었다. 그는 순간의 솔직함을 추구했다. 무언가 자신을 괴롭히는 것이 있으면 있는 그대로 우리에게 말했다. 그것이 우리의 성적표였다.

유로 내부의 큰 조직은 인텔 마케팅팀 내 큰 조직의 위계질서를 거울에 비춘 것처럼 똑같이 짜여 있었다. 질서를 유지하기 위해서는 더욱 형식적인 분위기가 필요했다. 거의 격식이 없었던 애플과 비교할 때 인텔 관계자들과의 회의에는 더 많은 각색과 연출이 필요했다.

'샤이엇-애플'의 작은 집단과 '유로-인텔'의 큰 집단 사이의 생산성 차이를 비교한다면 아마도 몇 주에 걸쳐 긴 글을 쓸 수도 있을 것이다. 하지만 나의 구구절절한 설명조차 필요 없게 만드는 사건이 발생했다.

한번은 우리가 제작한 광고 때문에 발생한 법적 분쟁에 대응하기 위해 인텔의 마케팅 부사장이 앞으로의 행동 방향과 관련해 유로 측의 입장을 물은 적이 있었다. 우리 팀은 내부 회의를 거쳐 만장일치로 권고안을 마련했다. 그 내용을 유로의 어카운트 디렉터에게 이메일로 보내면서 인텔에도 알리겠다고 하자 곧바로 답장이 날아왔다. 지극히 전형적인 문구로 시작하는 내용이었다.

인텔의 입장을 알기 전에는 우리의 입장을 밝힐 수 없습니다.

수백만 달러 값어치의 고객을 놓칠지도 모르는 상황에서 이런 태도로는 큰 집단들을 효과적으로 관리할 수 없다. 신중하지 못하면 솔직함이 잔꾀에 자리를 내주고, 관계 역시 발전하기보다 '관리'의 대상으로 전락할 수 있다. 샤이엇이 잡스 앞에서 이런 식으로 행동했다면 오랫동안 호의적인 관계를 유지하기 어려웠을 것임은 두말할 필요도 없다. 결국 이 일로 인텔의 관계자들은 감정이 상했고 머지않아 광고대행사를 교체했다.

애플과 샤이엇의 관계를 굳건하게 유지시킨 것은 단순함이다. 두 회사는 성공에 대한 서로의 이해관계를 정확히 인식하고 있었기에 진정한 파트너십을 형성할 수 있었다. 똑똑한 사람들의 작은 집단은 공동의 대의와 공동의 가치관을 지닌 더욱 탄탄한 관계를 형성하기 때문에 시련의 시기도 거뜬히 이겨낼 수 있다.

간소화를 통한 몸집 줄이기

애플과 광고대행사 사이에는 창의성이라는 산이 있었다. 그러나 신선하고 흥미로우며 의욕적인 아이디어를 두 회사만 독점했던 것은 아니다. 세상에는 똑똑한 회사들이 수도 없이 많고 그중 상당수는 아주 뛰어난 창의적 인재들이 있는 광고대행사의 도움을 받고 있다.

그런데도 멋진 마케팅 캠페인을 내놓는 회사들이 몇몇에 지나지 않는 이유는 무엇일까? 왜 마케팅 업계는 온통 헛소리로 가득할까?

가장 중요한 이유 하나는 많은 대기업들이 '작게 생각하기'를 그저 터무니없다고 여기기 때문이다. 그들은 복잡한 프로세스를 간소화할 수 없다. 설사 성공적으로 목표를 설정하고 전략을 수립해 앞으로 활로를 열 훌륭한 계획을 세웠다 하더라도, 복잡한 프로세스가 그 계획의 활력을 갉아먹는다. 더 간단한 실행방식을 찾기 위해 수차례의 회의와 여러 단계의 승인 과정이 끝없이 이어질 것이다.

인텔이 재미있는 사례다. 지적 능력만 따지자면 인텔은 세상에서 가장 훌륭한 회사라고 해도 과언이 아니다. 인텔이 하는 일들은 평범한 사람들의 이해 수준을 뛰어넘는다. 언젠가 인텔의 한 임원에게 인텔에서 프로세서 하나를 개발해 제작 설비를 건설하고 대량으로 생산하는 데 필요한 투자와 노력은 미 항공우주국에서 우주왕복선단 전체를 건설하는 데 드는 것과 맞먹을 정도라고 들은 적이 있다. 이처럼 인텔은 다른 회사들이 상상조차 할 수 없는 생산력을 갖고 있다. 그런데도 인텔의 광고는 한심하기 그지없다.

왜일까? 굳이 비난하자면 그들의 성장 과정을 탓해야 할 것이다. 인텔은 엔지니어들로 이루어진 회사다. 엔지니어는 냉철하고 확실한 과학적 근거를 바탕으로 결정을 내린다. 마케팅처럼 감성적 요소가 결부된 사안에 대해서조차 예외는 없다. 인텔의 전 최고경영자 폴 오텔리니는 사내에서 열린 마케팅 행사에서 직원들을 향해 이렇게 말했다. "우리 인텔은 무결점 제품을 생산합니다. 내가 이 부서에게 원하는 것도 무결점 광고입니다."

그가 이런 말을 했을 때 그 자리에 참석했던 창의적 인재들은 극심한 스트레스를 받았다. 세상에서 가장 위대한 영화감독도 무결점 영화를 만들라는 명령 앞에서 제 역할을 하기 힘든 법이다. 뛰어난 아이디어는 늘 어느 정도의 위험을 동반한다. 아이디어가 뛰어나다면 그 보상으로 한두 가지 '결점'은 눈감아줄 법도 하다. 그러나 오텔리니의 경고는 인텔의 사고방식을 여실히 보여주었다. 그 때문에 엔지니어들은 모든 프로세스를 철저하게 운영하기 위해 더 많은 노력을 기울여야 하는 부담을 떠안았을 뿐 아니라, 무결점 광고를 보장해줄 새로운 누군가를 바라기도 했다. 인텔 같은 고도로 효율적인 세계에서는 위험이 곧 결점이다.

안타깝지만 위험에 대비한다고 해서 단순함을 확산시킬 수는 없다. 무엇이든 단순화하는 작은 회사들의 실행방식을 대기업들도 배워야 한다. 여기에는 현재의 복잡한 프로세스들을 면밀히 관찰해 강화하는 것이 아니라 어떻게 그 과정을 줄여나갈 것인지 연구하는 것도 포함된다.

인텔(그리고 내가 함께 일했던 대부분의 회사들)의 임직원들이 자사의 경영방식을 개선할 모범 사례로 끊임없이 애플을 인용하고 있다는 점은 역설이 아닐 수 없다. 그들은 애플의 거대한 총체 중에서 극히 일부를 모방한다면 자신들의 문제를 해결할 수 있다며 낙관했다.

불행히도 이런 식으로는 어렵다. 기억하자. 단순함이란 '전부 아니면 전무all or none'의 문제다. 골라서 선택할 수 있는 것이 아니다. 일부만을 얻기 위해 애써봐야 노력만 허비하는 꼴이다.

프로세스를 향한 애착 vs 단순함을 향한 애착

새 고객과의 첫 대면을 떠올리는 것은 언제나 흥미진진하다. 협약 전 구애 기간에 있었던 만남이 아니라 공식적인 관계를 형성한 이후 첫 만남 말이다.

몇몇 고객들과 만난 과정을 떠올려보면 그것이 나중에 일어난 일들의 완벽한 지표였다는 사실을 알 수 있을 것이다. 반면에 다른 몇몇 고객들과의 기억을 떠올리면, 그 상황에서 드러났던 신호를 알아채지 못했거나 전혀 엉뚱하게 해석했다는 사실을 깨달을지도 모른다.

잡스가 복귀한 이후 1999년에 열린 나와 애플의 첫 회의는 앞으로 벌어질 일들의 아름다운 신호탄이었다. 재미와 흥미, 희망, 의욕 등 내가 원한 모든 것들이 거기에 있었다. 체계를 제대로 갖춘 회의는 전혀 아니었지만 그래도 많은 성과가 있었다. 과거에 이미 잡스와 여러 해를 일한 경험이 있었지만 새로운 팀의 일원으로 그를 만난 것은 처음이었다. 그는 여전히 쉽지 않은 사람이었지만 그래도 우리가 진행하는 일에 호의적인 반응을 보였다.

나와 델 그리고 인텔과의 첫 만남도 정확한 지표였다. 그들을 한마디로 표현하라면 '확 깬다'는 표현이 가장 어울릴 것이다. 마케팅에 종사하는 사람들이 으레 그렇듯이 나도 희망에 가득차 밝은 미래를 그리며 그들과의 첫 회의에 참석했다. 그러나 두 회사에서는 창의성보다 프로세스가 더 우위에 있는 듯했다. 불행한 일이었다. 반면 애플의 세계에서 우리는 자발적으로 많은 것을 이룰 수 있었다. 아이디어가 늘 최우선 순위를 차지한 덕분이었다.

예를 들어 우리가 잡스의 승인을 얻어 한창 광고를 제작하다가 촬영이나 편집 단계에서 더 좋은 아이디어를 떠올렸다고 하자. 그렇더라도 우리는 얼마든지 새로운 아이디어를 들고 잡스에게 달려갈 수 있었다. 오히려 그가 우리에게 이런 행동을 기대했을 뿐만 아니라 주제에 부합하는 새로운 광고 아이디어가 있을 때는 언제라도 논의를 마다하지 않았다. 우리가 새로 제시한 방향에 잡스도 동의하면 더없이 좋겠지만, 마음에 들지 않더라도 우리가 무언가를 시도하려 애썼다는 사실에 만족했다(그리고 기꺼워하며 우리의 새 아이디어를 가차없이 차버릴 때도 있었지만, 그게 원래 그의 모습이다).

그러나 인텔의 세계에서는 이런 자발성이 존재하지 않았다. 콘셉트를 충분히 연구하고 수정/승인을 거쳐 제작한 광고를 다양한 이해관계자들에게 공개하고 나면 어느 정도 기대치가 형성되었다. 설사 개선의 여지가 많더라도 큰 변화를 허용치 않았다. 모든 것이 프로세스 아래에 있었다.

애플은 이런 식의 절대성을 용납하지 않는다. 더 좋은 아이디어는 더 좋은 아이디어다. 창의성보다 프로세스를 앞세우는 사람은 단순함이라는 교단에서 쫓겨날 수 있다. 잡스는 아이디어를 소중히 여기는 가치관을 애플의 문화 속에 각인시켰고, 이것이 앞으로도 애플의 미래를 주도할 것이다.

스컬리가 최고경영자로 있었던 시절에도 애플의 광고대행사 일원으로 일했던 나는 그가 이끌던 애플은 적어도 마케팅 부문에서는 다른 대기업들처럼 프로세스 위주였다고 증명할 수 있다. 스컬리와 일하는 것과 잡스와 일하는 것은 하늘과 땅만큼이나 차이가 컸다.

잡스는 창조적 프로세스의 의미를 이해하고 인정했다(어떤 면에서 프로세스는 거의 없는 것이나 마찬가지였다). 애플, 픽사, 디즈니를 두루 경험한 잡스는 다른 최고경영자들에게서는 볼 수 없는 관점을 지녔다. 잡스는 아이디어를 배양하고 보호하는 자기만의 방법을 고안했다. 기계적으로 분석한다고 해서 무조건 창의성이 빛을 발하는 것이 아니며, 오히려 똑똑한 사람들의 작은 집단을 가동하면 (더러는 전혀 예상치 못한) 좋은 일이 생긴다는 사실을 잘 알고 있었다.

잡스가 창의성이 뛰어난 천재라고 생각하는 사람들이 많다. 그러나 나는 잡스가 창의성을 사랑한 천재였다고 표현하는 것이 더 정확하다고 생각한다. 실제로 나는 그가 훌륭한 아이디어만이 아니라 시답잖은 아이디어를 제시하는 경우도 더러 보았다. 하지만 잡스만큼 창의성에 대해 열정을 가진 최고경영자는 아직껏 보지 못했다.

잡스가 픽사에서 일할 때 그에게 크리에이티브 회의에 참석하지 말아달라는 요구가 있었다. 그가 참석하면 카피라이터들과 아티스트들이 거세게 반발할 수 있기 때문이었다. 그의 리더십과 비전은 누구나 인정했지만 영화를 제작하는 능력에 대해서는 그렇지 않았다.

그러나 이것은 오히려 모든 사람들에게 희소식이다. 창의적 사고로 세상을 바꾸는 데 반드시 뛰어난 창조적 기술이 필요한 것은 아니라는 사실을 입증하는 증거가 바로 잡스 자신이기 때문이다. 창의성의 필요를 제대로 인식하는 조직을 건설하는 것으로 충분하다. 당신이 창의적 사고의 전도사이자 강력한 옹호자가 되면 된다. 아울러 창의적 사고를 북돋기보다 억압하는 프로세스를 찾아내는 눈을 가져야 한다.

잡스는 누구보다 뛰어난 창의성 계발자였다. 그는 인재를 발굴해 고용하고, 재능을 유지해 환상적인 결과를 낳는 환경을 건설하는 데 탁월한 역량을 발휘했다. 예술과 디자인을 향한 애정도 분명히 한몫했지만, 무엇보다 중요한 것은 그가 아이디어를 훼손하는 프로세스를 절대적으로 반대했다는 사실이다. 애플의 프로세스를 단순하게 유지하기 위해 줄곧 그가 강조했던 것 역시 좋은 아이디어를 배양하고 보호하는 것이었다.

잡스만큼의 열정을 갖추지 못한 리더가 이끄는 회사의 마케팅은 조금 더 냉정한 표현이 어울릴 것이다. 그들에게 마케팅팀은 조직 속의 조직일 뿐이며 또하나의 바퀴살에 불과하다. 이런 회사의 마케팅 책임자는 뛰어난 창의성을 바라면서도 그것을 억압하는 프로세스를 제시한다. 그런 책임자들은 탁월함을 요구하기만 하면 어떤 식으로든 그 결과가 책상에 놓일 거라고 생각하는 듯하다. 마치 한쪽에 정보를 집어넣으면 다른 쪽으로 대단히 창의적인 결과가 튀어나오는 놀라운 기계를 상상하듯이 말이다. 하지만 그렇게 요구해서 얻어낸 아이디어는 생각보다 엉망인 경우가 적지 않다.

기술업계의 어느 대기업과 일하게 된 첫 주에 나는 마케팅 담당 부사장과 저녁을 먹었다. 샤이엇이 애플에서 올린 성과에 무척 고무된 그녀는 그와 비슷한 결과를 얻기 위해 회사의 프로세스를 개선할 방법이 있다면 무엇이든 할 생각이라고 말했다.

"기밀을 말씀해달라는 얘기는 아니에요." 그녀가 말했다. "애플이 그렇게 훌륭한 성과를 꾸준히 올릴 수 있는 특별한 무언가가 있다면, 그걸 일상적인 표현으로 풀이해주셨으면 하는 것뿐이에요."

나는 애플의 행동양식에서 가장 중요한 것 중 하나가 신뢰라고 말했다. 내가 샤이엇에서 근무하던 때는 어떤 광고에 대해서도 테스트 과정이 없었다. 지면 광고, 텔레비전 광고, 게시판 광고, 웹 광고, 소매 광고 등 어떤 경우에도 마찬가지였다.

"그래요?" 부사장이 놀란 듯 말했다. "테스트를 전혀 안 한다라! 그것 참 흥미롭네요." 놀랄 만한 일임은 분명했다. 그녀는 잠시 생각에 잠기는 듯하더니 다시 입을 열었다. "그건 우리가 받아들이기 어려울 것 같네요. 말씀해주실 만한 다른 이야기는 없나요?"

이것이 대부분의 대기업이 겪는 문제다. 프로세스가 워낙 체계화되어 있어, 변화의 대가가 바로 눈앞에 보이더라도 기존의 행동양식을 쉽게 바꾸지 못하는 것이다.

결론적으로 말하면 이렇다. 프로세스가 가장 우선인 곳에서 아이디어가 설 자리는 없다. 프로세스가 추가될수록 최종 결과물이 빈약해지는 것은 이제 상식에 지나지 않는다.

간소화가 궁극의 효율이다

나는 인텔 마케팅팀과 일하면서 이 회사의 운영방식이 왜 그렇게 복잡한지 그 이유를 알 수 있었다. 인텔은 마치 끝없이 효율성을 추구하는 조직 같았다. 효율성이 나쁠 것은 없지 않은가?

그렇기도 하고 그렇지 않기도 하다. 수많은 작은 트랜지스터를 하나의 실리콘 웨이퍼에 새길 때라면 효율은 더없이 좋은 것이다. 그러나 훌륭한 마케팅 계획과 훌륭한 광고는 기계로 만들어지지 않는다. 훌륭한 마케팅과 광고는 (바라건대) 인간의 행동양식에 대해 통찰력 있는 사람들의 주관적이고 비기술적인 의사결정에 따른 결과물이다. 조립라인에 맞춰 로봇을 프로그래밍하는 것과 고객과의 감성적 접속은 전혀 다른 차원이다.

애플은 회사 운영 면에서 무자비하게 효율을 추구하는 데(전 최고운영책임자 팀 쿡에게 감사할 일이다) 특출난 회사지만, 그렇다고 해서 인간성을 상실한 적은 없다. 애플에서는 사람과의 관계가 비즈니스의 핵심이다.

인텔은 탁월한 엔지니어링 역량을 바탕으로 건설된 회사이므로 역시 효율에 관해서만큼은 무자비할 정도다. 그러나 이 회사의 제품인 인텔 마이크로프로세서가 아이패드처럼 따뜻하고 포근한 느낌을 주지는 않는다. 효율을 향한 인텔의 집착은 회사의 모든 분야로 확산되었고, 마케팅도 예외는 아니었다. 또한 애플이 다분히 직관에 기초한 광고를 기꺼이 내보냈다면, 인텔은 냉정하고 확실하며 설득력 있는 과학적 근거를 추구했다.

조직 측면에서 차이를 보면, 애플은 똑똑한 사람들의 작은 집단에 마케팅의 운명을 맡기는 '작은' 접근법을 채택했다. 반면에 인텔은 전 세계의 인력과 프로세스를 동원하는 '큰' 접근법을 고집했다.

얄궂게도, 효율을 추구하던 인텔의 고집은 오히려 마케팅 프로세스를 비효율적으로 만들었다. 인텔은 그저 제품의 완벽함만을 알리는 데 애플보다 훨씬 많은 시간과 훨씬 많은 돈을 투입했다. 다만 이 방식에 한 가지 문제가 있었다면, 뜻대로 잘 풀리지 않았다는 점이다.

그 증거를 확인하려면 지난 15년간의 인텔 광고를 보면 된다. 그 중에 더러 (샌프란시스코의 광고대행사 베너블스 벨 앤드 파트너스에서 제작한 광고 〈내일을 만듭니다Sponsors of Tomorrow〉처럼) 흥미로운 순간도 있었지만, 효율을 추구하면서 내놓은 대부분의 결과물들은 당혹스럽거나 쉽게 잊히는 것들이었다.

더 나은 '노트북의 경험'을 강조했던 2005년의 노트북 프로세서 광고는 사람들의 무릎 위에 유명 인사들이 앉아 있는 이미지를 등장시켜 뜻하지 않게 우스꽝스러움을 선사했다. 다른 광고 시리즈에서는 곧 공장을 떠날 프로세서들이 노래를 부르는 장면도 나온다. 인텔은 무자비하게 효율을 추구했지만 광고의 실패를 막지는 못했다.

같은 시기에 애플이 내보낸 광고는 상까지 받았다. 게다가 광고를 세상에 선보이기 전에 과학적 분석을 하느라 많은 시간과 비용을 허비하지도 않았다.

여기에도 단순함의 중요한 장점이 숨어 있다. 많은 회사들이 효율이라는 미명 아래 문자 그대로 천문학적인 금액을 쏟아붓지만, 궁극의 효율은 결국 단순함에서 비롯된다.

단순함의 원칙을 존중할 줄 아는 회사는 비용을 줄이고, 업무를 더 빠르게 수행하며, 더 좋은 성과를 올릴 수 있다. 요컨대 업무의 효율이 향상되는 것이다.

당신이 단순함을 중요시하는 회사에서 일한다면, 삶이 좀더 수월해지고 일하는 시간도 줄어들며 매일 저녁 그 어떤 스트레스도 없이 가족에게 돌아갈 수 있다고 여러분에게 자신 있게 말할 수 있으면 좋겠다. 하지만 나는 그렇게 장담할 수 없다.

사실 일에 집중하는 시간만 따진다면 애플에서 일할 때나 IBM 같은 회사에서 일할 때나 거의 차이가 없다. 일은 늘 힘들다. 일이라고 부르는 이유도 그래서다. 단순함은 다양한 모습을 띨 수 있지만 여가를 보장하는 티켓은 아니다.

하지만 일할 때의 마음가짐을(그리고 퇴근할 때의 마음가짐을) 따진다면 그 차이는 하늘과 땅만큼 크다. 애플의 세계에서 살아가는 직원들 대부분은 매일 아침 일어날 때부터 그날 해야 할 일과 이유를 정확히 알고 있다. 그러나 복잡한 환경에서는 다양한 관점을 이해하고 몇 주에서 몇 달까지 걸리는 승인의 미로를 통과하는 일이 큰 숙제일 것이다. 위계질서는 직원들의 정신을 황폐하게 할 뿐만 아니라, 직원들을 이 회의 저 회의로 끌고 다니며 업무의 질도 점차 떨어뜨린다.

내가 애플과 일하면서 느낀 것은, 기술업계의 대기업들과 달리 애플의 조직은 신선할 정도로 평탄한 구조였다는 것이다. 잡스가 포함된 최고위직 역시 마찬가지였다. 그저 '잡스가 좋아하는지 아닌지'만 판단하면 될 정도였다. 하위 수준의 프로젝트에서도 위계질서는 그 정도를 지켰다. 책임자가 관계하는 사람들은 매주 동일했고, 부사장이나 다른 임원진이 연관되었다 하더라도 그들은 주기적인 검토 회의에나 모습을 드러냈다.

정례 회의에서 새로운 아이디어를 잡스에게 제안하면 우리는 그의 즉각적인 반응을 얻었고, 곧바로 다음 할 일을 정할 수 있었다. 바꿔야 할 것이 있을 때도 보통은 그 이유를 확실하게 알았다.

잡스와의 회의가 마무리되고 다음 회의가 열리기까지 어떤 변화가 발생하더라도(시장 환경, 최근 이슈, 잡스의 변덕 등) 프로세스가 단순해 즉시 대처할 수 있었다. 단순한 프로세스란 바로 똑똑한 사람들의 작은 집단에서 이루어지는 지속적인 대화였다. 또한 다음 회의가 열리기까지 잡스도 결코 이방인이 아니었다. 그 역시 우리의 작은 무리에 적극적으로 참여해 제 역할을 하는 구성원이었고 할말이 있을 때는 언제든 전화나 이메일로 연락했다. 한마디로 우리는 아주 특별한 최고경영자와 일한 것이다.

인텔과 일할 때는 프레젠테이션과 토론을 거듭하며 내용을 수정하는 전형적인 방식을 따랐다. 애플과의 가장 큰 차이라면, 한 번의 회의를 끝낸 것이 그저 다음 회의에서 윗사람들에게 보고할 자격을 얻은 것에 불과했다는 점이다. 게다가 그 윗사람이 이전 회의에서 논의한 내용을 제대로 알고 있다는 보장도 없었다. 뒤죽박죽이었다. 이런 조직에서는 하급자들이 지나치게 준비를 많이 해야 하는 경향이 있다. 자신들이 준비한 수많은 아이디어 중 상사가 마음에 들어하며 적극적으로 반응을 보일 만한 것이 있을 수 있기 때문이다. 또 자신들의 직속 상급자가 아니면 제아무리 현명한 방식을 제안하더라도 잘 따르지 않는 경향도 있다.

다층 조직에서는 풍부한 상상력을 키우기가 쉽지 않다. 자칫하면 목이 날아갈 수도 있다. 반면 수평화된 조직에서는 '다르게 생각하기'가 훨씬 수월하다.

Chapter 3

최소로 생각하라 Think Minimal

선택지가 많으면 장점이 아니라 부담이다. 선택 범위를 최소화해야 회사도 고객도 명확하게 이해한다. 스티브 잡스는 20가지가 넘는 제품군을 4가지로 축소해 그 효과를 입증했다.

애플의 최소화 능력을 확인하고 싶다면 주변의 애플 스토어를 한번 들러보는 것으로 충분하다. 여기에는 고객들에게 실제로 판매하는 제품을 비롯해 꼭 필요한 것들만 갖춰져 있다. 애플은 불필요한 것을 용납하지 않는다.

그 이유는 굳이 숨길 것도 없다. 잡스는 애플의 사고방식을 있는 그대로 공개할 때가 종종 있었다. 하나에 집중하면서 다른 것들로 인해 방해받지 않는 것이 그 핵심이다.

아직 맥 OS X(애플이 2001년에 출시한 10번째 매킨토시 운영체제—옮긴이)가 공개되기 전 어느 날, 나는 이 철학이 시험대에 오른 장면을 목격했다. 잡스의 비서가 임시 회의를 소집한 날이었다. 잡스는 우리의 정규 마케팅 회의와는 무관하게 애플에서 열리는 특별 브리핑에 클로우와 내가 참석하기를 바랐다. 그가 원하니 참석하지 않을 도리는 없었다. 하지만 우리가 아는 것이라고는 잡스와 그의 소프트웨어 담당 임원진이 함께 참석한다는 사실뿐이었다.

회의가 열리던 그날, 애플의 중역 회의실에는 우리가 지금껏 얼굴도 본 적 없는 인물들이 앉아 있었다. 그중에는 잡스와 에이비 테버니언(소프트웨어 부문 수석 부사장)을 비롯해 애플의 소프트웨어를 책임지는 사람들이 보였다. 그때까지도 우리는 이 회의가 왜 열렸는지 전혀 감을 잡지 못했고 궁금증은 점점 더해갔다.

회의 주제는 맥 OS 9에 관한 것으로 밝혀졌는데, 출시까지는 아직 몇 개월이 남아 있었다. 잡스는 새로운 맥 운영체제의 마케팅 방안에 관심이 많았고, 새 버전이 출시될 때마다 우리는 더 많은 사람들이 업그레이드를 하도록 유도 전략을 세우느라 골몰했다. 잡스가 이렇게 깊은 관심을 보인 이유는 소프트웨어가 가져다주는 막대한 수익 때문이었다. "마이크로소프트가 이렇게 돈을 벌지요." 그가 유난히 강조하며 말했다. "돈을 찍어내는 것과 같아요."

여기서 그가 지적한 것은, 일단 개발 단계를 넘어서면 소프트웨어 '제품'을 만드는 것이 컴퓨터를 만드는 것보다 훨씬 간단하고 비용도 적게 든다는 사실이었다. 그러니 '돈을 찍어낸다'는 말은 아주 적절한 비유였다.

잡스가 이 회의를 소집한 목적은 차세대 맥 운영체제의 업데이트와 관련해 혁신적인 아이디어가 있었기 때문이다. 당시에 99달러였던 일반적인 업그레이드 비용을 받기보다, Mac OS 9의 두번째 버전을 무상으로 제공하는 대신 광고를 통해 비용을 충당한다는 발상이었다. 이론은 이랬다. 비용 때문에 업그레이드를 하지 않는 수많은 사람들을 끌어들여 광고를 통해 애플의 수익을 창조한다는 것이었다. 그리고 무료 버전을 사용하던 사람이 광고를 제거하고 싶을 때는 비용만 지불하면 간단히 광고 없는 버전을 사용할 수 있게 할 계획이었다. 잡스는 이미 팀을 가동해 예상 수치를 계산했고 이 아이디어는 금전적으로도 확실해 보였다.

클로우와 내게는 분명 놀라운 아이디어였다. 하지만 한동안 그 소프트웨어를 가지고 씨름해온 사람들의 입장에서는 꼭 그렇지 않았다. 잡스는 광고가 어떻게 펼쳐질지 꽤 상세하게 설명했다. 운영체제가 시작되면 사용자의 시야에 60초짜리 광고가 들어온다. 이 광고는 애플 서버 업데이트를 통해 주기적으로 변경된다. 운영체제가 가동될 때는 광고의 내용과 가장 어울리는 위치에 광고가 등장한다. 예를 들어 프린트 대화 상자에 잉크 잔량이 부족하다는 경고가 들어오면 엡손의 광고와 함께 웹 스토어로 연결되는 링크가 등장한다. 따라서 필요한 잉크를 즉석에서 구입할 수 있다는 식이었다.

회의실 분위기는 화기애애했고 잡스도 그 아이디어에 무척 고무되어 있었다. 운영체제가 시작될 때 나오는 광고에 대해서 사람들은 하나같이 최고의 기업만을 선택해 최상의 광고를 요구해야 한다고 입을 모았다. 클로우도 나이키나 BMW 같은 광고주들을 언급했고 회의실에 모인 사람들 대부분이 고개를 끄덕이며 동의했다.

하지만 내 생각은 조금 달랐다. 이것 때문에 그동안 쌓아온 애플의 이미지가 훼손되지 않을까 하는 걱정이 앞섰다. 그동안 잡스가 애플의 이미지를 깎아내리지 않으려고 얼마나 완벽한 제품 디자인을 구축해왔는지 생각하지 않을 수 없었다. Mac OS 9이라는 단순하고 깨끗한 환경에 광고를 집어넣는다는 아이디어는 아무래도 그 모든 것에 위배되는 것 같았다.

회의실을 떠나면서 클로우와 나는 이 아이디어가 정말로 실행될 것만 같은 인상을 받았다. 하지만 다행히도 그렇지 않았다. 아마도 수많은 반대에 부딪히자 잡스가 그 아이디어를 백지화한 것으로 추측된다.

애초에 잡스가 이런 방식에 현혹된 것이 의아하지만, 이 사건은 단순함을 향한 그의 사랑이 여전함을 재확인한 계기였다. 이 사건이 일어나기 몇 년 전인 1997년에 열린 '애플 세계개발자회의'에서 잡스는 이를 정확히 예측한 바 있다.

> 사람들은 집중해야 할 대상에 대해 '예'라고 말하는 것이 참된 집중이라고들 생각합니다. 그러나 이것은 의미를 완전히 잘못 알고 있는 겁니다. 집중이란 그 밖의 다른 좋은 아이디어들에 대해 '아니요'라고 말하는 것을 뜻합니다. 신중하게 선택해야 합니다. 저는 실제로 우리가 한 일 못지않게 하지 않은 일도 자랑스럽게 여깁니다. 수많은 것들에 '아니요'라고 말하는 것, 그것이 혁신입니다.

잡스가 그 아이디어에 대해 결국 '아니요'라고 말했을 때 많은 사람들이 반겼으리라고 나는 확신한다.

1998년의 축소법

잡스가 11년의 유배 생활을 끝내고 복귀했을 때 애플은 매우 위태로운 상태였다. 사망이 임박했다는 표현마저 지나치게 낙관적으로 들릴 지경이었다. 그저 죽음에 다가선 정도가 아니었다. 비평가들은 연일 공격을 퍼부었고 애플의 열렬한 마니아들도 등을 돌렸다.

세 명의 전임 최고경영자로 인해 애플은 이처럼 유감스러운 지경에 처하고 말았다. 전임 최고경영자들이 저지른 용서할 수 없는 범죄는 두 가지였다.

- 그들은 스티브 잡스가 아니었다.
- 애플만의 특별함을 무기로 이용하는 데 실패했다.

존 스컬리, 마이크 스핀들러, 길 아멜리오가 지휘하는 동안 애플의 마법은 서서히 빛이 바랬고 그와 함께 시장점유율도 낮아졌다. 이제 애플은 한때 위대했던 기업이 조만간 잔혹한 운명을 맞게 될 것이라 예측하는 저널리스트들의 내깃거리로 전락했다. 애플의 미래는 점점 희미해져갔다. 생명이 잦아들고 있었던 것이다.

이 무렵 언론들은 애플을 지칭할 때 불행히도 그 앞에 '포위된beleaguered'이라는 수식어를 붙였다. 사실상 개인용 컴퓨터를 창조한 회사였지만 마이크로소프트를 기반으로 한 PC의 상승세를 둔화시키는 데는 실패했다. 왕국의 하늘에는 먹구름만 잔뜩 끼어 있었다.

그런 애플을 구하기 위해 자신의 지위까지 내던진 사람이 바로 실패한 최고경영자 길 아멜리오라는 사실은 역설이 아닐 수 없다. 성공적인 차세대 운영체제를 개발하기 위해 그는 넥스트를 인수하고 잡스를 자신의 개인 고문으로 애플에 복귀시켰다.

가엾은 아멜리오! 그는 바구니에 숨은 독사를 발견하지 못했다.

잡스는 뒤에서 이사회를 조종하며 애플의 위대함을 복원할 비전과 카리스마는 자신에게만 있다는 것을 확신시켰다. 잡스야말로 애플의 본질이었고 그가 떠난 빈자리는 누구도 채우지 못했다. 결국 이사회는 아멜리오를 최고경영자에서 해임하고 잡스를 임시 최고경영자에 임명했다.

한가하게 즐길 여유가 없었다. 잡스는 애플의 구조와 방향을 전환하기 위해 곧바로 대대적인 개혁에 착수했다. 불필요한 인력을 정리하고, 과감하고 똑똑한 인재들을 영입하고, 회사의 구조를 재편하고, 애플이 의지할 만한 천재성을 지닌 사람들을 다시 북돋우기 시작했다. 잡스의 모험은 늘 지켜보는 재미가 있었지만 망가진 애플을(그를 포함해) 누군가가 소생시킬 수 있을지는 미지수였다.

돌이켜보면 잡스가 애플에서 쫓겨난 이유는 하나였다. 회사를 너무 망가뜨렸기 때문이다. 유배 시절에 잡스가 세운 회사인 넥스트도 수익성의 총아는 전혀 아니었다. 그렇지만 그가 입증하고 싶었던 것은 최소화를 통해 필요한 것에만 집중함으로써 애플의 활력을 되찾는 것이었다.

특히 애플의 규모에 비춰볼 때 잡스가 물려받은 제품군은 지나치게 복잡했다. 모든 고객을 만족시키려던 경영진의 의지가 도리어 고객의 선택(쿼드라Quadra 퍼포마Performa 매킨토시 엘시Macintosh LC 파워 북Power Book 파워 매킨토시Power Macintosh 등)만 더 복잡하게 만들었다. 애플 제품들은 하나같이 따분하고 시시했으며, 그 많은 모델을 지원하려면 R&D(연구개발)에서 마케팅에 이르기까지 회사의 자원을 낱낱이 쪼갤 수밖에 없었다. 하지만 그보다 더 심각한 문제는, 선택의 폭이 넓다보니 애플과 고객과 직원 모두가 혼란에 빠졌다는 사실이었다. 어느 모로 보더라도 도무지 도움이 되지 않는 전략이었다.

1998년 5월, 캘리포니아 쿠퍼티노의 플린트 센터에서 열린 특별 행사에서 단상에 오른 잡스는 애플의 미래에 지대한 영향을 미칠 두 가지 사안을 발표했다. 가장 인상적이었던 첫번째는 아이맥의 공개였다. 그리고 두번째는 앞으로 애플이 나아갈 근본적으로 새로운 방향을 제시하는 내용이었다. 컴퓨터에 대한 언급은 전혀 없었고 간단한 차트만 하나 등장했다. 차트는 사분면으로 나뉘어져 있었다. 애플의 새로운 제품 전략을 표현하는 도표였다.

잡스는 애플의 전체 제품군이 담긴 차트를 심플 스틱으로 툭 쳤다. 그는 애플의 복잡한 컴퓨터 모델군을 네 가지의 단순한 격자 형태로 변화시켰다. 즉 제품군을 개인용과 전문가용 각각의 노트북과 데스크톱 컴퓨터로 단순화하겠다는 것이었다. 기술 역사에서 제품군을 가장 극적으로 축소한 사례 중 하나였다.

잡스가 선보인 간단한 도표는 단순함과 회사의 로드맵을 모두 보여주고 있었다. 애플의 직원들은 이 차트만 보고도 앞으로 회사가 어디로 향할지 알 수 있었다. 잡스가 제시한 간단한 이미지 하나로 애플의 복잡한 모델군이 단 몇 개로 축소된 것이다. 그는 애플의 뜨거운 창조 에너지를 폭발시켜 엔지니어들에게는 영감을, 고객들에게는 기대감을 촉발시켰다. 또한 기존의 여러 모델군에 지출되던 엄청난 비용을 절감시키는 효과도 거두었다.

그날 이후로 애플은 몇 배의 성장을 이루었고 그 과정에서 당연히 제품군도 확충되었다. 하지만 여기서 말하는 '확충'의 의미는 '더 복잡해졌다'는 개념과 구분해야 한다. 최근 들어 아이팟과 아이폰, 아이패드까지 포괄하는 애플의 제품군은 다른 컴퓨터 회사들이 유사한 모델들을 앞세워 서로를 공격하는 시가전에서 멀찌감치 떨어져 있다. 애플의 사분면에 속한 모든 제품이 고객들에게 쉽게 다가가는 데는 그만한 이유가 있다. 그리고 애플이 판매하는 모든 제품은 최고의 품질을 자랑한다. 쓸데없는 것은 아무것도 없다.

몇 년 후 나이키의 최고경영자 마크 파커가 잡스에게 조언을 구했다. 그때 잡스는 기꺼이 도움을 주었다.

> 나이키의 몇몇 제품은 이 세상에서 최고입니다. 당신들이 갈망하는 정말 예쁘고 멋진 제품들 말이지요. 하지만 나이키는 쓰레기도 많이 만듭니다. 그 쓰레기 같은 것들을 버리고 최고에 더 집중해보세요.

잡스 자신이 일하는 방식을 정확히 반영한 충고였다. 물론 불편한 진실은 과거 애플의 많은 제품들도 '쓰레기' 수준이었다는 것이다. 하지만 곧 그는 혁신적인 신형 컴퓨터로 사분면을 하나씩 채워나갔다.

잡스의 제품 계획은 머잖아 세상을 놀라게 할 새로운 애플 비즈니스 모델의 기초를 형성했다. 애플은 주목할 만한 몇 개의 유망 제품에만 집중했고, 품질에 대한 타협 역시 거부했다. 그로써 효율을 극대화하는 동시에 높은 가격을 부과할 수 있었다. 한동안 적자에 허덕이던 애플이 잡스의 새로운 계획으로 이처럼 획기적인 전환점을 맞이하리라 예상한 전문가는 거의 없었다.

잡스가 종종 말한 대로 애플은 '아니요'라고 주저 없이 말하는 회사였다. 할 수 있을 것 같다는 단순한 이유로 신제품을 출시하려는 유혹을 단호히 거부했다. 다른 기술회사들의 제품군과 견주어봤을 때 이렇게 단호하게 처신하기란 결코 쉽지 않다. 잡스가 최소화에 집중하는 사이, 업계의 다른 회사들은 반대 방향으로 달리고 있었다.

다양화의 위험

오늘 당신이 노트북을 사고 싶다고 가정해보자. 가지고 있던 구형 노트북은 방금 고장났고 주머니에는 현금이 두둑하다. 새 노트북을 사고픈 욕구가 강해서, 조건만 맞으면 더 둘러볼 것도 없이 바로 돈을 투하할 기세다.

애플의 웹사이트에 들어가면 맥북 에어와 맥북 프로, 두 모델이 있다. 둘 중 하나를 선택한 후에 원하는 스크린 크기를 정하고 원하는 속도와 메모리, 하드디스크를 선택하면 된다. 아주 간단하다.

이제 HP와 델의 사이트에 접속해보자. 두 회사의 제품군은 수시로 바뀐다. 2011년 11월을 기준으로 HP의 노트북 모델은 23종 이상이었고 델도 18종이나 되었다. 모델끼리 중복되는 기능도 많을뿐더러 상당수 모델이 여러 페이지에 걸쳐 복잡하게 소개되어 있었다. 제품 모델이 왜 이렇게 많아야 하는지 속시원히 설명해줄 사람을 나는 지금도 찾고 있다.

이런 현상을 제품 다양화(확산)product proliferation라 부른다. 많은 회사들이 눈앞의 기회를 모두 붙잡으려고 한다. 즉 제품군을 논리적으로 구성하고 검색하기 쉽게 하는 것이 훨씬 유리한데도 모든 고객을 만족시키고 모든 거래를 성사시키려 애쓴다. 모두를 기쁘게 하려다가 자칫 누구도 기쁘게 하지 못할 수도 있다는 사실을 잘 모르는 모양이다. 반면 애플은 가장 잘할 수 있는 몇 가지에 집중하는 단순한 경로를 선택했다. 이 방식은 대규모의 충성스러운 추종자 집단을 형성한다. 애플이 만들 수 있는 제품이 아니라, 애플이 만들기를 선택한 제품을 내놓기 때문이다. 애플은 고급 제품만을 만든다. 저가형 제품에 대해서는 그 시장을 원하는 다른 회사들에게 기꺼이 양보한다.

델 홈페이지를 이용하는 고객들 중 사무실에서 일하는 아빠에게 안성맞춤인 모델이 퇴근한 후의 아빠에게는 왜 덜 만족스러운지 그 이유를 아는 사람은 많지 않다. 맥과 PC 사용자들 사이에서 이따금 '사용 편의성' 개념을 두고 논쟁이 붙는다. 그런데 이 개념을 망각한 컴퓨터 제조사가 과연 '구입 편의성'을 실현할 수 있을까?

복잡함은 선택의 바다를 사랑한다. 복잡하기 때문에 선택하는 시간이 몇 분에서 몇 시간까지 길어질 수 있다. 복잡하기 때문에 우리는 전문가 친구에게 전화하거나 인터넷 검색을 통해 제품 구입에 대한 확신과 마음의 평화를 얻으려 한다.

HP와 델은 고객들이 '선택권'을 원하기 때문에 다양한 모델을 생산한다고 설명할 것이다. 하지만 애플은 분명한 차이(매우 얇고 가벼운 컴퓨터 대 온갖 기능을 갖춘 컴퓨터)가 있는 독특한 모델 몇 개만 내놓고 고객들이 기호에 맞춰 선택하게 한다.

애플의 웹사이트를 찾은 고객들이 선택권을 박탈당한 채 떠나는 경우는 드물다. 오히려 그들은 애플의 제품군을 통해 구입 과정이 단순했다는 느낌을 받는다. 맥을 구입한 고객들에게 애플이 구입하기 쉽고 소유하기 쉬운 고급 컴퓨터를 만드는 회사라는 이미지가 더욱 견고하게 각인된 것이다.

다양한 제품의 바다가 고객을 더 행복하게 한다고 믿는 사람들은 실제로 그렇지 않다는 확실한 증거를 눈여겨볼 필요가 있다. 애플은 2011년까지 8년 연속 미국 고객만족지수에서 다른 컴퓨터 제조사들을 모두 따돌렸다. '선택권 결핍'이 큰 문제가 된 적은 한 번도 없었다. 오히려 이해하기 쉬운 제품군 덕분에 애플은 꾸준히 높은 평가를 받을 수 있었다. 애플의 고객들은 선택권이 적은 것보다 혼돈이 적다는 사실에 주목한다. 간단한 구매 경험이 고객과 회사를 더 가깝게 만드는 것이다.

고객이 선택권을 바라는 것은 당연하다. 문제는 선택권이 지나칠 때 생기는 부작용이다. 선택이 복잡해지면 장점이 아니라 부담으로 작용하기 시작한다. 제품을 구입하려는 마음을 먹고 홈페이지를 찾은 고객들에게 불필요한 혼란을 주는 것이다. 그러다가 어느 순간에 이르면 선택권의 과잉이 고객들의 단호한 의사결정을 무력화한다. 뿐만 아니라 많은 경우 제품을 구입한 후에도 제대로 산 게 맞는지 계속 의구심을 갖게 된다.

놀랍게도 델의 일부 직원들조차 모델별 차이를 제대로 설명하지 못했다. 델이 고객의 판단을 돕는 과정을 파악하기 위해 나는 온라인과 전화를 통해 델의 판매 담당자들을 상대로 이른바 '미스터리 쇼핑 mystery shopping'을 시도한 적이 있다. 시작은 항상 비슷하다. "가볍고 얇은 노트북을 구입하고 싶은데 웹사이트를 보니 모델이 너무 많아서 판단하기가 어렵네요. 모델별로 차이를 설명해주실 수 있을까요?"

끝까지 상냥하게 고객을 응대한 것은 델답다. 하지만 지금껏 어느 누구도 제품들의 차이를 명확하게 설명하지 못했다는 것은 델답지 않다. 판매 담당자들의 고객 응대방식은 델의 웹사이트와 흡사했다. 다양한 모델 더미를 던져놓고 그중 하나가 고객의 마음에 들기를 바라는 식이었다. 내가 원하는 용도를 설명하고는 이렇게 물었다.

"그러면 어느 모델이 제게 가장 적합할까요?"

하지만 직원들마다 추천 모델이 달랐다. 나는 모델의 차이를 잘 모르는 고객을 가장했지만 없는 사실을 꾸며내지는 않았다. 내겐 그저 지독한 혼돈의 경험이었다.

온라인 비즈니스의 기본 원칙은 오프라인 매장과 전혀 다르지 않다. 더 빠르고 간단한 구매 결정이 당연히 비즈니스에 유익하다. 모든 온라인 판매자들의 목표는 고객과 '구매 버튼' 사이의 장애물을 최소화하는 것이다. 거래가 단순해야 결정도 쉽고 신용카드도 쉽게 꺼낼 수 있다.

HP와 델의 단골 고객들은 회사의 웹사이트에 매우 익숙하므로 구매 경험이 그다지 부정적이지 않을 수도 있다. 하지만 긍정적이지 못한 것도 분명하다. 긍정적인 인상을 받은 사람은 자신의 경험을 친구나 가족, 동료 들과 나눈다. 치열한 경쟁 환경에서 성공하기 위해서는 '만족하지만 중립적인 고객'으로는 부족하다. 비슷한 무리에서 벗어나 고객들에게 다른 어떤 곳에서도 느낄 수 없는 경험을 선사해야 한다.

이것이 단순함의 매력이다. 온라인에서든 오프라인에서든, 애플 스토어에서의 구매는 중립적 경험과 거리가 멀다. 사람들은 애플의 제품이 혁신적이고 단순하기 때문에 구입하지만, 이것 외에 굳이 애플 제품을 구입하려는 이유는 '구매 경험' 또한 혁신적이고 단순하기 때문이다. 애플은 선택권을 최소화해 어떤 고객이든(어떤 제품들이 있는지 전혀 모르더라도) 자신에게 가장 적합한 제품을 쉽게 찾도록 했다. 맞춤형 선택은 단순하다. 구입도 단순하다. 애플이 브랜드를 강화하는 방법은 이렇게 단순하다.

세상의 모든 것이 그렇듯, 애플의 단순화 아이디어도 많은 시간에 걸쳐 진화했다. 요즘 아이맥의 매끄럽고 홀쭉하면서 부드러운 금속성 디자인을 보면 과거 단순함의 표상과도 같았던 플라스틱 느낌의 1세대 아이맥을 떠올리기란 쉽지 않다.

조니 아이브의 디자인 방식, 그리고 잡스와 협업하는 과정에서는 사소한 모든 것들이 중요했고 많은 시간을 들여 고민할 가치가 있었다. 2세대 아이맥의 시제품을 보기 위해 광고대행팀과 자리를 함께했을 때 잡스는 자랑스러운 자식을 둔 아빠 같았다.

잡스는 아이맥의 전면과 측면이 만나는 아랫부분의 모서리를 가리켰다. 1세대 아이맥에서는 3개의 플라스틱 판이 이 교차점에서 접합되었고, 각 판 사이에 미세한 선이 보였다고 그는 설명했다. 하지만 새 버전에서는 모서리를 하나의 부분으로 처리해 접합부를 아예 없앴다고 했다. 이렇게 작은 개선을 알아챌 고객은 드물 것이다. 그런데도 잡스는 마치 미켈란젤로가 시스티나 성당에 그린 천장화의 한 부분을 묘사하듯 이야기를 이어나갔다. 그는 최소화를 위한 담당자들의 독창적인 노력을 높이 평가했다.

알아채는 사람들은 많지 않지만 오늘날 애플의 모든 제품은 단순함의 표본일 뿐만 아니라 하나의 청사진 역할을 한다. 한 예로 아이패드의 실체가 드러나자 경쟁사들은 기능이 부족하다고 비아냥거렸다. 따라서 그들은 태블릿 컴퓨터를 출시할 때 자신들의 제품을 구매자들에게 더 돋보이게 하기 위해 아이패드에는 '부족한' 것들, 즉 더 많은 포트와 메모리카드 슬롯 등 가능한 모든 요소들을 추가했다. 그러나 판매에는 실패했다. 애플은 디자인 단계에서 이미 이런 것들을 배제했다. 그 편이 소비자들에게 더 매력적이었기 때문이다.

기술적인 정교함, 그리고 손가락 터치로 다루는 방식 때문에 아이팟을 구입하고 싶었다거나, 친구가 새로 산 아이폰 때문에 갑자기 당신의 스마트폰에 싫증난 적 있다면, 이미 당신은 단순함의 위력을 확인한 것이나 다름없다. 이때 당신이 받은 느낌이 당신의 비즈니스와도 관련이 있다는 생각은 아마 못했을 것이다. 하지만 그렇지 않다. 그 느낌은 이 세상의 모든 비즈니스와 관련이 있다. 또한 현재 이루어지는 모든 거래의 기본 원칙이기도 하다. 바로 단순함이 사람을 끌어들인다는 원칙 말이다.

표적의 단순화

복잡함을 앞세워 컴퓨터 세계에서 거둔 업적을 무척 자랑스럽게 여기는 이들도 있다. 델, HP, 에이서Acer, 삼성 등의 제품군은 여러 대륙에 걸친 복잡함의 걸작이다. 컴퓨터 회사들은 중소기업, 대기업, 교육기관, 정부기관, 그리고 다양한 유형의 소비자 기호에 맞춰 여러 제품을 대량생산한다. 과거 어느 때보다 폭넓은 선택권을 제시하지만 각 부문에서 얻는 수익은 매우 적다.

반면에 단순함을 신봉하는 애플은 완전히 다른 방식으로 진화해 왔다. 다양한 고객 유형에 따라 마케팅 역량을 세분화하는 대신 한곳에 집중시켰다. 애플은 고객을 그저 사람으로 바라본다. 그리고 고객들이 원하는 것은 대단한 개인용 컴퓨터나 대단한 전문가용 컴퓨터가 아니라 그저 '좋은 컴퓨터'일 뿐이라는 믿음으로 제품을 마케팅한다. 그것이 전부다.

이것은 물건을 파는 아주 간단한 방법일 뿐 아니라 아주 효율적인 방법이기도 하다. 애플은 모두에게 적용되는 하나의 마케팅 메시지를 전달한다. 자신의 필요에 가장 부합하는 모델을 고객 스스로 선택할 수 있는 지적 기반을 선사한다는 믿음이 그것이다. 일반 사용자 중에도 고성능 '전문가용' 모델을 원하는 사람들이 있는 반면, 전문가용 사용자 중에도 기본 기능에 충실한 모델을 선호하는 이들이 있다. 어느 경우든 상관없다.

델 같은 회사는 순이익이 매우 적은데도 왜 개인용과 업무용을 세분화한 컴퓨터 모델을 계속 고집할까? 이유는 간단하다. 스스로도 멈출 수가 없기 때문이다. 단일 방식으로 손익을 계산하는 애플과 달리 델은 사업부를 나눠 독립적으로 운영한다. 가장 큰 2개의 사업부는 개인용 컴퓨터(Consumer, 개인 고객) 부문과 업무용 컴퓨터(Commercial, 기업 고객) 부문이다. 각 사업부별로 독립된 경영진이 독립된 목표, 독립된 전문성, 독립된 제품군을 운용한다. 관리자들은 다른 사업부에서 어떤 일이 벌어지든 별로 개의치 않는다.

여러 부문 중에서도 업무용 컴퓨터 사업부가 델에 가장 많은 수익을 안겨준다. 기업 고객들은 PC와 서버를 대량으로 구입한다. 그래서 델은 기업 IT 부문 예산의 수백만 달러를 좌우하는 관리자들의 욕구에 맞춰 비즈니스 지향적인 컴퓨터를 설계한다. 개인용 컴퓨터 사업부에서는 커버가 교체 가능한 노트북처럼 기발하고 스타일 지향적인 제품을 만들려고 애쓴다(다양한 부류의 고객들을 만족시키려는 것은 IT 관리자들의 삶을 더 복잡하게 만든다는 의미다).

그러나 오늘날 컴퓨터 시장은 수십 년 전과 많이 달라졌다. 업무용 사용자들은 회사뿐 아니라 집에서도 근사한 컴퓨터를 사용하고 싶어한다. 개인 사용자들도 새로운 오락거리를 즐기고 홈비디오를 편집하는 등, 다양한 용도로 사용할 수 있는 고성능 컴퓨터를 원한다.

애플은 이렇게 다양한 욕구를 통합하는 능력이 곧 소수의 고성능 컴퓨터를 출시할 수 있는 일종의 면허라고 생각한다. 그러나 델은 여전히 기업의 자원을 여러 사업부에 분산시켜 각 사업부가 자체적으로 제품군을 운영하게 한다. 수익성 악화로 고전하는 컴퓨터 회사가 이렇게 비효율적으로 조직을 운영하고 제품을 판매하는 것은 모순이다. 심지어 델의 경우에는 유사한 사양의 노트북을 개인용 컴퓨터 사업부와 업무용 컴퓨터 사업부 양쪽에서 모두 판매하기도 한다. 한 회사에서 두 사업부가 서로 경쟁하는 셈이다.

델과 일했던 나는 그곳 관리자들의 상당수가 애플의 단순한 제품군 및 마케팅 전략이 매우 효율적이라는 것을 이해하고 인정한다는 사실을 직접 확인했다. 일부 관리자들은 그동안 애플이 거둔 업적에 경의를 표하며 델의 진로를 단순화시킬 아이디어를 제시하기도 했다. 그러나 업계 안팎의 수많은 회사들처럼 델도 단순함에 이미 면역이 되어 있었다. 지금의 조직 구조는 오랜 시간을 거치며 하나의 생명체처럼 진화했기 때문에 전사적인 거대한 움직임만이 의미 있는 변화를 창조할 수 있을 것이다.

명심하자. 복잡해지는 것은 한순간이다. 반면에 단순해지기 위해서는 상당한 노력이 필요하다. 제품군을 최소화하고 표적 집단을 통합하려면 조직이 스스로를 오랫동안 냉정하게 바라볼 의지가 있어야 한다. 이 모두는 저절로 이루어지지 않는다. 단순함은 전사를 필요로 한다.

마이클 델을 위한 상상 속 영웅 서사시

오래전, 광고 카피라이터의 업무 비법들을 막 배우기 시작한 초보자 시절에 나는 이상한 상상을 하곤 했다. 존재 자체를 위협할 듯한 무시무시한 문제를 안고 있는 일에 관여할 때면 늘 이런 상상을 했다. 이렇다 할 근거는 없지만, 내 고객이 어려움을 털고 세상을 정복할지도 모른다는(그래서 더 일어나기 어려울 것 같은) 놀라운 장면을 상상했던 것이다.

내가 델과 일할 때도 여러 차례 이런 상상을 했으리라는 것은 두말할 나위 없다. 지나치게 많은 제품들, 컴퓨터 구매자들의 변화하는 기호, 델이 단순화와 최소화를 실제로 이행할 때 과연 모든 일이 순조롭게 진행될지, 여기에다 변화를 추진할 힘은 오로지 마이클 델에게 있으며, 더욱이 그가 광고대행사와 시간을 허비하는 것보다 해야 할 일이 훨씬 많다는 고민들에 사로잡힐 때, 나는 상상을 시작했다.

델에서 가장 일어나기 어려울 것 같은 일을 꼽으라면 마이클 델이 예전처럼 야심만만한 태도로 PC 회사를 향한 모든 기대에 정면으로 맞서는 상황일 것이다. 나는 마이클 델이 '최소화의 왕'이 되는 그림을 상상했다. 나만의 환상은 이렇게 시작된다.

어느 날, 마이클 델이 (애플에서 그러듯이) 중요한 행사를 개최해 세상의 모든 언론을 초대한다. 언론인들은 그의 말을 듣기 위해 먼 거리도 아랑곳하지 않고 기꺼이 길을 나선다. 참, 그렇지! 많은 사람들의 참석을 독려하기 위해 그가 경품을 준비할지도 모른다. 어디까지나 환상에 불과한 얘기지만, 조금 더 함께했으면 좋겠다.

이 행사를 생중계하는 방송국도 있을 것이다. 마치 대통령이 국민들 앞에 서서 작금의 심각한 문제들을 거론하고 이를 타개할 과감한 계획을 공표하듯이, 마이클 델도 이와 비슷한 영웅적인 모양새로 등장한다. 미국 국기와 델의 회사기를 배경으로 자신의 대담한 비전을 설파하고 설득력 있는 근거들까지 제시한다.

학창 시절, 가진 것 없이 오로지 아이디어만으로 시작해 델을 세계에서 가장 인기 있는 브랜드 중 하나로 성장시킨 감동적인 이야기도 등장한다. 똑똑한 인재들이 동력이 되어 이끌어온 회사라는 점도 강조한다. 덕분에 보통 사람들이 첨단 기술을 손에 넣었고, 놀라운 일들을 해냈으며, 나아가 세상을 바꾸었다는 것이다.

이제 그는 델이 세계 최고의 컴퓨터 회사로 성장한 과정을 설명한다. 창업 이후로 제품군이 무려 50배나 늘어났고, 세상의 모든 고객들(영화 제작자, 교사, 레스토랑 운영자에서 수만 대의 컴퓨터를 구입하는 대기업까지)을 포괄하게 되었다고 이야기한다.

마이클 델은 시간이 흐르면서 구성원들과 회사 모두가 얼마나 세련되게 변화했는지, 그리고 스마트폰과 태블릿 컴퓨터에 이르기까지 기술도 얼마나 흥미롭게 세분화되고 확장되었는지도 설명한다. 모든 분야를 아우르며 사람들의 삶에 놀라운 기술력을 선사한 회사로는 델을 따를 곳이 없으리라고 목소리를 높인다. 그러더니 잠시 말을 멎는다. 배경으로 흐르던 민족주의적 색채의 음악도 그와 동시에 멈춘다. 갑작스러운 침묵에 청중의 주의가 집중되자, 마이클 델은 카메라를 뚫어지게 바라보더니 지금까지의 발언을 마무리할 중대한 내용을 발표한다. 이제 델은 기술의 황금기에서 한층 강력한 무한 플래티넘 시대로, 나아가 타이타늄 시대로 진화하는 세상을 주도하기 위해 급진적인 변화를 시도할 것이라고 말한다.

이날을 기점으로 델의 데스크톱 컴퓨터와 노트북 모델 수는 50개에서 6개로 크게 축소될 것이라고 그는 말한다. 회사의 모든 역량을 소수의 모델에 집중시켜 세상에서 가장 빠르고 성능이 뛰어난 컴퓨터와 신형 모바일 기기들을 매우 합리적인 가격으로 공급할 것이라고 한다. 나아가 새롭게 간소화한 제품군을 발판으로 델은 모든 고객들의 요구에 부응하고 모든 사용자들에게 최고의 경험을 보장할 것이라고 역설한다.

다시 뜸을 들이더니, 이날 공개하려고 준비한 얇고 가벼우며 섹시한 느낌마저 드는 노트북과 태블릿 컴퓨터 몇 대를 꺼낸다. 청중들은 그 모습을 보려고 자리에서 일어선다. 마이클 델 뒤로는 멋진 영상이 나온다. 기업 고객과 중소 사업자부터 부모와 아이들까지 세상 모두가 일찍이 본 적 없는 힘을 갖게 된 모습이 화면 위에 펼쳐진다. 델과 고객들이 하나가 되어 새로운 세상을 열어갈 것이다.

앞으로 고객들은 친구와 가족, 회사를 비롯한 모든 조직과 쉽게 연결되는 새로운 방식에 놀랄 것이며, 지금 이 순간이야말로 새 시대를 향한 델의 새로운 출발점이라고 단언한다. 새로운 델은 단순한 선택권과 사용하기 쉬운 컴퓨터, 즉각적으로 반응하는 지원 서비스를 기반으로 어느 때보다 고객 중심적인 회사가 될 것이라고 말한다(그의 머릿속에는 이미 계산이 섰을 것이다. 이 모든 일이 매출을 늘리고 영업비용을 적어도 3분의 1은 절감시킬 것을 알았을 테니 말이다).

마이클 델의 프레젠테이션은 세계 언론의 헤드라인을 장식한다. 델의 획기적인 변화를 두고 치열한 논쟁도 벌어질 것이다. 1997년에 잡스가 애플에 복귀할 때 그랬던 것처럼, 일부에서는 마이클 델 자신이 가장 큰 문제이며 그가 물러나야 회사가 살 수 있다는 사실을 깨달아야 한다고 공격을 퍼부을 것이다. 또다른 일부에서는 적극적인 경영으로 많은 돈을 벌었던 초창기 델의 마법을 되살릴 적임자는 마이클 델뿐이라며 찬사를 보낼 것이다. 중요한 것은, 앞으로 델이 새로운 이야기를 써내려갈 것이라는 사실이다. '적당한' 수준이 아니라 새로운 역사를 겨냥할 것이다.

당장은 델이 PC 산업을 벗어날 길 없는 암흑기로 몰아넣은 오랜 경향에 도전하는 혁신 세력 정도로 보일 것이다. 하지만 시간이 흐른 후에는 마이클 델이 미국 대통령에 임명되어 수많은 사람들의 갈채를 받으며 뉴욕 브로드웨이에서 색종이 퍼레이드를 펼칠지도 모를 일이다.

이제 현실로 되돌아올 시간이다. 마이클 델이 실제로 이렇게 움직여야 한다는 뜻은 아니다. 내 요점은 '최소화'가 놀랄 정도로 위력적인 무기가 될 수 있다는 것이다. 하지만 가끔은 엄청난 용기가 필요할 때도 있다. 꼭 해야 하는 일이라면 많은 사람들이 당혹스러워할지라도 실행하겠다는 결단력이 있어야 한다.

안타깝지만 똑똑한 사람들이라고 해서 항상 최소화를 원하는 것은 아니다. 이 세상에서 똑똑하다는 사람들 중에도 복잡한 업무방식을 단순화하지 못하는 이들이 있다. 격자의 빈칸을 모두 채우는 것이 고객의 마음을 얻는 최선의 방법이라고 믿는 사람들이 많다. 하지만 현실은 그렇지 않다. 선택지가 지나치게 많으면 혼란만 가중될 뿐이다.

최소화는 명석함과 명쾌함을 모두 갖추고 있다. 유의미한 변화를 이끌어내기 위해 상당한 정신력이 필요할 때도 있지만, 그 결과로 더 효율적인 회사, 더 유능한 리더들이 탄생한다.

당신은 마이클 델이 봉착한 문제와 무관할 수도 있다. 수천만 대의 컴퓨터를 만들 필요도 없고, 정말 좋은 아이디어 몇 개만 있으면 상당히 많은 돈을 벌 수 있는 회사를 운영하고 있을지도 모른다. 그래서 제품군을 최소화할 필요도 없고, 굳이 줄인다면 프로세스를 손볼 필요성 정도는 있을 것이다.

따라서 우리는 감사해야 한다. 제품 포트폴리오를 복잡하게 만드는 것이 어떤 의미인지 보여준 마이클 델에게 감사해야 하고, 좋은 아이디어를 뒤죽박죽으로 만드는 과정을 보여준 인텔에도 감사해야 한다. 그저 웃자고 하는 말이 아니라, 우리는 이 회사들에게 보답해야 할 빚이 있음을 기억해야 한다. 워낙 큰 규모로 운영되다보니 복잡함이 조직에 발을 들이밀면 그 결과가 선명하게 드러난다. 복잡함에서 비롯한 구불구불한 길을 정확히 파악한다면 복잡함에 더욱 잘 대처할 수 있을 것이다.

단순한 애플의 세계에서 살던 내가 인텔과 일하기 시작하면서 겪은 경험들은 한마디로 충격이었다. 애플은 아이디어에 대한 승인만 떨어지면 곧바로 광고대행사에서 제작에 착수할 수 있는 환경이었다. 잡스는 광고대행사에서 하는 일을 신뢰했다. 그래서 완성된 광고를 들고 애플의 회의실을 찾기 전까지는 따로 그를 만날 일도 없었다. 잡스가 크리에이티브 프로세스를 최대한 단순화한 덕분이었다.

그러나 인텔의 세계에서는 프로세스를 최소화하려는 노력을 찾아볼 수 없었다. 아이디어의 승인 또한 길고 구불구불한 길의 초입에 지나지 않았다. 인텔의 시스템에서는 신뢰를 발견하기 어려웠고, 성공을 보장하기 위한 검토와 수정이 반복되었다. 심지어 인텔은 자사의 의사결정 과정에도 확신이 없었다. 그래서 최고의 광고가 만들어질 때까지 이중, 삼중으로 시험하기 위해 까다로운 다국적 포커스그룹(특정 주제 · 상품 · 광고 등에 대해 소비자 집단을 구성해 집중적으로 토론하는 조사 기법—옮긴이) 시스템을 운영했다.

이런 시스템을 낳은 데에는 인텔의 글로벌한 관점도 영향을 미쳤다. 그들은 여러 문화권에서 적절히 통용될 수 있는 광고를 제작하기 위해 애썼다. 애플도 관점은 비슷했지만 이보다 훨씬 단순한 길을 택했다. 다국적 포커스그룹과 장황한 분석 시스템을 운영하느라 자사의 역량을 깎아먹기보다는 처음부터 세계 각국의 애플 직원들 의견을 수집하는 단순한 방식을 택했다. 덕분에 어떤 문제가 불거지더라도 효과적으로 대처할 수 있었다.

인텔의 포커스그룹을 통한 시험방식은 다른 대기업들의 방식과 비슷했다. 따라서 결과도 엇비슷했다. 남들과 크게 구별되는 광고를 선보이지 못했다는 뜻이다. 누구에게도 거북하지 않고 모든 판매 포인트를 살리려는 '이상적인 광고'를 추구할 때, 그러면서도 작업 과정이 균질화되어 있을 때 주로 이런 현상이 나타난다. 이런 광고를 보면 포커스그룹에서는 기대한 반응을 보일지 몰라도 고객들은 감성적 유대를 느끼지 못한다.

간혹 뜨거운 논쟁을 촉발시킬 때도 있었지만 애플에서 최고의 광고를 선택하는 과정은 매우 논리적이었다. 지성적인 성인들이 회의실 탁자에 둘러앉아 각 광고의 장점을 이야기했다(새 아이맥 광고를 결정하기 위해 잡스의 아홉 살배기 아들 리드가 초청되었을 때만큼은 예외였다. 그는 아들의 결정에 흡족해했다). 인텔이 포커스그룹을 애용했다는 것은 그만큼 그 수단을 신뢰했다는 뜻이다. 인텔의 세계에서 새로운 광고 캠페인에 착수하는 과정은 대체로 이렇다.

- 가장 우수한 광고 시안 3가지를 선별한다.
- 3가지 모두 테스트하기 위해 여러 도시에 (필요하면 세계 곳곳에) 포커스그룹을 조직한다.
- 1순위로 선택된 광고를 (가끔은 2순위도 함께) 제작한다.
- 최종 완성본을 더 많은 포커스그룹에 다시 보여준다.
- 조사 결과에 따라 필요하면 광고를 수정한다.
- 텔레비전을 통해 광고를 방영한다.
- 현재 방영되는 광고를 또다시 테스트해 필요하면 방영을 조정한다.

애플에서 단순함이 그렇듯이, 인텔에서는 테스트가 곧 종교다. 포커스그룹에 대한 믿음이 시스템의 처음부터 마지막까지 굳건하다. 이런 조사 활동이 모든 마케팅 프로젝트에 의무적일 뿐 아니라 매 과정에 철저하게 따라다니며 일의 진행을 막는다.

인텔은 다국적 조사팀을 완비해 모든 광고 캠페인을 전 세계에서 지속적으로 테스트했다. 이 과정이 마무리되면 우리는 인텔에서 소집한 회의에 마케팅 임원들과 함께 참석해 조사 결과를 듣곤 했다. 조사 담당자들은 몇몇 시험방식에 상당한 자부심을 갖고 있었다. 그중에는 30초 분량의 광고를 30개의 프레임으로 쪼개 1초에 하나씩 보여주는 방식이 있었다. 피시험자들에게 프레임을 전부 보여준 뒤 어느 것이 가장 기억에 남는지 선택하게 했다. 그 결과를 정리하니 광고 중에서 가장 기억에 남는 장면들을 초 단위로 표시한 그래프가 만들어졌다. 이 그래프가 그들에게는 광고의 어느 부분을 '보강해야' 할지 명확히 지시하는 역할을 했다.

이 테스트 방식대로라면 좋은 스토리텔링 광고와는 별개로, 30초 전체가 고득점의 프레임들로 이루어진 광고가 가장 좋은 것처럼 보인다. 이런 분석 유형은 인텔의 엔지니어링 DNA의 일부였고, 회의 역시 프로세스의 필수요소였다. 그러나 이런 미시분석에는 근본적인 맹점이 있다. 보통 사람들을 상대로 테스트를 진행하면서 많은 시간과 비용을 허비한다는 점이다. 하지만 인텔은 이런 프로세스를 찾아볼 수조차 없는 애플이 지속적으로 상을 받는 고효율의 광고를 제작해왔다는 사실을 받아들이지 않는다.

인텔의 접근법은 잘못된 하나가 전체를 망가뜨릴 수도 있다는 전제를 바탕으로 하는 듯하다. 반면에 애플의 접근법은 실수해도 좋다는 사고방식에서 출발한다. 창의성을 훼손하는 프로세스 때문에 스스로를 망치는 것보다는 때로 실패하더라도 높은 목표를 지향하는 편이 낫다는 것이다.

두 회사 프로세스의 가장 큰 차이는 최소화 역량이었다. 애플은 해냈지만 인텔은 그러지 못했다. 잡스는 신제품이든 새 광고든 그 본질을 바라보려고 노력했다. 그래서 포커스그룹처럼 복잡한 꺼풀이 하나 더 붙는 것에 즉각 과민한 반응을 보였다.

그런 점에서 잡스 같은 고객을 둔 샤이엇은 행운이었다. 그가 단순함을 사랑한 덕분에 자신의 광고를 판단하는 데 외부인들이 악영향을 끼치는 것을 방지할 수 있었기 때문이다. 광고대행사가 포커스그룹 방식을 어쩔 수 없이 받아들여야 한다면, 고객 측에 가치관을 공유하는 파트너가 존재할 때만이 좋은 아이디어의 이탈을 예방할 수 있다.

샌프란시스코에 위치한 광고회사 굿비 실버스타인 앤드 파트너스Goodby, Silverstein & Partners에서 새턴Saturn의 광고를 제작할 때 그 유명한 '포커스그룹 모멘트focusgroup moment'를 경험했다. 당시 굿비는 '금속판Sheet Metal'이라 불린 선구적 광고를 만들었다. 이 광고에는 자동차 대신 도로 위를 돌아다니는 사람들이 등장한다. 광고가 끝날 무렵 실제 자동차가 등장하면서 내레이션이 나온다.

"우리는 자동차를 설계할 때 금속판을 바라보지 않습니다. 우리는 언젠가 그 자동차를 운전할 사람들을 바라봅니다."

지극히도 매력적인 광고였지만 포커스그룹은 혹평을 쏟아부었다. 이럴 경우에 대다수 자동차 회사들은 이 광고에 퇴짜를 놓겠지만 다행히 이 광고회사는 신뢰를 잃지 않았고, 의뢰인도 조사 결과를 기꺼이 무시할 수 있는 회사였다. 광고는 예정대로 방영되어 엄청난 성공을 거두었다.

단순함을 믿는 사람은 좋은 아이디어를 훼방꾼들로부터 보호해야 한다는 사실도 잊지 않는다. 그러기 위한 최선의 방법은 아이디어가 경유해야 하는 프로세스를 최소화하는 것이다.

내가 확신하는 사실을 다른 사실들 속에 묻어버리지 마라

인간은 재미있는 존재다. 하나의 아이디어를 제시하면 고개를 끄덕인다. 다섯 개의 아이디어를 제시하면 머리를 긁적인다. 심지어 처음에 아이디어를 제시한 사람이 누구인지도 기억하지 못한다.

요점을 명확히 하려면 최소화가 열쇠다. 이것은 상식이지만 마케팅을 포함한 모든 비즈니스 활동에서 쉽게 간과되는 원칙이기도 하다. 당신의 요점을 쉽게 이해시키고 또 쉽게 각인시키기 위해서는 다른 사항들 때문에 어수선해지지 않게 해야 한다. 세상에서 훌륭하다는 사람들조차 이따금씩 이 원칙을 상기할 필요가 있다. 쿠퍼티노에 회사를 세워 큰 성공을 거둔 사람이라도 예외일 수는 없다.

언젠가 잡스와 아이맥 광고를 검토할 때, 광고에 제품 설명을 얼마나 넣을 것인지를 두고 논쟁이 벌어졌다. 우리는 이 특별한 아이맥의 주요 기능 중 한 가지를 설명하는 데 광고 전체를 할애하는 것이 최선이라고 주장했다. 하지만 잡스의 머릿속에는 네다섯 가지가 들어 있었다. 아마도 30초 분량의 광고라면 그 정도의 광고문을 충분히 전달할 수 있다고 생각한 모양이었다.

그 문제로 얼마간 씨름했지만 잡스는 조금도 흔들리지 않았다.

그때 샤이엇의 리더 클로우가 무언가 떠올린 듯 나직이 입을 열었다. 이 순간이야말로 잡스에게 생생한 논거를 제시할 기회라고 생각한 듯했다.

클로우는 수첩(그랬다, 수첩. 당시만 해도 그는 노트북을 싫어했다) 5장을 찢더니 마구 구겨서 종이공 5개를 만들었다. 그리고는 클로우의 퍼포먼스가 시작되었다.

"여기요, 스티브. 받으세요."

클로우는 종이공 하나를 탁자 건너편으로 던졌다. 잡스는 종이공을 쉽게 낚아채더니 다시 던졌다.

"좋은 광고네요." 클로우가 말했다.

"이제 이걸 받으세요." 이번엔 종이공 5개를 전부 잡스를 향해 던지며 말했다. 잡스는 하나도 붙잡지 못했고 종이공은 전부 탁자와 바닥 위에 나뒹굴었다.

"광고가 별로네요." 클로우가 말했다.

나로서는 처음 목격하는 흥미로운 광경이었다. 그리고 이 상황은 매우 설득력 있는 논거이기도 했다. 즉 집중할 대상이 늘어날수록 기억에 남는 수는 줄어든다는 점이었다. 클로우가 전달하려 한 것이 바로 이 원리였다. 사람들이 아이맥을 살펴볼 마음이 들도록 매력적인 근거를 제시하려면 가장 인상적인 기능을 골라 가장 인상적인 방식으로 표현해야 한다는 것이었다.

잡스는 더이상 우리에게 토를 달지 않았다. 오히려 우리의 관점을 인정했다. 클로우의 간단한 실험 하나가 대화의 분위기를 바꾸고

형세를 우리 편으로 역전시켰다. 회의실을 떠난 우리는 애초에 잡스의 머릿속에 있었던 것보다 훨씬 더 심플한 광고를 제작하는 데 집중할 수 있었다.

그로부터 몇 년 후, 인텔의 광고를 제작할 때 불현듯 그날 회의실에서의 기억을 떠올린 일이 있었다. 우리가 맡은 첫 광고의 최종 버전을 보기 위해 편집실을 찾은 나는, 시청자들에게 전하려는 메시지가 몇 개인지 헤아리다 명치끝이 시큰해지는 느낌을 받았다. 제품의 기능을 설명하는 문구가 무려 4개였고, 게다가 마지막 장면에는 하나도 아니고 둘도 아닌 4개의 화면을 광고 문구와 이미지가 휘감고 있었다.

그 순간 나는 클로우가 뛰어들어와 종이공을 집어던지든지 아니면 잡스가 깜짝 놀라 누군가를(그 사람이 내가 아니기를 바랐다) 해고하는 장면을 상상했다. 잡스라면 우리가 그 광고를 단순화하기 위해 어떤 노력을 했든 별 관심이 없었을 것이다. 그에게는 그 광고가 그저 실패를 의미했을 테니 말이다.

하지만 그 방에는 클로우도 잡스도 없었다. 대신에 의뢰사와 광고대행사에서 나온 전문 마케팅팀이 있었을 뿐이고, 그들 대부분은 광고를 보고 손가락을 치켜세웠다. 충분히 납득할 수 있었다. 관계자들의 유형에 따라 화면에서 보고 싶어하는 메시지나 로고가 제각각이었지만 이 광고에는 모든 이해관계자들을 기쁘게 할 만한 요소가 적어도 하나씩은 들어 있었다.

불행히도 단순함은 최후의 순간에 득달같이 달려들어 모두를 구해내는 한 솔로(Han Solo, 〈스타워즈〉의 등장인물—옮긴이)가 아니다. 그러므로 처음부터 전하고자 하는 메시지의 수를 최소화할 필요가 있다.

사람들은 명확하게 표현한 하나의 메시지에 더 민감하게 반응한다. 반대로 복잡해지는 순간 관심도는 점점 줄어든다.

일부러 혼란을 일으키려는 이해할 수 없는 충동

복잡한 것을 단순하게 바꾸는 데는 최소화가 아주 효과적인 방법이다. 그렇다면 회사에서 최소화를 실천하는 데 방해가 되는 요소들을 제거해야 하는 이유도 굳이 설명할 필요가 없을 것이다. 그런데도 어느 대기업(당연히 똑똑한 마케팅 요원들을 확보했을 것으로 추정되는)에서는 그 반대로 단순한 아이디어를 오히려 복잡하게 만드는 이해할 수 없는 행동을 한다.

여기서 말하는 대기업은 바로 마이크로소프트다. 2007년, 나는 마이크로소프트 비스타Vista보다 10개월가량 늦게 출시된 맥 운영체제 레오파드Mac OS X Leopard 마케팅에 참여했다. 애플에게는 이때가 굉장한 기회를 포착할 시점이었다. 비스타의 대실패로 PC 사용자들이 너나없이 마이크로소프트를 외면했기 때문이다. 이때야말로 맥이 최선의 업그레이드 대안임을 알리는 최적기였다. 따라서 비스타 세상 속에서 인상적인 스토리를 만들어내기 위해 나는 어느 때보다 깊이 골몰해야 했다.

내가 생각한 비교 포인트는 손쉬운 업그레이드였다. 애플은 오직

한 가지 버전의 레오파드 운영체제를 제공했고 가격은 129달러였다. 이 버전은 모든 맥에 적용되었고 추가 기능까지 전부 사용할 수 있게 했다. 반면에 비스타는 혼돈의 세계였다. 기능에 따라 네 가지 버전으로 나뉘고 가격도 200달러에서 400달러까지 다양했다. 기능이 가장 적은 버전도 레오파드보다 50퍼센트 이상 비쌌고 가장 기능이 많은 버전은 무려 3배 이상 차이가 났다. 레오파드는 고객의 입장을 고려해 업그레이드 과정을 최소화했다. 반면에 비스타는 업그레이드 과정이 상당히 까다로웠다. 아마도 마이크로소프트의 편의를 고려한 듯했다.

하지만 그때는 그때고 지금은 지금이다. 비스타의 실패를 통해 많은 것을 배운 마이크로소프트는 윈도7 구매자들을 위해 새 프로세스를 만들었다. 기존의 네 가지 버전을 셋으로 줄이고 가격도 200달러에서 300달러 사이로 낮췄다. 그렇더라도 사용자는 어느 버전이 자신에게 맞는지 판단해야 할 뿐 아니라 가격도 30달러에 불과한 라이온Mac OS X Lion보다 훨씬 비쌌다. 결과적으로 윈도7의 최상위 버전이 라이온보다 10배나 비싼 셈이었다.

선택권을 최소화하면 고객들에게 더 간단한 구매 경로와 더 나은 가치, 더 행복한 사고방식을 선사할 수 있다. 복잡한 단계를 잘라내려면 때로는 뼈를 깎는 노력이 필요하다. 하지만 애플의 사례에서 보듯, 이를 통해 고객들과 더 솔직하고 더 믿을 수 있는 관계를 형성할 수 있다. 이런 관계는 아주 오랫동안 지속된다. 반대로 지나치게 높은 가격을 요구하고 선택을 복잡하게 만들면 고객들은 기업이 자신들의 돈을 한 푼이라도 더 뜯어내려고 머리를 굴린다는 인상을 받는다. 당연히 이는 고객과의 장기적 관계를 위한 처방은 아니다.

마이크로소프트가 처음부터, 즉 화이트보드에 낙서하며 계획을 세우던 때부터 무언가를 바꿨더라면 상황이 많이 달라졌을 것이다. 하지만 지금으로서는 잘못된 것을 바로잡는 것이 그저 상상으로나 가능할 뿐이다. 이 이야기의 교훈은 이렇다. 의심이 들 때는 무조건 최소화하라!

Chapter 4

가동성을 생각하라 Think Motion

프로젝트를 망치는 가장 손쉬운 방법은 넉넉한 시간이다.
프로젝트팀을 시간 손실 없이 지속적으로 가동해야
분명한 목표를 향해 창의적으로 사고하고 산만함을 최소화할 수 있다.

잡스가 복귀한 1997년에 애플은 아주 다급한 상황에 처해 있었다. 훗날 인터뷰에서 밝힌 대로, 잡스는 당시의 애플을 '파산 90일 전'으로 판단했다. 자신이 떠나 있었던 11년 동안 애플에서 일어난 일들이 결코 현명하지 못했다는 사실에는 의심의 여지가 없었다. 그 모든 일이 당시 잡스 자신과는 아무런 관련이 없었다는 것이 그나마 다행이었다. 길 아멜리오가 내린 미심쩍은 결정 중에서 그때까지도 영향을 미쳤던 한 가지만 빼고 말이다.

어려운 시기에 빠진 많은 회사들이 그렇듯 아멜리오도 마케팅 담당자들에게 새로운 광고대행사를 찾도록 했다. 당시 애플이 처한 고난이 마치 광고대행사의 잘못이라고 판단한 모양이었다. 복귀한 잡스가 새로운 직책을 인수할 무렵, 애플은 한창 '광고대행사 재검토'중이었고 그 광경이 당연히 그의 시선을 사로잡았다. 20곳 이상의 광고대행사들이 제안서를 제출했고 그 목록은 12곳으로 좁혀졌다. 그때부터 서로 '만나서 인사를 나누는' 과정을 거쳐 5곳으로 다시 추려졌고, 이후로 최종 선정 때까지 치열한 격전이 펼쳐졌다. 영원히 계속될 것만 같은 싸움이었다.

잡스는 이런 대기업형 프로세스를 견디지 못했다. 게다가 애플은 이런 식으로 시간을 허비할 여유도 없었다. 그래서 그는 심플 스틱으로 이 프로세스부터 후려쳐 없애버렸다. 그가 동의한 유일한 것은 당시 애플의 광고대행사였던 'BBDO 로스앤젤레스'와 갈라서는 것이었다. BBDO는 스컬리가 잡스와 함께 일했던 광고대행사 샤이엇을 끊어내고 새로 선정한 회사였다.

잡스는 이 프로세스를 아주 단순하게 만들고 싶어했다. 신뢰할 수 있는 똑똑한 마케터들로 구성된 작은 팀과 일하기를 바랐다. 나아가 단순함의 정신을 바탕으로 자신의 기획을 가동하고 싶어했다. 지금 당장!

단순함은 멈춰 서는 법이 없다

잡스는 오랜 지인 샤이엇의 클로우에게 전화를 걸어 회의에 초대했다. 클로우는 내게 연락해 같이 가자고 했다. 그와 나는 서로를 잘 알았고, 나는 잡스가 세운 넥스트와 8년을 함께 일하기도 했다.

첫 만남의 분위기는 역사 속의 그것과 같았다. 잡스와 클로우는 1세대 매킨토시를 출시할 때부터 광고업계에서 소문난 듀오였다. 그

두 사람이 다시 힘을 합칠 준비를 하고 있었던 것이다. 두 남자의 반가운 포옹으로 회의가 시작되었다. 먼저 잡스는 애플이 처한 현실을 간략히 언급하고 애플을 한 번에 한 단계씩 바꾸겠다고 했다. 가장 큰 문제는 물론 제품군이었다. 그가 우리에게 말한 내용은 애플에 복귀하겠다고 동의하기 직전에『블룸버그 비즈니스위크』와의 인터뷰에서 한 말과 같은 맥락이었다.

제품이 엉망이에요. 더이상 매력이라고는 찾아볼 수 없습니다!

잡스가 샤이엇에 일거리를 그냥 준 건 아니다. 그만큼의 무언가를 보여주도록 우리를 유도하고 있었다. 이미 그는 페덱스를 통해 보스턴의 광고대행사 '아널드'로부터 흥미로운 제안을 받았고 그들을 아직 제외시키지 않은 상태였다. 어느 회사를 선택할지 마케팅팀의 동의도 중요하다고 생각한 그는 우리에게 미리 연락해, 애플의 과제가 무엇인지 생각해보고 좋은 아이디어를 가지고 만나자고 한 것이다. 그날 우리의 관계는 더없이 좋았고 이후로도 나아감에 있어 거침이 없었다.

애플을 고객으로 되찾기 위해 샤이엇 내부에서는 흥미로운 이야기들이 많이 오갔다. 잡스가 애플을 떠났을 때 애플과 우리의 관계도 끊어졌고, 그동안 샤이엇이 올린 눈부신 성과를 감안할 때 광고업계 사람들의 눈에는 그런 행동이 매우 부당한 것으로 비치기도 했다. 이제 그 모두를 바로잡을 때가 된 것이다.

클로우는 유능한 팀을 구성하기 위해 닛산 광고를 맡았던 수석 크리에이티브 디렉터 롭 실태넌도 포함시켰다. 스컬리 시기에 BBDO에서 그와 애플의 광고를 제작하며 함께 일한 적이 있는 나는 그를 무한히 존경했다.

샤이엇은 애플 브랜드 광고의 잠재적 방향을 담은 비디오 몇 가지를 제작했다. 당시에는 애플의 생존이 절대적인 과제였기 때문에 한 영상에는 애플이 사라졌을 때 세상이 어떻게 변할지 상상해 담았다. 애플이 가상의 종말을 맞이한 후에 사람들이 애플 간판을 보고 찾아왔지만 매장은 이미 문을 닫은 모습이 그려졌다. 애플이 사라지면 세상도 창의성에 이르는 소중한 경로를 잃게 되리라는 것이 이 영상의 주제였다. 사실이지만 결코 희망적이지 못한 내용이었다. 또하나는 훗날 크게 성공하는 '다르게 생각하라' 광고의 바탕이 되는 세상을 바꾸는 '미치광이들crazy ones'에 대한 내용을 실Seal의 노래 〈크레이지Crazy〉와 함께 담았다.

샤이엇의 아이디어는 잡스와 마케팅팀의 마음을 사로잡기에 충분했다. 샤이엇은 곧 애플의 공식 마케팅 파트너가 되었다. 우리가 이때 나눈 이야기들은 '다르게 생각하라' 광고의 시발점이 되었고 머잖아 애플의 부활에 지대한 영향을 미치게 된다.

정말로 미친(좋은 방향으로 미쳤다는 의미다) 것은 잡스가 이 느려터진 광고대행사 선정 프로세스를 쇄신했다는 것이다. 그렇지 않았다면 그 어떤 것도 실현되지 못했을 것이다. 잡스는 이 프로세스를 전향적으로 혁신했고, 아멜리오 시절 같으면 광고대행사 후보들을 만나

한가로이 인사나 하고 있을 시간에 이미 원하는 결과를 손에 넣었다.

단순함은 무엇보다 상황에 따른 판단을 하는 것이다. 잡스가 기존의 광고대행사 선정 프로세스에 큰 문제가 없다고 생각했더라도 그 당시 긴급했던 상황을 고려하면 그 프로세스에 절대 만족하지 못했을 것이다. 자신의 가장 큰 무기인 '똑똑한 사람들의 작은 집단'을 바탕으로 의사결정 프로세스를 가속화해야 할 때라고 '상식'은 그에게 속삭였다.

이상적인 프로젝트 기한

프로젝트 기한은 다양하게 세울 수 있다. 여유롭게, 빠듯하게, 느긋하게, 때로는 아예 불가능하게 세울 수도 있다. 논리와는 거리가 멀지만, 프로젝트를 망치는 가장 손쉬운 방법은 바로 지나치게 많은 시간을 투입하는 것이다. 다시 생각하고, 다시 고치고, 또 한 번 생각하고, 다른 사람들을 프로젝트에 초대하고, 더 많은 의견을 듣고, 조사를 시행하고…… 레너드 번스타인Leonard Bernstein이 이런 상황을 절묘하게 묘사한 적이 있다.

> 위대한 성과를 거두고 싶다면 두 가지가 필요합니다. 하나는 계획, 또하나는 그리 넉넉지 않은 시간입니다.

어떤 일을 하든 효율을 극대화해 최선의 성과를 거두기 위한 '이상적인' 기한이 있다. 기술업계에서 경력을 쌓아온 나는 3개월 정도가 이상적인 프로젝트 기한이라고 생각한다. 이는 첫 브리핑에서부터 완성된 프로젝트를 출시하기까지 걸리는 시간을 말한다. 이 기한 내에 우리는 아이디어를 고안하고, 그 아이디어를 고객과 공유하고, 그들의 의견이나 걱정거리에 대응하고, 제작까지 진행했다. 이보다 시간이 부족할 때는 품질을 타협해야 했고 시간이 넉넉할 때는 오히려 생각이 많아졌다. 창의적인 판단을 전혀 하지 못하는 고객과 일할 때든 아니면 잡스 같은 마케팅 전문가와 직접 일할 때든, 어느 경우에서든 이 정도의 시간이 가장 적당했다. 번스타인의 말은 훌륭한 성과를 거두는 데 필요한 두 가지 요소를 입증한다. 이 두 가지 요소는 애플의 세계에도 그대로 적용된다.

현실적인 수준에서 높은 목표를 설정하라

애플에서 아이팟을 개발할 때, 처음부터 음악과 영화, 팟캐스트, 사진을 모두 포괄하는 휴대용 플레이어를 계획한 것은 아니다. 처음은 뮤직 플레이어였고 나머지는 나중에 이루어진 것이다. 다시 말해 무리해서는 안 된다. 훌륭한 성과를 거두는 것도 중요하지만 프로젝트를 제 시간에 끝내고 약속한 결과를 달성하는 것이 더 중요하다(마찬가지로 목표에 미달해서도 안 된다. 보잘것없는 것을 만들어놓고 '현실적'이라고 할 수는 없다).

멈추지 말고 나아가라

프로젝트가 시작되면 처음부터 모든 인력을 투입하고, 도중에 중단되는 일이 없어야 한다. 모든 인력이 지속적으로 움직일 때 적정 수준의 업무 강도를 유지할 수 있다. 일이란 생각처럼 쉽지 않지만 그 일을 마무리했을 때는 만족감을 느끼기 마련이다. 만족에 이르기 위해서는 팀을 계속 가동해야 한다.

애플은 엄청나게 많은 일을 한 번에 처리할 수 있는 수준에 도달했고, 그 덕분에 세상에서 가장 뛰어난 곡예사 같은 존재로 성장했다. 끊임없이 가동되는 애플은 관객들에게 끝없는 전율을 선사했을 뿐 아니라 조금도 퇴보하지 않았다. 그동안의 창작품만큼이나 탁월한 회사인 애플이라도 한 번에 처리할 수 있을 만큼만 일을 추진한다. 오랜 기간 일정 관리에 대한 감각을 키워온 덕분에 이 모든 것이 가능해졌다.

애플이 1세대 제품을 최대한 완벽하게 만들려고 주력한 덕분에 일정 관리 외에도 많은 분야에서 경쟁력을 확보했다. 따라서 혁신적 차원을 넘어 지향하는 방향이 매우 흥미로운 제품을 만들 수 있었다. 애플의 첫 혁신은 단연 아이팟이지만 1세대의 기능은 제한적이었다. 그렇지만 새로운 유형의 미디어이며 새로운 접속방식의 세계를 지향했다는 점에서 매우 인상적이었다.

아이폰도 좋은 사례다. 아이폰 1세대는 이 플랫폼의 가장 혁신적인 요소인 애플리케이션조차 지원하지 않았다. 원래 계획은 애플이 사파리(Safari, 애플에서 제공하는 웹 브라우저—옮긴이)를 통한 웹 애플리케이션만 지원하는 것이었다.

이런 식으로 제품을 생산하면서 애플은 리더십의 '재순환' 능력을 유지할 수 있었다. 혁신을 창조한 후 경쟁사들이 1세대 버전을 따라잡을 때쯤 되면 이미 2세대 버전 개발에 착수했다. 1세대 버전에서 제외된 기능들이 바로 다음 혁신의 출발점이었다. 이렇게 해를 거듭하며 혁신이 이어지면서 애플은 리더십을 갱신할 기회를 계속 만들었다.

애플은 이 순환 과정에서 마케팅 경쟁력도 얻었다. 더 나은 제품을 개발했다는 사실을 증명해야 하는 쪽은 주로 애플의 경쟁사들이므로 그들이 스펙specification을 강조하는 광고에 이끌리는 것은 당연하다. 더 많은 화소, 더 많은 USB 포트 등 뭐라도 더 많다고 주장해야 하는 부담을 느낀다. 반면에 애플은 늘 하던 대로 스펙보다는 유익함을 강조하는 감성적이고 인간적인 방식의 마케팅을 유지한다. 특별히 혁신적인 기술이 없을 때도 애플은 스펙을 비교하는 싸움보다는 고객과 더 의미 있는 관계를 만들기 위해 애쓴다.

또한 애플이 뮤직 플레이어나 태블릿 컴퓨터 같은 분야에서도 지속적으로 독점적인 지위를 유지하다보니 시간도 늘 애플의 편이다. 즉 아이패드와 함께하는 시간이 길어질수록 사람들은 아이패드의 애플리케이션과 액세서리의 생태계에 점점 갇히게 되는 것이다.

그러니 우리는 단순함을 뒤로하기 힘들다.

단순함의 위력을 확실히 입증하고 싶다면 현장에 나가 과학적 기법을 이용해 작은 실험을 해보면 된다.

- 같은 업계에서 단순함과 복잡함을 대표하는 두 회사를 선택한다.
- 두 회사에 동일한 프로젝트를 맡긴다.
- 물러나서 어떤 상황이 펼쳐지는지 관찰한다.

불운하게도 내가 정확히 이 실험의 대상자가 된 적이 있다. 물론 당시에는 그 사실을 깨닫지 못했다. 두 시기에 두 광고회사에서 두 고객(애플과 델)과 일하게 된 나는 공교롭게도 동일한 프로젝트를 수행하는 두 팀의 일원이 되었다. 우리에게 주어진 임무는 새로운 브랜드 광고를 제작하는 일이었다.

알다시피 브랜드는 회사의 가장 소중한 자산이다. 확실한 브랜드를 갖고 있다는 것은 고객들의 구매 목록에서 맨 위에 자리한다는 뜻이다. 아울러 고객들은 그 브랜드를 반복해서 찾을 뿐 아니라 가족과 친구에게도 좋은 평을 많이 퍼트린다. 반대로 확실한 브랜드가 '없는' 회사는 매일같이 고객들을 유치하기 위해 싸우는 그렇고 그런 회사들 중 하나일 뿐이다. 그런 회사의 제품은 잠시나마 고객들의 관심을 받을 수 있지만, 고객들이 다른 회사에서 조금이라도 나은 조건을 발견하면 순식간에 내팽개쳐진다.

확실한 브랜드는 은행에 보관해둔 현금과 같다. 고객들은 브랜드를 신뢰하고, 그 속에서 실질적인 가치를 찾아낼 수 있을 때 기꺼이 비용을 지불한다. 애플처럼 강력한 브랜드를 구축한 회사에서 제품의 가격을 높게 책정하더라도 사람들은 그 제품을 사기 위해 줄을 선다. 당연히 이익이 늘어난다. 하지만 평범한 브랜드로 고객을 유치하기 위해서는 가격을 낮추는 방법밖에 없다. 당연히 이익은 줄어든다.

물론 여기서 의문이 든다. 위대한 브랜드를 구축하는 것이 그토록 중요하고 많은 대기업들이 브랜드에 투자할 자본을 갖고 있다고 했을 때, 왜 일부는 많은 이들이 좋아하는 훌륭한 브랜드를 성공적으로 구축하는 반면, 다른 일부는 애써 노력하고서도 원하는 결과를 얻지 못하는 것일까?

그 요인은 헤아릴 수 없이 많다. 모든 기업이 성공을 바라지만 조직 구조와 경영 철학의 바탕은 제각각이기 마련이다. 단순함의 직선로로 들어서든 아니면 복잡함이 가리키는 어둡고 구불구불한 길로 향하든, 선택은 당신의 몫이다.

애플과 델의 비슷한 듯 달랐던 브랜드 기획 과정을 비교하면 이렇다.

애플은 1997년에 브랜드 광고 캠페인에 착수했다.

델은 2008년에 브랜드 광고 캠페인에 착수했다.

애플은 광고 캠페인을 즉시 시작하고 싶어했다.

델은 일정을 고민하는 데만 여러 달이 걸렸다.

애플의 브랜드팀은 최고경영자가 이끌었다.

델의 브랜드팀은 위원회가 이끌었다.

애플은 똑똑한 사람들의 작은 집단을 신뢰했다.

델은 뭉치기 어려운 사람들의 작은 집단을 신뢰했다.

애플은 누가 누구인지 정확히 알았다.

델은 누가 누구인지 확인해야 했다.

스티브 잡스는 적극적인 참여자였다.

마이클 델은 프로젝트가 끝난 다음에야 찾아왔다.

애플의 브랜드팀은 최고경영자의 승인만 필요했다.

델의 브랜드팀은 각 부서의 승인이 모두 필요했다.

애플은 광고 캠페인을 기획하고 제작하는 데 한 달이 걸렸다.

델은 전략을 논의하는 데만 한 달이 걸렸다.

애플은 '다르게 생각하라' 캠페인으로 화려하게 마무리했다.

델은 어두운 창고에 쌓인 프레젠테이션 보드 더미로 마무리했다.

델은 좀더 과감한 접근법을 믿고 실천해야 했다. 시간이 흐르면서 델의 브랜드 가치가 점점 퇴색하는데도, 곧바로 투자 수익을 안겨줄 수도 없는 계획에 착수하는 것은 합리적이지 못한 처사였다. 게다가 이번이 델 역사상 첫 브랜드 캠페인이었다.

불행히도 델은 이미 여러 해 전부터 복잡한 조직을 자처했다. 가장 큰 두 부문인 개인용 컴퓨터 사업부와 업무용 컴퓨터 사업부는 각각의 왕국으로 독립했다. 손익계산도 따로 했고, 경영의 우선순위도 달랐으며, 심지어 델의 로고까지 자체적으로 사용했다(브랜드 홍보의 첫번째 목표는 두 사업부에서 공히 수용할 수 있는 로고를 만드는 것이었다).

델은 브랜드 캠페인을 준비하고 관리하기 위해 위원회를 조직했다. 하지만 '위원회'는 성공적인 크리에이티브 활동과는 잘 어울리지 않는 단어로, 이 프로젝트 역시 전혀 다를 게 없었다. 개인용 및 업무용 사업부 모두 델을 대표하면서도 서로가 서로에게 숙적과도 같은 존재였다(이 경쟁구도가 얼마나 극심했던지 경영진이 직접 그들을 상담위원회에 보내기도 했다).

애플의 브랜드 프로젝트에 참여한 모든 사람들이 오로지 고품격 브랜드 개발에 전력을 쏟은 데 반해, 델의 프로젝트에 참여한 사람들은 자신이 속한 사업부의 이익을 조금이라도 생각지 않을 수 없었다. 어느 쪽도 상대에게 양보하려 하지 않았다. 실제로 임무가 시작된 지 몇 주 지나지 않아 아직 전략적 방향을 상의하고 있을 때, 한 참여자가 위원회의 권고를 받아들일 생각이 없다며 속내를 드러내기도 했다. 그의 부서가 이미 전력을 다하고 있는 마당에 타부서를 위해 그 무엇도 바꿀 생각이 없었던 것이다.

이런 태도는 애플의 세계에서 절대 용납되지 않는다. 잡스가 비전을 제시하면 모든 참여자들이 그 방향으로 힘을 모은다. 마이클 델이 첫날 회의에 참여해 팀원들의 소란스러운 행동을 보았다면(팀원들이 흥분해 델의 로고에도 동의하지 않고 통일된 델 브랜드를 만들기 위해 각자의 차별화된 능력을 제대로 발휘하지 않는 모습을 목격했다면) 이후의 이야기는 조금 달라졌을지도 모른다.

하지만 그런 일은 일어나지 않았다. 몇 달이 지나면서 델의 브랜드팀이 회의를 하는 횟수는 점점 줄어들었고 마침내는 참석자가 아예 없어졌다는 사실도 놀랄 일만은 아니었다.

애플에서는 똑똑한 사람들의 작은 집단에 권한을 부여하고, 프로세스가 지체되지 않는 일정을 세움으로써 델과는 전혀 다른 길을 걸었다. 잡스가 적극적으로 참여하다보니 우리는 의사결정도 신속하게 할 수 있었다. 덕분에 시작부터 캠페인 집행에 이르는 모든 과정이 일찍이 내가 들어본 적도 없는 짧은 시간 안에 마무리되었다.

원대한 목표를 달성하기 위한 기본 요건은 바로 단순함이다. 델에서도 확인했듯이, 분열되고 리더도 없으며 절박한 의무감마저 없는 집단은 단순함을 받아들이기 어렵다.

마이크로소프트의 가치관

어느 회사나 '강령'이란 것을 갖고 있다. 강령은 그 회사의 정체성과 업무, 존재 이유를 공식적으로 표현한 것을 말한다. 대다수 광고대행사들은 효율적인 브랜드 캠페인을 제작하기 위한 첫걸음으로 이 강령부터 충분히 조사한다.

그렇지만 '다르게 생각하라' 캠페인을 제작하기 전에 강령을 밝혀달라며 잡스를 괴롭힌 사람은 아무도 없었다. 그가 미리 강령의 근본적인 내용을 우리에게 설명했고, 위기에 빠졌을 때조차 애플의 브랜드 본질brand essence은 이미 유명했기 때문이다. 누군가가 잡스에게 강령이 기록된 문서를 넘겨달라고 한다면, 아마도 그는 이런 것도 대기업형 행동양식과 다를 바 없다고 생각했을 것이다. 그랬다면 우리는 잡스의 '회전포탑'이 가동하는 모습을 구경하는 행운아(?)들이 되었을지도 모른다.

델과 일할 때의 이야기는 많이 다르다. 이 회사는 스스로를 표현하는 데 그리 뛰어나지 못했다. 우리가 델의 브랜드 캠페인에 곧바로 착수하기 위해서는 먼저 브랜드의 본질부터 명확하게 밝혀야 했다. 하지만 델이 되고 싶어하는 이상형을 파악하는 데만 프로젝트의 첫 몇 주를 허비해야 했다. 무엇을 지향하는지가 그만큼 불분명했기 때문이다.

한동안 갈팡질팡한 또하나의 회사가 마이크로소프트다. 델과 마찬가지로 마이크로소프트도 세상을 놀래키기 시작하면서 스스로 적잖이 방향성을 상실했다. 여전히 거대한 기업이며 높은 수익을 내고 있지만, 최근 고객들 중에는 마이크로소프트의 브랜드를 제대로 정의하지 못하는 이들이 많다. 한때 혁신의 상징이자 기준을 제시하는 기업이었지만, 혁신의 범주가 스마트폰과 태블릿 컴퓨터로 확장되면서 마이크로소프트는 점점 뒤로 밀리는 신세가 되었다. 이처럼 안타까운 현실은 주가에 반영되었고, 마이크로소프트의 주가는 10년 넘게 제자리걸음을 하고 있다.

마이크로소프트의 마케팅은 한동안 허점투성이였다. 이따금 사람들의 마음에 다가설 때도 있었지만, 빌 게이츠와 제리 사인펠드 같은 '전설들'의 조합을 텔레비전 시리즈 광고로 내보내서 곤경을 자초하곤 했다. 의미를 찾기 힘든 이런 광고는 사람들의 머리를 갸웃하게 할 뿐이다.

마이크로소프트의 마케팅 문제가 하루아침에 생긴 것은 아니다. 마이크로소프트는 이 문제로 오랜 시간 싸움을 벌였다. 전직 마케팅 책임자가 복잡함으로 인해 회사가 표류 지경에 처했던 최악의 위기에 대해 이야기한 적이 있었다. 이야기를 풀어나가기 위해 그 책임자를 브라이언이라고 가정하자.

마이크로소프트에 합류한 브라이언은 자신이 맡은 일이 무척 만족스러웠다. 특히 이 회사가 '남다른 업적'을 창조해왔다는 점을 가장 인상 깊게 여겼다. 즉 마이크로소프트는 빠르게 변화하는 업계의 현실을 이해했고 불필요한 논쟁으로 시간을 허비하지 않는 기업이었다. 그들은 애플처럼 지속적인 가동의 중요성을 잘 알았다. 하지만 성급한 면도 있었다. 경영진은 마이크로소프트가 경쟁사들보다 더 빠르고 현명하다고 믿었고 그것이 자신들에게 전략적으로 중요한 장점이라고 생각했다.

브라이언은 마이크로소프트의 이런 면이 마음에 들었다. 과거

HP 근무 시절, 광고대행사와 함께 일할 때 경험한 것과는 극명하게 대조되는 부분이었다. 그는 HP에서 실질적인 성과보다 프로세스를 더 중시한다는 인상을 받았다.

"고객들의 관점이 어떻게 변하고 있는지보다 다음 회의를 언제 열고 커피와 함께 어떤 머핀을 곁들일 것인지를 더 고민하는 듯했습니다." 그의 말이다.

1999년부터 2년 넘게 법무부의 조사를 받으면서 마이크로소프트는 심각한 위기에 놓였다. 정부의 조사로 조직이 와해될지도 모른다는 두려움에 사로잡힌 이 회사의 마케팅 목록에는 아무것도 존재하지 않았고 앞으로의 방향도 명확하지 않았다.

법무장관 재닛 리노가 마이크로소프트를 상대로 소송을 제기하자, 당시 최고운영책임자 밥 허볼드는 조직을 진정시키고 모두를 하나로 결속시키기 위한 단합 회의를 소집했다.

이 자리에는 마이크로소프트의 법률고문과 홍보팀장을 포함해 홍보부의 유력 인사들이 모두 참석했다. 회의가 어느 정도 진행됐을 때 지역사회 문제를 담당하는 임원이 일어나 자신의 생각을 이야기했다. 그녀는 위대한 기업이 언론의 불공평하고 지저분한 공격으로 망가진 현실을 역설했다. 그간 마이크로소프트가 유익한 일을 많이 해왔는데도 정부에서는 그 점을 인정하지 않는다는 것이었다. 마이크로소프트의 선의, 그리고 이 세상에 기여한 가치를 믿는 모든 이들에게 참으로 곤혹스러운 순간이었다.

그녀가 또박또박 힘주어 말했다. "저 사람들은 우리가 나쁜 짓을 한다고 생각합니다. 마이크로소프트의 긍정적인 부분을 제대로 알지 못하는 것이지요. 우리는 그들에게 우리의 가치를 알릴 필요가 있습니다."

그녀는 자신의 생각이 회의실 내부에 공명하기를 기다리는 듯 잠시 뜸을 들였다. 그러더니 홍보팀 인사들을 똑바로 쳐다보며 말했다.

"우리의 가치는 무엇인가요? 어디에 적혀 있나요? 누구 아는 사람 있나요?"

즉 마이크로소프트의 진화를 위해서는 회사의 가치를 세상에 공표해야 했다. 하지만 마이크로소프트 임원인 그녀 자신마저 회사의 가치를 정확히 알지 못했다. 어느 누구의 컴퓨터에도 숨겨진 마법의 문서 같은 것은 없었다. 마이크로소프트의 가치는 여태껏 한 번도 성문화된 적이 없었다.

이때부터 마이크로소프트의 가치와 지향을 구체화하기 위한 자체적 연구 활동에 1년 반이 걸렸다. 법무부의 소송 때문이든 아니면 초점을 유지하지 못한 마이크로소프트의 무능 탓이든 간에 마이크로소프트는 이 시기를 계기로 한층 성숙해졌다. 빛의 속도로 달려가던 회사가 언젠가부터 말을 행동으로 옮길 능력을 상실한 거대한 괴물로 변한 탓이다. 브라이언과 그의 팀에게도 좌절의 시기였다. 그럼에도 상황은 복잡하게 흘러갔다.

마이크로소프트의 마케팅팀은 신뢰를 잃었고, 스티브 발머는 문제를 해결하기 위해 외부로 눈을 돌렸다. 그래서 워싱턴 DC의 여론조사 전문가 마크 펜을 영입했다. '위험한 독과점'이라는 꼬리표가 따라붙은 마이크로소프트의 대중적 이미지를 바꿀 포지셔닝을 위해서였다. 마이크로소프트를 온화한 이미지로 변화시킬 임무를 맡은 펜은 과거와 전혀 다른 방향으로 마케팅팀을 지휘했다. 즉 앞으로 마이크로소프트를 '아이들, 젊은이들, 작은 회사들'을 위한 브랜드로 탈바꿈시킬 계획이었다.

하지만 그 이미지만큼이나 부적절했던 것은 브랜드를 구축하면서 특정 논리에 치중했다는 점이다. 펜은 마이크로소프트가 부드럽고 친근한 회사처럼 보인다면 아이들과 젊은이들로부터 적극적인 호응을 얻을 것으로 생각했다. 동시에 작은 회사들에 새로이 초점을 맞춰 어둡고 지배적인 세력이라는 기존의 이미지를 벗어날 수 있을 것으로 보았다.

브라이언의 마케팅팀은 어리둥절했다. 굳이 설명하자면 그들에게는 새로운 포지셔닝을 구축할 만한 구상이 없었다. 작은 회사들을 위한 구상이라면 가능했다. 하지만 아이들과 젊은이들을 위해서는 그렇지 못했다. 청소년들에게 가장 가까운 것이라고 해야 마이크로소프트의 전체 분야에서 극히 일부에 불과한 유치원과 초중고 교육용 소프트웨어에 대한 마케팅 프로그램이 전부였다. 브라이언은 마이크로소프트의 고객층 전부에게 전달할 메시지를 만들 책임이 있었지만, 이 따뜻하면서도 모호한 접근법은 도무지 가능할 것 같지 않았다. 게다가 마케팅 조직을 마케팅 경험이 전혀 없는 외부인이 이끌게 되면서 또다시 상황은 복잡해졌다.

브라이언은 여전히 소용돌이 속에서 벗어나지 못했다. 그는 신뢰할 수조차 없는 아이디어들을 옹호해야 하는 자신을 발견했다. 앞에서 소개한 단순함의 원칙을 정면으로 거스른 것이다. 브라이언은 마이크로소프트 본사에 모인 대정부 로비스트들 앞에서 '아이들과 젊은 이들을 위한' 새로운 브랜드 이미지를 설명했다. 이 자리에는 기독교 연합의 랠프 리드와 좌파인 빅터 파지오 등 정치적 입장이 극단적으로 다른 인물들이 참여해 마치 올스타가 모인 듯한 느낌을 주었다. 정부의 심한 압박 속에서 마이크로소프트는 누구에게도 해가 되지 않는 '기회균등'의 기업으로 이미지를 변신해야 했다. 이 회의에 급파된 브라이언이 사람들을 향해 말했다. "여기에 우리의 신기술이 있습니다. 여기에 이 기술들이 미국에 유익한 이유가 있습니다. 그리고 여기에 우리의 이러한 아이디어를 모두에게 전달할 방법이 있습니다."

회의실을 떠나면서 브라이언은 상실감에 사로잡혔다. 실제로 그는 아버지와의 통화에서 이렇게 말했다고 한다. "담배 회사에서 일하는 기분이에요." 그는 그러한 상황에 대해서도 또한 자신에 대해서도 결코 유쾌하지 않았다.

마이크로소프트나 델 같은 성공적이고 영향력 있는 기업들이 자기 존재를 규정하지 못해 애를 먹는다는 사실을 접할 때마다 그저 놀라울 뿐이다. 하지만 이런 혼돈은 회사의 규모가 커질수록 심해진다. 사람들이 단순해지는 법을 점점 망각해가는 탓이다.

Chapter 5

상징을 생각하라 Think Iconic

제품이나 아이디어의 장점을 상징하는 단순하고 강한 이미지를 활용해
고객의 뇌리에 깊은 인상을 남겨야 한다. 백 가지를 나직이 속삭이지 말고
한 가지를 크게 부르짖어라.

캠페인 광고 '다르게 생각하라'에는 '남다른 생각'으로 세상을 바꾼 사람들의 모습이 연이어 등장한다. 어떤 인물을 광고에 등장시킬지를 두고 잡스와 우리는 여러 차례 기억에 남을 만한 대화를 나누었다. 과학자, 우주 비행사, 가수, 영화감독, 음악가, 운동선수 등 산 사람과 죽은 사람을 가리지 않고 모든 분야의 인물들이 후보에 올랐다. 누군가가 정해지면 그 인물의 사진들을 검토해 가장 상징적인 한 장을, 즉 그 인물의 삶과 업적을 가장 잘 묘사한 한 장을 골랐다.

내게는 이 프로세스 자체가 몇 년 전 넥스트의 마케팅을 위해 잡스와 함께 일하던 장면을 연상시키는 것이기도 했다. 넥스트의 혁신적인 소프트웨어가 앞으로 세상에 끼칠 영향을 설명하던 잡스는 역사적으로 상징적인 인물이나 시기를 종종 인용했다. 소프트웨어 구축의 새로운 토대를 마련한 넥스트의 신기술이 지닌 잠재적 영향력을 산업혁명에 비유해 강조하기도 했다. 또 셰익스피어를 언급하며 그의 모든 작품을 넥스트 컴퓨터에 수록할 수 있다고 했고, 신형 컴퓨터를 생산하는 뛰어난 자동화 설비를 강조할 때는 헨리 포드를 거론했다.

잡스의 넥스트 시절과 애플에서의 새로운 출발을 모두 곁에서 지켜봤던 내게는 넥스트에서의 특별한 기억이 있다. 1993년 여름, 잡스가 애플로의 복귀를 구상하기 몇 년 전이었다. 나는 크리에이티브 회의 참석차 넥스트의 레드우드시티 사무실을 찾았다. 일찌감치 도착한 덕에 회의 전 잠시 잡스의 집무실에서 사담을 나눌 기회가 있었다. 그 무렵 넥스트는 끊임없는 시련 속에 있었지만, 그 시련은 사실 '예정된' 것이었다. 당시 넥스트는 비즈니스 업계를 대상으로 새로운 컴퓨터의 필요성을 주장하던 벤처 회사였다. 한편 애플은 딱한 현실에도 불구하고 이렇다 할 변명거리조차 없었다. 애플은 잡스를 몰아낸 후로 한동안 표류했는데도 시간이 흐를수록 오히려 불행한 소식만 더 자주 들렸다.

잡스와 마주앉은 그때 내 머릿속에는 불과 한 시간 전에 라디오에서 들은 애플의 저조한 실적 보고서 소식이 메아리쳤다. 애플 역사상 최대 규모의 분기 적자를 발표하면서 주가는 23퍼센트나 곤두박질쳤다. 그러자 애플은 수익 목표를 포함하는 구조조정 계획을 발표했고 그로 인해 2500명이 해고되었다. 한때 고공비행하던 애플이 파산 직전의 비참한 지경에 처한 것이다.

온 마음을 다 바쳐 건설한 회사에서 내팽개쳐진 잡스로서는 애플이 조금이나마 원망스러울 법도 했다. 하지만 내 예상은 빗나갔다. 나는 별생각 없이 애플의 불행을 조소하는 말을 했다. 그러자 그는 고소해하기는커녕 도리어 당황스러워했다. 그러고는 입을 닫더니 책상만

묵묵히 내려다보았다. 완전히 풀죽은 모습이었다. "그래요, 정말로, 정말로 서글퍼요." 속삭이듯 한마디를 내뱉은 게 전부였다.

그제야 나는 애플에게 복수하는 것이 잡스의 목표가 아님을 깨달았다. 대신에 나는 아이의 고통을 나누려는 아버지의 모습을 보았다. 가족의 불화는 문제될 게 없었다. 그들은 여전히 가족이었다. 잡스는 애플이 내리막으로 치닫는 회사로 비치는 것을 무척 싫어했다.

돌이켜보면 넥스트에서 그날 우리가 나눈 대화는 훗날 애플의 '다르게 생각하라' 캠페인의 출발점과 같았다. 힘들고 고통스러워하는 애플에 아무런 도움도 주지 못한 채 그저 무기력하게 지켜볼 수밖에 없는 잡스를 바라보며 야릇한 느낌이 들었다. 그랬던 그가 이제 원래 있던 곳으로 돌아왔다. 더이상 필요 없다며 내쳤던 회사가 이제는 그를 마지막이자 최선의 희망으로 반기고 있었다.

역사를 향한 그의 열정과 상징적 이미지를 향한 그의 혜안은 훗날 등장할 역작 속에 고스란히 담길 터였다.

애플, 부활의 씨앗

잡스에 대한 소식들은 늘 헤드라인으로 다루어졌듯이, 1997년에 그가 애플에 복귀한 소식 역시 모든 언론의 1면을 장식했다. 다시 한번 그가 상징적 인물로 등장한 것이다. 또한 잡스의 복귀는 오랫동안 그와 관련해 세간에 떠돌던 많은 이야기들 중에서도 특별히 흥미로운 소식이었다. 거기에는 미국 거대 기업의 성공과 몰락, 수천만 달러 값어치의 거래, 모종의 밀약과 음모 등 사람들의 호기심을 사로잡을 만한 요소들이 모두 들어 있었기 때문이다.

11년이나 애플을 떠나 있었던 그가 다시 돌아온 시점에서 한 가지 사실은 분명했다. 그의 복귀와 함께 회사의 심장도 다시 뛰기 시작했다는 것이다. 잡스의 안내와 격려 없이 애플을 경영하는 것은 안개 속을 헤매는 것과 같았다. 모든 신임 최고경영자들이 애플을 되살리려 애썼지만 누구도 그 근처에 이르지 못했다. 그러는 사이에 창조 군단으로서의 애플의 정체성도 점점 사라져갔다.

나와 애플의 첫 인연은 잡스가 떠나고 존 스컬리가 최고경영자로 있을 때 맺어졌다. 앞에서도 소개했듯이, 스컬리는 잡스를 회사에서 밀어내자마자 잡스의 광고대행사도 교체했다. 샤이엇이 쫓겨나고 BBDO가 들어온 것이다. BBDO는 크리에이티브팀을 이끌 리더로, 1세대 매킨토시를 출시했을 당시 성공을 거둔 광고의 제작 책임자 스티브 헤이든을 영입했다. 헤이든은 감사하게도, 애플에서 카피라이터로 일하고 싶었던 나의 꿈을 이룰 기회도 허락해주었다. 하지만 이때의 애플은 잡스가 아니라 스컬리의 것이었다.

언젠가 쿠퍼티노에서 열린 회의가 끝났을 때, 애플 마케팅 부서의 한 고위직 인사가 신임 최고경영자와의 생활에 대해 말해준 적이 있다. "스컬리 회장은 마치 방마다 멋진 가구들이 비치된, 모든 것이 새로 갖춰진 집으로 이사한 사람 같아요." 그가 이어 말했다. "한동안 다 좋았지요. 하지만 당신도 곧 느끼겠지만, 당연하다고 생각했던 익숙한 것들이 더이상 그 자리에 있지 않아요. 뭘 바꾸려는지는 모르겠지만 방과 어울리지도 않는 커튼이 달리고, 이사 온 사람들이 내가 제일 좋아하는 소파마저 치워버리더군요. 그러지 말라고 소리쳐도 소용이 없었어요. 그러더니 이 공간 전체가 완전히 다른 느낌으로 변했지요. 똑같은 집인데도 전혀 예전 같지가 않아요. 당신 친구들도 더이상 여길 찾고 싶지 않을 겁니다. 예전 같은 재미가 없을 테니까요."

그러다가 잡스가 돌아왔다. 일부에서는 잡스만이 이 세상에서 애플을 구원할 수 있고, 직원들이 더 높이 비상하도록 북돋울 수 있는 유일한 사람이라고 했다. 그러나 확신하지 못하는 사람들도 있었다. 애플과 넥스트에서의 업적을 감안하더라도, 잡스가 벼랑 끝의 애플을 회생시킬 가능성은 미지수였기 때문이다.

잡스가 맞이한 위기는 사실 누구도 예상치 못했다. 개인 컴퓨터 혁명을 촉발시키고도 지금은 별 볼 일 없어진 회사에 리더로 복귀한 것이다. 한때 그를 교주처럼 숭배했던 사람들조차 희망을 버렸다. 따라서 잡스는 사람들의 관심을 다시 애플로 끌어와야 했다. 애플의 혁신 역량이 아직 사라지지 않았다는 것을 세상에 다시 알리고 매킨토시 혁명을 낳은 창조 정신을 다시금 고취시켜야 했다.

문제 해결을 위해 잡스가 아닌 다른 최고경영자를 영입했을 때 벌어질 상황은 그저 짐작으로나 가능할 뿐이다. 회사가 심각한 위기에 직면했을 때, 경영진은 보통 방어진을 구축하고 당장의 출혈을 막기 위해 모든 긴축을 실시해 수익성 회복을 노린다. 하지만 이것은 잡스의 방식과는 완전히 달랐다.

잡스는 투자에도 적극적이었다. 애플의 제품 포트폴리오뿐 아니라 브랜드 이미지를 재구축하기 위해서이기도 했다. 애플의 부활에 전부를 건 잡스의 계획 속에 광고대행사 교체가 포함된 것도(실제보다 믿음이 더 크게 작용한 탓도 있지만) 어찌 보면 당연했다. 잡스의 그 유명한 현실왜곡장(reality distortion field, 원하는 상황을 창조해내는 잡스의 특별한 능력을 지칭하는 말—옮긴이)에서 선봉을 맡은 이들이 바로 우리였다.

앞에서 이미 언급했듯이, 클로우와 잡스가 또 한 번 단합을 타진하던 무렵에 열린 첫 회의에서 잡스는 우리가 수행할 첫 임무를 넌지시 암시했다. 잡스는 애플이 심각한 상황에 처했고 무관심 속에서 죽어가고 있음을 누구보다 잘 알았다. 그런데도 전임 지휘자들은 애플의 본질을 꿰뚫지 못했을 뿐 아니라 생명을 되살릴 아무런 비전도 보여주지 못했다.

잡스는 애플을 되살려야 하는 자신의 사명을 한층 더 넓게 해석했다. 그는 과거의 애플이 IBM이나 HP 같은 당대의 기업들과 비교할 때, 매우 특별한 영역을 점유한 회사였다고 생각했다. 그래서 우리가 싸우는 목적에는 애플의 회생뿐 아니라 창의성과 혁신 정신을 되살리는 것도 포함되었다. 잡스는 애플이 사라지면 컴퓨터 업계의 그 신성한 가치들도 주인 없이 사라져갈 것이라고 확신했다.

그 당시 가장 큰 문제는 애플의 제품들이 전혀 매력적이지 못했다는 점이었다. 잡스가 없던 시절의 경영진은 언젠가는 애플이 기업 고객들의 사랑을 독차지하리라는 꿈을 버리지 못했다. 그래서 경영진은 기업 리더들을 매료시키지 못하는 컴퓨터를 만드는 것을 피해왔다.

초창기부터 이어온 방식에서 완전히 이탈한 애플은 서서히 그저 그런 회사로 전락했다. 매출은 점점 떨어지는데 상황을 쇄신할 걸작의 모습은 계획안 어디에서도 보이지 않았다. 지금의 제품군으로는 개인용 사용자든 전문가용 사용자든 어느 누구의 욕구도 불러일으킬 수 없었다.

잡스는 우리 앞에서 직접 진행한 브리핑에서 앞으로 많은 것이 그것도 아주 급격하게 달라지리라고 약속했다. 아울러 훌륭한 제품을 개발해 과거의 위대함을 복원할 것이니 믿어달라고 했다. 그 약속은 사실이었다. 디자인팀이 이미 작업에 착수했다. 광고대행사인 우리에게는 애플의 긍정적인 이미지를 세상에 투영해 애플 본래의 정신을 새롭게 소개해야 하는 과제가 주어졌다.

잡스의 첫 제품으로 조립라인을 가동하기까지는 적어도 6개월은 걸릴 터였다. 그사이에 잡스는 애플의 복귀를 알리고 혁신적 신제품의 출시 기반을 마련하기 위한 캠페인을 시작하고 싶어했다.

목표에 집중하기 위해 애플은 서로 다른 사람들로 구성된 세 집단을 공략해야 했다. 첫째는 과거의 위대한 애플을 기억하지만 애플이 성공한 뒤로는 브랜드에 대한 평가마저도 점점 하지 않게 된 사람들의 집단이었다. 둘째는 하나의 애플, 즉 지금의 무기력한 애플만 아는 젊은 세대 사용자 집단이었다.

그리고 앞의 두 집단 못지않게 중요한 세번째는 애플의 직원들이었다. 직원들은 그동안 언론의 숱한 혹평과 무능한 최고경영자들, 혁신적 제품의 부재 속에서 무언가 새로운 영감을 절실히 바라고 있었다. 잡스는 자신이 복귀하면서 발견한 것들에서 희망을 보았다. 힘든 시절임에도 불구하고 많은 유능한 인재들이 믿음을 잃지 않고 다시 한번 위대함을 실현할 기회를 기다리며 애플에 남아 있었던 것이다. 잡스는 인상적인 브랜드 캠페인을 통해 애플의 정신을 되살릴 수 있다고 확신했다.

머잖아 멋진 신제품이 등장하리란 것을 알고 있던 우리는 애플의 새로운 혁신에 물길을 터줄 수 있는 브랜드 캠페인을 기획해야 했다. 애플이 무엇을 상징하는지 알리고, 이어서 등장하는 제품들이 애플 브랜드의 물리적 표상임을 세상에 드러내는 것이 우리의 과제였다.

이때만 해도 우리는 '다르게 생각하기'에 대해서는 전혀 아는 게 없었다. 그저 생각을 시작해야 했을 뿐이었다.

다르게 생각하라: 상징적 캠페인의 탄생

클로우와 잡스는 시대를 통틀어 가장 끈끈한 '의뢰인-광고대행사' 관계의 대명사였다. 두 사람의 협력은 세상에서 가장 유명하고 가장 존경받는 광고를 탄생시켰다. 협력하는 과정에서도 상호 존중했고, 그래야 하는 이유도 충분했다.

1984년에 매킨토시를 출시할 때 샤이엇의 업적은 컴퓨터 역사에 남을 만하다. 애플이 획기적인 기술로 세상의 주목을 끌었다면, 샤이엇의 광고는 애플이 '서부의 창조집단' 이미지를 갖도록 만들었다.

잡스가 원하는 브랜드 캠페인을 시작하는 데 필요한 요소들이 확실하게 갖춰졌다. 이제 잡스는 자신의 열정을 공유할 수 있는 훌륭한 광고대행사, 클로우의 지휘, 이 일에 애정을 가진 활기 넘치는 실무팀 등 필요한 전부를 얻었다.

브랜드 캠페인이 의뢰인의 새로운 개성을 창조할 기회라고 여기는 광고대행사들도 있지만, 애플을 위한 우리의 임무는 이미 존재하는 애플의 정신을 새롭게 조명하는 것뿐이었다. 광고는 진실해야 한다. 이 작업으로 애플을 제대로 규명한다면 우리의 '목적'도 명확히 달성할 수 있을 것으로 예상했다. 그러기 위해서는 요점을 직접적으로 드러내는 동시에 단순해야 했다.

잡스는 우리가 필요로 하는 모든 정보를 상세하게 설명했다. 애플은 항상 '변화했'지만, 애플을 이끄는 정신은 절대 바뀌지 않았다. 1984년에 매킨토시를 창조했던 그 정신과 가치관은 1998년 이후에도 줄곧 놀라운 제품들을 탄생시켰다. 애플은 모두를 위한 회사가 아니었다. 애플은 창의적 사고의 중요성을 아는 사람들을 위한 회사였다.

샤이엇 팀이 아이디어를 모색하는 동안 2개의 단어가 팀원들의 머릿속에 각인되었다. '다르게 생각하라!' 회의실 안의 모든 카피라이터들이 이 문구를 만드는 데 일조했다고 할지 모르지만, 사실 이것은 아트 디렉터였던 크레이그 타니모토의 작품이었다. 타니모토는 이 두 단어 속에 애플의 본질을 담았다. 이 문장은 애플 고객들의 가슴에 다가갔고, 직원들에게는 일종의 슬로건 역할을 했다.

위대한 기업은 변치 않는 가치관의 바탕 위에서 만들어진다는 말을 믿는다면, 어느 시점에는 회사에 꼭 어울리는 단 하나의 문구를 붙일 수 있을지도 모른다. '다르게 생각하라' 문구에서 내가 가장 마음에 들었던 부분도 이것이다. 잡스와 워즈니악이 차고에서 생활하며 첫 컴퓨터를 만들었던 시절을 떠올리면, 현재의 애플을 어떻게 경영해야 할지도 어렵지 않게 상상할 수 있다.

여기에 아인슈타인처럼 생각으로 세상을 바꾼 사람들의 이미지를 더하면서 이 문구의 파괴력은 훨씬 커졌다. 이 조합만으로도 아인슈타인의 삶을 묘사하고 찬양하는 의미가 모두 담겼다. 단어와 이미지의 조합은 애플 브랜드를 다시 선보이기 위한 매우 효과적인 방법이었다.

누군가를 이야기할 때 그 사람이 존경하는 다른 누군가를 활용하는 것도 좋은 방법이다. 그것이 우리 캠페인의 철학이었다. 애플은 자신들에게 영감을 준 사람들의 삶을 찬양함으로써 애플이 어떤 회사인지, 그것도 '다르게 생각하라'는 단 두 마디로 세상에 정확히 알리려 했다. 대규모 광고는 우리 관심 밖이었다. 대신에 우리는 애플의 영웅들에게 경의를 표하는 포스터를 면밀하게 제작하려고 했다.

그러기 위해서는 과학과 비즈니스, 스포츠, 예술 등 다양한 영역에서 전통적 사고를 뛰어넘은 상징적 인물들을 찾아야 했다. 이렇게 해서 아인슈타인과 짐 헨슨, 앨프리드 히치콕과 달라이 라마, 밥 딜런과 마틴 루서 킹 주니어 등이 선정되었다.

'다르게 생각하라' 광고는 단 하나의 상징적 이미지가 가장 강력한 커뮤니케이션 양식이 될 수 있음을 분명하게 상기시켜주었다. 광고를 제작할 때, 모든 포스터에는 애플 '영웅'들의 흑백 초상을 가장자리까지 가득 채우고 애플 로고와 'Think Different' 문구는 구석으로 감각 있게 배치했다. 텔레비전 광고에서는 그 인물들의 정신을 가장 잘 묘사하는 장면들을 흑백영화처럼 구성했다. 그리고 리처드 드레이퍼스(Richard Dreyfuss, 미국 영화배우로 〈미지와의 조우〉 〈포세이돈〉 〈홀랜드 오퍼스〉 등에 출연했다—옮긴이)가 남들과 다른 시각을 대담하게 고집해온 '미치광이들'을 칭송하는 대본을 읽어내려갔다.

'다르게 생각하라' 캠페인을 이보다 단순하게 제작하기도 어려웠을 것이다. 잡지, 포스터, 광고 게시판 등 이 흑백 사진들이 어디에 등장하든 순식간에 보는 이들에게 각인되었다.

최종 의사결정권자라면 프로세스에 관심을 가지는 것이 매우 중요하다는 말을 앞에서 했다. '다르게 생각하라' 광고에서는 최고경영자의 참여가 어떤 의미인지 잡스 자신이 모범을 보여주었다.

잡스가 오전 9시에 열릴 글로벌마케팅팀과의 회의에서 광고를 공개하기 전날 밤, 우리는 그때까지도 로스앤젤레스에서 마지막 편집에 애를 쓰고 있었다. 그때 잡스는 우리가 작업을 마친 새벽 3시까지, 북쪽으로 몇 백 킬로미터 떨어진 자택에서 우리가 그동안 만들었던 버전들을 재검토하고 있었다. 포니 익스프레스(Pony Express, 서부 개척시대의 속달우편 제도—옮긴이)로 물건을 부치던 시절이었다면 최종 결과물을 잡스의 프레젠테이션에 보내는 것조차 불가능한 시간이었다. 게다가 ABC-TV와 약속한 시간도 코앞에 닥쳤다. ABC-TV는 며칠 뒤 〈디즈니의 놀라운 세상〉에 〈토이 스토리〉를 첫 방영할 예정이었고, 그때 우리 광고를 내보내기로 했다.

잡스가 늦은 시간까지 깨어 있어야 했던 한 가지 이유는, 마지막까지 선택을 놓고 치열하게 논쟁했던 목소리 배우 때문이었다. 그때까지 우리는 LA 스튜디오에서 리처드 드레이퍼스와 피터 갤러거, 샐리 켈러먼 같은 배우들, (그리고 농담이 아니라) 코미디언 필리스 딜러까지 포함해 여러 배우의 목소리를 실제로 녹음했다. 하지만 우리는 바로 며칠 전에 애플 대강당에서 녹음한 목소리를 강력히 추천했다. 바로 잡스 자신이었다. 그러나 난상토론 끝에 우리가 선택한 사람은 리처드 드레이퍼스였다. 그는 '미치광이들' 광고뿐 아니라 그후 이어진 몇 개의 맥 광고에서 목소리 배우로 활약했다.

그날 밤은 그렇게 지나갔다. 이튿날 아침, 눈에 띄게 초췌한 모습으로 잡스가 회의실에 나타났다. 다행히도, 피곤한 모습의 그는 멀쩡한 정신의 다른 어떤 최고경영자들보다도 매력적이었다. 그의 캠페인 소개가 끝났을 때, 회의에 참석한 많은 이들은 브랜드 파워를 주제로 한 더없이 완벽한 프레젠테이션이라고 생각했다. 마케팅이란 많은 의견과 이론이 접목되는 애매하고 복잡한 과정일 수 있지만 잡스는 그 모두를 단순하게 표현했다. 언젠가 그는 청중을 향해 이렇게 말했다.

> 내게 마케팅은 가치관과 직결됩니다. 마케팅은 매우 복잡하고 시끄러운 세계여서, 사람들이 우리를 기억하게 할 기회를 얻지 못할 수도 있습니다. 어떤 회사도요. 그렇기 때문에 우리의 어떤 것을 사람들에게 알릴지 아주 분명히 해야 합니다.

다행히 애플은 지금 전 세계에서 대여섯에 불과한 최고 브랜드 중 하나입니다. 나이키, 디즈니, 코카콜라, 소니와 함께 최고로 꼽히지요. 최고 중의 최고 중 하나입니다. 미국뿐만 아니라 전 세계를 통틀어서 말입니다. 하지만 아무리 훌륭한 브랜드라도 그 타당성과 생명력을 유지하기 위해서는 투자와 관심이 필요합니다. 애플 브랜드는 지난 몇 년 동안 이 부분을 무시한 바람에 아픔을 겪었지요.

이제 우리는 되돌려야 합니다. 속도와 공급을 논한다고 가능한 일이 아닙니다. MIPS(초당 백만 회의 연산처리 속도—옮긴이)와 메가헤르츠를 논한다고 해서, 우리가 윈도보다 나은 이유를 논한다고 해서 되는 일이 아닙니다. 낙농업계는 우유가 건강에 유익하다고 20년 동안 끈질기게 사람들을 설득해왔습니다. 그건 거짓말입니다. 그런데도 어쨌든 그들은 애를 쓰지요. (청중의 웃음) 시간이 흐르면서 매출이 이렇게 (하락하게) 되자, 그들이 '우유 있어요?Got Milk?' 광고를 시도하면서 매출이 다시 이렇게 (상승하게) 되었지요. '우유 있어요?' 광고에서는 가격에 대한 언급조차 없습니다. 사실 그 광고는 가격을 드러내지 않는 데 초점을 맞췄지요.

하지만 그 어느 것보다 훌륭한 사례이자 지금까지 봐온 이 세상에서 가장 뛰어난 마케팅 사례는 나이키입니다. 기억하시듯이, 나이키는 일상 용품을 팝니다. 신발 말입니다. 그런데 나이키를 떠올리면 그냥 신발 회사라기엔 무언가 다른 느낌을 받지요. 누구나 알듯 광고를 보더라도 가격에 대한 언급은 전혀 없습니다. 에어 솔(air sole, 공기가 찬 밑창—옮긴이)에 대해 이야기할 때도 그들의 에어 솔이 왜

리복보다 나은지 아무런 언급이 없습니다. 그럼 나이키는 광고에서 뭘 하는 걸까요? 위대한 운동선수들에게 경의를 표합니다. 그러고 나서 또다시 그들에게 경의를 표합니다. 그게 나이키고, 그게 그들이 하는 일입니다.

애플은 광고에 정말 많은 돈을 씁니다. 여러분이 상상도 못할 정도로. 그래서 내가 여기로 돌아왔을 때, 애플은 기존 광고대행사와의 거래를 끊고, 모두 알다시피 23개의 광고대행사 중에서 1곳을 선택하기 위해 장장 4년에 걸쳐 경쟁을 촉발시켰습니다. 그렇지만 나는 그 모두를 정리하고 샤이엇데이를 고용했습니다. 오래전에 나와 함께 일했던 샤이엇데이는 1984년에 광고 전문가들로부터 사상 최고의 광고로 선정된 작품을 포함해 여러 편의 수상작을 낸 회사입니다.

이 회사와 다시 일을 시작하면서 우리가 가진 의문은 이랬습니다. 우리 고객들은 "애플이 어떤 회사이고, 무엇을 대표하는 회사인가? 이 세상에서 애플이 설 자리는 어디인가?"를 알고 싶어한다는 것이지요. 그리고 우리는 사람들의 일을 돕는 상자를 만드는 회사만은 아닙니다. 물론 그 일도 잘하지만요. 어떤 면에서 보면 우리가 어느 누구보다 뛰어납니다. 하지만 애플은 그 이상의 존재입니다. 애플의 중심, 애플의 핵심가치는, 열정을 가진 사람들이 세상을 변화시키고 더 나은 곳으로 만든다는 믿음입니다. 우리는 그것을 믿습니다. 그리고 세상을 바꿀 수 있다고 생각하는 '미친' 사람들이 실제로 그 일을 해냅니다.

그래서 앞으로 몇 년간 계속할 우리의 첫 브랜드 마케팅 캠페인에서 우리가 하려는 일은 바로 그 핵심가치를 되돌리는 것입니다. 그동안 많은 것이 변했습니다. 시장도 10년 전과는 전혀 다른 곳으로 바뀌었고요. 게다가 애플도 완전히 달라졌고, 시장 속에서 애플의 위치도 많이 달라졌습니다. 하지만 가치, 즉 핵심가치는 달라져서는 안 됩니다. 핵심가치 속에서 애플이 신뢰하는 것들은 오늘날 애플이 실제로 표방하고자 하는 것입니다.

따라서 우리는 이 사실을 사람들에게 알릴 방법을 찾고 싶었습니다. 우리가 가진 것들은 늘 나를 감동시킵니다. 이 세상을 바꾸어온 사람들에게도 경의를 표합니다. 그들 중에는 산 사람도 있고 그렇지 않은 사람도 있습니다. 하지만 그렇지 않은 사람들이, 만일 컴퓨터란 것을 한 번이라도 사용하게 된다면 그건 아마도 애플의 컴퓨터일 것입니다. 이 캠페인의 주제는 '다르게 생각하라'입니다. 남다른 생각을 가지고 이 세상을 진일보하게 만든 사람들에 대한 존경을 담고 있습니다. 그것이 우리의 모습이며, 이 회사의 정신을 의미합니다…… 부디, 여러분도 애플에 대해 나와 같은 느낌을 받기 바랍니다.

큰 그림 바라보기

사멸의 위기에 처한 회사는 생명을 유지하기 위해서라면 무엇이든 시도한다. 그렇지만 마케팅 비용을 늘리는 경우는 아주 드물다. 무엇보다 회사가 도산으로 내몰리는 이유는 자금이 부족하기 때문이다. 보통 마케팅 계획만으로는 투자 수익을 보장받기 힘들기 때문에 추진하는 데 그만큼 강한 신념이 필요하다. 하지만 위기 속에서 경영진에게 그 신념을 납득시키기는 매우 어렵다.

따라서 회사의 남은 자산을 새 브랜드 캠페인처럼 눈에 보이지 않는 것에 쏟아붓기 위해서는 상당한 용기가 필요하다. 잡스는 그것을 해냈다. 어떻게 생각하면 그는 애플이 처한 어려움 때문에 오히려 자유로웠던 측면도 있었다. 그는 지금과 같은 시기에 애플이 방공호 속에 숨어서는 안 된다고, 지금이야말로 곤경을 극복하고 애플의 기반을 탄탄히 다질 마지막 기회라고 단언했다. 애플이 스스로에게 투자해야 할 때였다. 잡스는 그렇게 했다.

마케팅팀 앞에서 '다르게 생각하라' 광고에 대해 프레젠테이션을 할 때 그는 말했다. "애플은 광고에 재산을 탕진합니다. 여러분은 잘 모르겠지만요." 이 말은 그동안 애플이 광고에 투자한 예산이 낭비되는 일이 많았다는 뜻이다. 복잡함이 걸림돌이 된 탓이다. 애플은 많은 예산을 투입해 여러 제품을 광고한 탓에 하나를 큰 소리로 부르짖는 것이 아닌 백 가지를 나직이 속삭이는 것에 불과했다.

이듬해에 나는 가차없는 단순함이 어떤 것인지 경험했다. 잡스는 앞으로 여러 제품을 광고하지 않을 것이며 분기별 목표는 하나뿐일 거라고 힘주어 말했다. 그 목표는 애플닷컴 홈페이지에서도 조명될 것이며, 거의 모든 광고의 주제가 될 것이라고 했다. 결과는 인상적이었다. 중요한 몇 가지만 강조함으로써 애플은 훨씬 더 많은 마케팅 예산을 자랑하는 IBM 같은 회사들보다도 높은 홍보 효과를 얻었다.

'다르게 생각하라' 캠페인 예산은 잡스가 다시 애플을 지휘하면서 처음 단행한 대규모 마케팅 지출이었다. 샤이엇의 미디어 책임자 모니카 카로는 캠페인 이미지처럼 단순하면서도 인상적인 미디어 구상안을 기획해 잡스의 인정을 받았다. 돈이 적게 드는 일은 아니었지만 잡스는 그 방향이 옳다고 판단했다. 사람들의 시선을 붙잡는 상징적 이미지들의 위력을 잘 알고 있었기 때문이다.

모니카 카로는 '다르게 생각하라' 광고는 가장 많은 사람들이 볼 수 있는 곳에만 놓일 것이며 메시지가 폄하될 만한 곳에 등장하는 일은 절대 없을 것이라고 장담했다. '다르게 생각하라' 영웅들의 초상이 잡지 안쪽 페이지를 장식한 일도 없었다. 그 초상들은 단독으로 빛을 발할 수 있는 뒤표지에 등장했다. 덕분에 가정 혹은 회사의 탁자 위에서 자주 눈에 띄었다. 게다가 광고가 세상으로 나오면서 그 존재 가치는 훨씬 커졌다. 특히 광고 게시판의 역할이 컸다. 처음에는 주요 게시판에만 주로 광고를 했다. 그러다가 공항 주변과 대도시 진입로 주변 등 눈에 잘 띄는 미국 전역의 광고 게시판으로 지역을 넓혔다. 도시 내부에서는 후면 조명이 설치된 버스 정류장 광고판 덕분에 밤에도 눈에 띄었다. 무엇보다 인상적인 것은 '다르게 생각하라' 이미지가 대형 건물 외벽에도 등장했다는 점이다. 뉴욕 시에서는 존 레넌과 오노 요코의 유명한 침상 사진이 행인들의 눈길을 끌었다. 그 사진에는 존 레넌과 오노 요코, '다르게 생각하라'는 간단한 문구만이 있을 뿐이었다.

잡스는 이 모든 광고를 흔쾌히 승인했고, 물론 사전 테스트 같은 것은 하지 않았다. 이 광고들이 잠재 고객들에게 반향을 일으키리란 것을 그는 마음으로 느끼고 있었다. 애플의 재건이 급선무였던 잡스는 돌다리를 두드려보고 건널 여유가 없었다. 그렇기 때문에 애플이 세상에 알릴 메시지를 포커스그룹이 좌지우지하지 못하게 했다.

단순함의 편파적 이점

회사의 사정이 좋을 때도 많은 회사들이 순수 브랜드 캠페인을 경계하는 한 가지 이유가 있다. 이 캠페인이 주로 단기보다는 장기로 진행되기 때문이다. 특히 경제적으로 힘든 때일수록 대부분의 기업 리더들은 빨리 이익을 올릴 방법에 연연한다.

의뢰인에게 브랜드 캠페인의 이점을 납득시키는 것은 열아홉 살짜리에게 퇴직 계좌의 이점을 납득시키는 것과 비슷하다. 그만큼 그 성과가 먼 미래에 나타나기 때문이다. 이에 반해 회사는 당장 돈을 벌기 위해 일한다.

간혹 자신만만한 몇몇 광고대행사 관계자들이 장기와 단기 욕구를 동시에 충족시킬 역량이 있다며 의뢰인을 설득하는 경우도 있다. 확실한 브랜드를 구축하는 사이에 매출도 확실하게 견인할 수 있다는 주장이다. 실제로 그럴 재주가 있다면 정말 대단하겠지만, 그런 경우는 극히 드물다.

신념을 고수해온 애플은 광고의 진짜 성배聖杯를 손에 넣었다. 애플은 자신들의 브랜드를 정확하고 구체적으로 반영한 제품군을 구축했다. 덕분에 매일같이 많은 제품이 팔리고, 그 모든 매출은 애플의 브랜드 강화에 기여한다. 즉 고객들로 하여금 애플이 디자인과 첨단 기술, 그리고 단순함을 중시하는 회사라는 사실을 납득할 수 있게 더 많은 근거를 제공하는 것이다.

다시 처음으로 돌아가, 잡스가 광고대행팀 앞에서 프레젠테이션을 할 때 우리는 이 브랜드 캠페인이 변혁의 시작이라고 인식했다. '다르게 생각하라'의 증거가 곧 혁신적인 제품들로 구체화될 것이며, 새로운 가정용 컴퓨터가 그 선봉에 설 것을 알았던 것이다.

그때만 해도 아이맥이 어떤 모습으로 등장할지 우리는 알지 못했다. 그저 아이맥이 특별하리라는 믿음으로 일했을 뿐이다. 가끔은 모든 것이 완벽할 때도 있었다. 우리는 애플과 첫 6개월 동안 '다르게 생각하라'는 문구를 내세운 브랜딩에 주력했다. 그리고 잡스의 지휘 아래 첫 신형 컴퓨터가 출시되면서 우리가 내세워야 할 주제가 더없이 선명하게 드러났다.

애플의 부활을 상징하는 아이맥, 그 출시 효과는 매우 고무적이었다. 아이맥은 시각적으로도 기존의 모든 컴퓨터와 확연히 차별화되었다. 상자 모양의 베이지색 컴퓨터가 주류를 이루던 세상에서 아이맥은 반투명의 '본다이 블루(Bondi blue, 시드니 본다이 해안의 바닷빛을 묘사하는 색상—옮긴이)' 색상에 내부 회로망도 디자인의 일부로 제작했다. 솔직히 우리가 한 일이라고는 '다르게 생각하라'는 문구 아래에 아이맥 사진을 넣은 것이 전부였고, 그것만으로도 모든 이야기가 충분히 전달될 터였다. 최근의 전자산업 역사에서 '다르게 생각하라' 광고와 아이맥의 관계처럼, 제품을 출시하기 위해 효과적이고 합리적으로 브랜드를 구축한 사례는 없었다고 나는 확신한다.

'다르게 생각하라' 광고와 마찬가지로 아이맥 광고에서도 하나의 단순한 이미지를 강조했다. 다른 컴퓨터와는 차원이 다른 아이맥의 외관에는 보는 이들의 시선을 붙잡을 요소들이 모두 포함되었다. 아이맥은 그 자체가 하나의 '다르게 생각하라'의 표상이 되어 상징적 이미지 효과를 극대화하는 역할을 했다. 우리는 이 제품 광고에 약간의 설명 문구만 곁들였고 그마저도 최소로 했다.

물론 아이맥은 시작일 뿐이었다. 애플의 차별화된 사고방식을 바탕으로 새 제품들이 잇달아 출시되었다. 아이맥을 선보인 지 1년 후 출시된, 오늘날 보면 조금 우스꽝스러울 수도 있는 아이북iBook은 아이맥의 마법을 노트북 부문으로 확장시킨 제품이었다. 아이북은 주류 컴퓨터 제품으로는 처음으로 와이파이 기능을 내장했다. 광고에는 인터넷에(한 가닥의 선도 없이!) 접속하는 잡스의 모습이 그려졌다. 많은 사람들에게 이것은 전구를 처음 보는 것과 같은 충격이었다. 아이북의 뒤를 이어 타워형 맥 프로Mac Pro와, 디자인이 특히 아름다웠던 검은색 파워 북Power Book이 속속 등장했다.

'다르게 생각하라'는 회사의 철학을 묘사하는 문구에서 신제품이 공개될 때마다 그 제품을 완벽하게 설명하는 문구로 빠르게 진화했다. 애플의 모든 제품은 상당히 의미 있는 방식으로 새 지평을 개척했고, 모든 광고는 가장 인상적인 하나의 장면에 초점을 맞췄다. 사진도 매우 중요했지만, 그 인상적인 이미지는 애플 특유의 창의적인 표제와 함께 더욱 빛났다. 이 모두는 전통적인 측면에서 보면 제품 광고에 지나지 않았다. 그러나 애플이 사람들에게 보여주기로 선택한 브랜드 이미지를 감안하면, 그것은 제품 광고인 동시에 브랜드 광고였다.

애플이 출시한 제품들이 많아지면서 우리는 '다르게 생각하라' 영웅들의 광고를 중단했다. 더이상 애플은 제품 광고에 이어 브랜드 광고까지 제작하느라 마케팅 예산을 쪼갤 필요가 없었다. 오직 하나의 캠페인만이 있을 뿐이었다. 더불어 판매된 애플의 모든 제품이 브랜드 이미지를 강화하는 데 기여했다.

단순함의 위력을 증폭시킨 애플의 모든 시도 중에서도 나는 이 사례가 그 모든 것을 입증하는 가장 놀랍고도 모범적인 사례라고 믿는다. 애플은 자사의 정신을 완벽하게 묘사하는 상징적 이미지와 두 단어로 브랜드를 구축했다. 초기 투자 이후 다시 브랜드 광고에 투자할 일은 없었다. 애플의 모든 제품이 브랜드를 다시금 발현시키는 역할을 해준 덕분이다.

원 버튼: 단순함의 공식적인 상징

인간이 창조한 숫자 중에서 1이 가장 간단하다는 데 토를 달 사람은 없다. 아주 간단해서 어린아이도 이해할 수 있다. 그렇지만 1에서 멀어질수록 차츰 복잡해진다.

잡스가 최종 버전에 이르기까지 많은 모델들을 모두 거부하고서 버튼이 하나뿐인 아이폰을 고집한 이유도 그 때문이다. 아이폰이 단순하다는 사실은 굳이 써보지 않더라도 알 수 있다. 아이폰의 시각적 단서, 즉 하나의 버튼은 그 자체로 아이폰의 전부를 뜻한다. 어떤 이들은 이 하나의 버튼이 애플의 단순함을 향한 애착의 상징라고도 말한다.

돌이켜보면 아이폰이 등장하기 이전의 모든 휴대전화는, 특히 스마트폰은, 버튼으로 가득했다. 계속 사용하다보면 언젠가는 어느 자리의 어떤 버튼이 어떤 기능을 하는지 알게 되지만, 그러기까지는 적지 않은 노력이 필요했다.

그러나 단순한 제품에는 많은 노력이 들지 않는다. 애플은 아이폰을 내세워 기존의 멀티 버튼 개념을 공격했다. 그것은 전적으로 사람들의 심리를 겨냥한 것이었다. 많은 버튼이 달린 휴대전화 시대가 막바지에 다다랐을 때, 아이폰은 단순함을 외쳤다. 아이폰을 손에 쥐고 엄지손가락으로 그 유일한 버튼을 누르는 모습은 매력적이었다. 게다가 아이폰 속으로 얼마나 깊이 들어가든 같은 버튼을 한 번만 누르면 초기화면으로 안전하게 돌아올 수 있다는 점이 무척이나 편했다.

사용자들이 아이폰에서 가장 자주 사용하는 기능은 인터넷과 전화, 아이팟 세 가지였다. 세 가지면 아주 적은 수다. 그렇다면 아이폰을 디자인할 때 하나가 아니라 아예 3개의 버튼을 달지 않은 이유는 무엇일까? 그랬다면 주요 기능에 더 빠르게 접속할 수 있으면서도 다른 스마트폰들보다 기능이 향상되었다는 소리를 듣지 않았을까?

이에 대해 내가 말할 수 있는 이유는 하나뿐이다. 셋은 하나보다 많기 때문이다. 세 버튼을 장착했더라면 아마도 거의 완벽한 아이폰이 만들어졌을 것이다. 그러나 잡스는 이 '거의almost'라는 단어와의 절충을 거부했다. 타협을 거부해야 자신이 추구하는 단순함의 순수성을 지킬 수 있기 때문이었다. 그리고 그 결과, 즉 스마트폰 부문의 혁신을 이뤄냄으로써 잡스의 철학이 옳았음을 온 세상에 증명했다.

애플은 제품을 디자인할 때, 제품을 통해 소비자들에게 전달될 메시지를 무의식적인 것까지 아주 신중하게 조율한다. 제품이 어떻게 보이고 어떻게 느껴지며 '소비자들'에게 어떤 인상을 주는지 등 디자인의 모든 측면을 고려한다. 물론 여기에는 소비자가 제품을 만지기도 전에 마음을 사로잡으려는 의도가 깔려 있다. 버튼을 하나로 한 것은 그런 면에서 아주 탁월한 선택이었다.

잡스가 이렇게까지 단호하게 단순함을 추구한 사례는 아이폰의 디자인이 처음은 아니다. 애플의 전前 제품 마케팅 책임자 마이크 에번젤리스트는 2000년에 애플 중역 회의실에서 가진 잡스와의 첫 회의를 기억한다.

당시에 에번젤리스트의 팀은 홈비디오를 DVD로 간단히 전환하는 방식을 연구중이었다(훗날 출시되는 아이라이프iLife 애플리케이션 중 하나인 아이디브이디iDVD의 출발점이었다). 그와 파트너는 사용자 친화적인 인터페이스를 고안하기 위해 노력했고, 그동안의 성과를 잡스에게 보여주기 위해 모든 샘플 화면과 발표 대본까지 준비한 상태였다. 하지만 에번젤리스트는 깜짝 놀랐다. 회의실로 들어온 잡스가 자신들이 가져온 결과물을 완전히 무시하더니 곧장 화이트보드 앞으로 향한 것이다.

"여기 새로운 애플리케이션이 있어요." 잡스가 말했다. "창은 하나뿐이에요. 비디오를 끌어다 이 창에 넣고, 버튼을 클릭해 '구워!'라고 명령하면 그만이에요. 그게 답니다. 이게 우리가 만들려는 거예요."

잡스의 설명을 듣던 에번젤리스트는 더이상 말을 잇지 못했다. 소프트웨어 업계에서 이런 디자인 방식을 목격한 경우는 처음이었다. 정말로 애플이 이 방식대로 간다면 모든 제품에 버튼이 하나만 있어도 될 듯했다. 지금은 음성인식시스템 시리Siri까지 등장한 마당이니 애플 제품에서 버튼이 아예 사라지는 것을 기대할 법도 하다. 1보다 더 단순한 수는 0밖에 없으니 말이다.

상징을 현실로

광고계의 많은 광고대행사와 의뢰인, 학생 들은 애플을 마케팅의 척도로 여긴다. 애플이 고객들에게 이야기할 기회가 있을 때마다 단순함의 원칙을 완고하게 강조하기 때문이다.

애플은 대다수의 제품 광고에서 기기를 간략히 묘사한다. 아이폰을 쥔 손이 등장해 이 앱에서 저 앱으로 옮겨다니는 게 전부다. 아이패드 광고 역시 이와 비슷하다.

애플에는 나름대로 공식이 있지만 제품의 단순 묘사를 항상 고집하는 것은 아니다. 애플 역사상 성공적이었던 성과 중 하나를 꼽으라면, 제품 또는 제품군을 상징하는 이미지를 창조했다는 것이다. 이 이미지는 기술을 대하는 고객들의 생각을 바꾸고, 기억에서 쉽게 지워지지 않을 특별한 인상을 심어준다.

아이팟 광고는 제품을 전혀 보여주지 않고 상징적 이미지를 통해 광고 효과의 극대화를 노린 매우 흥미로운 사례다. 하지만 애플의 장점들을 아이팟 광고에 모두 담으려다보니 기대만큼의 효과를 거두지 못했다.

첫번째 아이팟 광고에는 집에서 아이맥으로 음악을 듣는 젊은이가 등장한다. 그는 아이맥에 아이팟을 연결하더니 음악을 옮기고 귀에 이어폰을 꽂고는 음악에 맞춰 몸을 흔들며 집을 나선다. 보기에도 약간 불편했던 이 광고에 대해 인터넷에서는 '멍청이iClod' 광고 같다는 비아냥거림도 떠돌았다. 이 광고의 한 가지 문제는 제품 자체보다 몇 가지 인위적인 즐거움을 층층이 표현하려 했다는 점이다. 꼭 최고의 광고가 될 필요는 없겠지만, 이 광고가 선사하려던 즐거움이 보는 입장에서는 그리 즐겁지 않았다. 멋지게 보이려던 젊은이의 행동이 딱하게 느껴질 정도였다.

또하나의 문제는 이 광고의 '실제 인물'이었다. 과거에 잡스는 광고에 사람이 출현하는 것을 꺼릴 때가 많았다. '멍청이' 광고에서도 확인했듯이 누군가에게 멋있게 보이는 배우가 다른 사람에게는 그렇지 않을 수도 있기 때문이다. 모든 사람들을 사로잡을 단 한 사람을 찾기란 지극히도 어려운 일이다.

지금이야말로 잠시 호흡을 가다듬고 우리가 앞서 이야기한 것을 되짚어보기에 적절한 순간이다. 인텔 같은 대기업들이 모든 광고를 테스트하는 데 반해 애플은 어떤 광고도 테스트하지 않는다는 사실을 말이다. 만약 애플이 이 광고를 미리 시험했더라면, 원래의 의도대로 메시지를 전달하기 힘들 거라는 사실을 알아냈을지도 모른다. 그랬다면 이 광고를 취소하고 다른 무언가로 대체했을 것이다. 아마도. 그러나 애플이 그동안 선보인 수많은 광고들을 모두 시험한다고 했을 때 들었을 엄청난 시간과 수백만 달러의 비용을 생각해보면, 애플의 방식이 얼마나 정확했는지 더욱 분명해진다. 애플은 샤이엇에게 높은 목표를 요구했다. 하지만 샤이엇이 별 볼 일 없는 광고를 만들더라도 세상이 끝나지는 않는다. 사람들이 가지고 있는 애플 제품을 길바닥에 팽개치는 일도 없을 것이다. 그 광고가 예전 작품들과 비교해 뛰어나지 않더라도, 인생은 여전히 흘러가고 애플은 그저 다음에 더 잘하기 위해 노력할 것이다. 아이팟 광고도 다음에는 더욱 발전할 것이었다.

첫 아이팟 광고 이후로 한동안 방영된 캠페인에서는 두 가지 문제를 모두 극복했다. 보는 이들을 끌어들이는 갈고리도 있었고, 특정 인물의 멋진 행동을 부각시켜 깊은 인상을 주려고 애쓰지도 않았다.

대신에 이 캠페인에는 애플이 가장 잘하는 것이 담겼다. '애플'과 '아이팟'을 즉각적으로 연상시키는 상징적 이미지를 창조한 것이다. 동시에 과거의 낡은 규칙과 실익이 전혀 없었던 몇몇 관행들을 타파했다. 샤이엇의 아트 디렉터 수전 앨린샌건은 아이팟 '실루엣' 광고를 디자인했다. 그녀는 이 광고로 경력의 절정에 이르렀고 어떤 상이든 받을 자격이 충분했다. 실패한 옛 광고처럼 이번에도 춤추는 사람들이 등장했다. 하지만 밝은 빛깔의 배경과 함께 춤추는 사람들을 이차원적 실루엣으로 독특하게 묘사했다. 제품 이미지는 전혀 보이지 않았고, 대신에 아이팟과 그 상징적인 하얀 이어폰을 하얀 실루엣으로 처리했다.

이 작품이 아이팟의 공식 광고가 되어 텔레비전 광고뿐 아니라 애플이 특히 좋아하는 옥외광고에도 등장했다. 광고 게시판과 버스 정류장에도 몇 년 동안 아이팟 '실루엣' 광고가 게시되었고, 광고의 배경으로 깔린 강렬한 색상은 후면 조명까지 받아 더욱 화려해져 멀리서도 눈에 확 띌 정도였다. 이 광고의 상징적 장면은 마케팅 활동과 관련된 사람들, 즉 사실상 세상 모든 사람들의 눈을 사로잡았다.

아이팟의 세련된 디자인을 생각할 때, 애플이 제품을 광고에 직접 등장시키지 않은 것은 매우 파격적인 결정이었다. 기존의 애플 광고가 아무것도 하지 않는 '대신' 제품만 보여줬던 것과 비교하면 더더욱 그랬다. 애플의 광고는 소비자들에게 제품이 아닌 감성을 구입하도록 했다. 아이팟은 음악과 즐거움이 전부인 기기이므로, 모든 광고는 아이팟을 사랑하는 사람에 초점을 맞췄을 뿐 그 사람이 누구인지 굳이 밝힐 필요는 없었다. 지극히 인간적인 광고임에도 사람의 얼굴은 전혀 보이지 않았던 것이다.

단순함은 결국 승리한다. '성공적이다'라는 말은 겸손한 표현에 지나지 않는다. 아이팟은 누가 보더라도 애플 역사상 가장 훌륭한 성과를 낳은 사례 중 하나이며, 전자제품 역사에서도 다르지 않다. 아이팟은 간단한 음원(이후 영화, 게임, 팟캐스트, 라디오 방송 등으로 확장되었다)을 공급하는 아이튠스와 더불어, 출시 이후 10년 넘게 시장을 장악했고 지금도 70퍼센트 이상의 점유율을 유지하고 있다.

아이팟에 대항한 진정한 도전자는 지금껏 없었다. 마이크로소프트의 실패작 준Zune을 포함해 많은 경쟁자들이 오갔지만 그 어느 것도 아이팟의 막강한 시장점유율을 잠식하지는 못했다. 아이팟의 기능이 아이폰과 아이패드에 장착된 이후부터 비로소 아이팟의 매출도 서서히 하락세를 그렸을 뿐이다. 아이팟은 애플이 창조한 여러 하위 브랜드 중 가장 막강하며 가장 상징적인 이미지를 지닌 브랜드 중 하나다.

한편 아이팟 캠페인은 잡스가 어떤 사람인지 보여주는 사례이기도 하다. 그도 간혹 실수할 때가 있었다. 알다시피 잡스는 광고에 관한 한 엄격한 재판관이었다. 광고를 검토한 뒤에 그가 자주 하던 말이 있다. "더 잘할 수 있어요!" 일을 시작하자마자 잡스의 적극적인 동의와 함께 작업을 금방 끝낼 수도 있고, 지도를 받아가며 계속 그 길을 걸어야 마칠 수도 있다. 이 모두는 위대함을 추구하는 과정이다.

샤이엇이 '실루엣' 광고를 처음 잡스에게 제안했을 때 그의 반응은 썩 신통치 않았다. 그 이유는 어렵잖게 짐작할 수 있었다. 그가 과거에 승인했던 광고들, 즉 하얀 바탕에 제품 이미지와 인상적인 문구만을 넣었던 광고들과는 확연히 다른 분위기 때문이었다. 이런 관점에서 볼 때 아이팟 광고는 '저급했다'. 시선을 사로잡는 제품 이미지가 전혀 없었다. 하얀 여백도 적은 게 아니라 아예 없었다(실루엣 자체를 여백으로 간주하지 않는다면 말이다).

"그건 애플이 아니에요." 잡스는 단호하게 말했다.

이런 상황에서 할 수 있는 것은 입장을 굽히지 않고 논쟁을 계속하며 이 캠페인 아이디어가 잡스의 마음에 들기를 바라는 것뿐이었다. 샤이엇의 앨린샌건과 동료들에게는 다행스럽게도 잡스는 결국 마음을 돌렸다.

그로부터 한두 해 뒤 샌프란시스코에서 열린 맥월드Macworld 전시회가 기억난다. 잡스가 애플의 새 아이팟 광고는 두 가지라며 청중을 향해 말하던 그 자리에 나도 있었다. "보고 싶으세요?" 그가 묻자 청중은 환호했다. 광고 상영을 전후해 박수갈채를 받던 그의 얼굴을 나는 똑똑히 보았다. 그 어느 때보다도 행복하고 만족스러운 표정이었다. 그 광고를 진심으로 자랑스럽게 여겼던 것이다.

적enemy을 상징화하다

광고의 본질은 우리 제품이 다른 것보다 더 우수하다는 것을 알리는 데 있다. 그리고 애플이 컴퓨터 시장에서 그랬듯이, 경쟁에서 뒤처진 회사가 우수한 제품을 알리는 가장 효과적인 방법은 선두 업체의 제품과 직접 비교하는 것이다.

당신 회사의 '적'을 어떻게 묘사하느냐에 따라, 대중이 당신 회사를 인식하는 방식에도 큰 영향을 미친다. 정직하고 온화한 회사로 보일 수도 있고, 자칫 경솔했다가는 거만하거나 비열한 인상을 줄 수도 있다.

역사를 돌이켜보면, 애플은 마이크로소프트의 아성에 도전하려 여러 번 시도했지만 그다지 큰 성과를 거두지 못했다. 이 과정에서 수많은 유능한 크리에이티브 인력들이 갖은 노력을 했다. 오래전에는 잡지와 신문에 스프레드 광고(spread ad, 매체의 좌우 두 면을 모두 사용하는 광고—옮긴이) 시리즈를 실은 적이 있다. 왼쪽 지면에는 '어려운 길'을, 오른쪽에는 '쉬운 길'이라고 표기했다. 누구나 예상하듯이 쉬운 길은 물론 맥이었다. 논리적으로 생각하면 아주 그럴듯한 광고였다. 하지만 감성적으로는 광고를 보는 이들과의 교감에 실패했다. 독자들은 컴퓨터 2대와 한 무더기의 단어들을 보았을 뿐이다. 당시 애플은 시장에서 약자였기에 이 광고에 설득당한 사람들은 그리 많지 않았다.

하지만 몇 년 뒤, 애플은 광고에서 전달이 어떤 의미인지 입증한다. 샤이엇의 천재적 크리에이티브 인력들이 제작하고, 많은 이들이 애플 역사상 가장 인기 있고 성공적인 캠페인으로 평가하는 '맥 vs PC' 광고가 시작된다. 이 광고가 성공할 수 있었던 이유는 마이크로소프트를 구체적으로 표현하지 않았다는 데서 찾을 수 있다. 이 광고에서는 맥과 PC를 사람으로 등장시켰다. 각각이 가진 개성과 익살스러운 모습이 자연스럽게 차이점을 부각시키면서 보는 이들의 관심을 끌었다.

'어려운 길 vs 쉬운 길'과는 달리 '맥 vs PC' 광고는 엄청난 호응을 얻었다. 대화의 주된 화제가 되었을 뿐 아니라 유튜브에 패러디도 수없이 등장했다. 성공의 비결은 실제 컴퓨터가 아니라 양쪽의 주장을 대변하는 상징을 찾았다는 데 있었고, 이 광고에서 그 상징은 바로 사람이었다.

다시 1999년으로 돌아가, 애플은 더 큰 경쟁자와의 전투를 선택했다. 이때의 적수는 바로 컴퓨터 세상 전부였다. 그해는 Y2K 버그에 대한 두려움이 온통 뉴스를 장악했고, 그 우려 때문에 2000년 첫날을 앞두고 전 세계 컴퓨터 시장은 급속하게 위축되었다.

문제는 대다수 컴퓨터가 날짜를 두 자릿수로 표시하는 데서 비롯되었는데(예를 들면 '1999'를 '99'로 표기했다), 컴퓨터 회사들이 '99'가 '00'으로 바뀌는 상황에 제대로 대처하지 못한 것이다. 업계는 컴퓨터가 '00'을 '1900'으로, 아니면 '19100'으로 인식할 경우에 발생할 혼란을 우려했다. 이 문제를 해결하기 위해 얼마나 많은 돈이 투입되었는지 정확히 계산하기는 불가능하지만 어마어마한 액수였던 것은 분명하다. 세계 여러 기관의 추정치는 3천억 달러(미국 시장조사기관 IDC 기준)에서 6천억 달러(가트너 그룹 기준) 수준이었다.

잡스는 오히려 이 상황을 즐겼다. 맥 사용자들은 한 푼도 쓸 필요가 없었다. 맥은 사용자들이 29940년까지는 데이터와 관련된 어떠한 문제로도 고민할 필요가 없도록 설계되었기 때문이다. 그때까지는 혼자만의 길을 걸을 수 있었다.

『은하수를 여행하는 히치하이커를 위한 안내서』의 저자이자 애플의 팬이기도 한 더글러스 애덤스는 자조적이면서도 아름다운 글귀를 만들어 직접 잡스에게 보내 애플이 사용하기를 바란다고 했다. 그 내용은 이랬다.

우리는 모든 것을 바로잡을 수 없을지도 모른다.

하지만 적어도 우리는 알았다. 그 세기가 끝나가고 있음을.

우리는 애덤스의 글귀를 웹에서 사용했다. 그리고 텔레비전 광고를 통해 이 문제를 가장 잘 표현할 방법을 연구했다. 마침내 우리는 단순한 붉은 렌즈를 이용해 세상의 혼란을 생생하게 묘사하는 방법을 생각해냈다. 그리고 영화 〈2001 스페이스 오디세이〉에 등장하는 무시무시한 컴퓨터 핼HAL을 이용하기로 했다.

핼은 2001년에 존재했으므로 우리와는 달리 이미 Y2K 버그 문제를 극복한 컴퓨터였다. 스스로 견뎌낸 것이다. 핼은 컴퓨터 세계에 도사리고 있는 숨은 악을 찾아내는 어려운 과제를 수행하기에 최적의 이미지였다. 그래서 핼의 붉은 눈을 천천히 클로즈업하는 모습만으로 한 편의 광고를 만들었다.

핼을 사용하기까지는 약간의 수고가 필요했다. MGM과 스탠리 큐브릭 감독이 공동으로 판권을 소유하고 있었기 때문이다. MGM은 금방 동의했다. 하지만 그때 큐브릭 감독은 영화 〈아이즈 와이드 셧〉의 촬영을 끝내고 런던에서 마무리 작업을 하고 있었다. 그가 모습을 드러내기까지 기다릴 수밖에 없었다. 그런데 나중에야 등장한 그는 우리 광고의 팬이 되어 있었다(우리가 그에게 미리 보낸 영상에는 핼의 스틸컷만 있었음에도 불구하고. 덧붙여 나는 핼을 의인화하기 위해 굉장히 애를 썼다).

유일한 문제는 2001년과 2010년에 핼의 목소리 연기를 했던 영화배우 더글러스 레인이었다. 레인은 배우였다. 배우들은 원래 광고에 소극적이다. 큐브릭이 좋다고 해도 달라질 건 없었다. 그래서 75명의 오디션을 거쳐 핼의 음성을 모사할 톰 케인이라는 배우를 우연히 발굴했다. 그는 루카스 아츠의 컴퓨터 게임에서 C-3PO 역할과 〈스타워즈〉 텔레비전 애니메이션 시리즈에서 요다 역할을 맡았다. 그래서 우주 영화의 경험이 풍부했고, 약간의 캐나다 억양까지 갖고 있어 핼 역할로는 제격이었다(영화에서 핼의 목소리를 연기했던 더글러스 레인이 캐나다 출신이다—옮긴이).

핼 광고는 1999년 슈퍼볼이 시작된 직후에 처음 방영되었다. 단순함이 다시 한번 주목을 받았다. 맥주 광고들에 포위된 상황에서도 말이다.

Chapter 6

표현 방식을 생각하라 Think Phrasal

어설픈 제품명은 제품을 진열하기도 전에 곤경을 자초한다.
제품명은 제품이나 회사의 본질을 단어 한두 개로 포착해
가장 단순하고 명확하게 지어야 한다.

탁자 위에 놓인 이상한 더미가 사람들의 관심을 사로잡았다. 회색빛 포장지로 싸여 있어 도무지 내용물을 알 수 없었다. 회의가 시작되어 내용물이 공개되기 전까지는 기다릴 수밖에 없었다. 그런데 우리가 늘 해오던 제품 브리핑과는 전혀 분위기가 달랐다. 포장지에 싸인 물건은 앞으로 애플을 구할 가정용 컴퓨터였다.

그리 극적인 상황은 아니었지만 잡스 자신이 얼마나 공을 들여왔는지 누구나 알고 있었다. 우리가 '다르게 생각하라' 캠페인에 착수할 때부터 잡스가 적극적으로 밀겠다고 언급한 제품이었다. 그때 잡스는 이 제품이 출시되는 순간부터 가정용 컴퓨터에 대한 개념이 달라질 것이라고 했다. 그는 엔지니어들과 디자이너들에게 특별한 과제를 부여했고, 그 오랜 기간의 결과물이 드디어 눈앞에서 펼쳐지는 순간이었다.

외형과 기능 모두에서 다른 수많은 PC 제품들과의 차별화에 실패한 베이지색 상자(컴퓨터)로는 애플을 구원할 수 없었다. 잡스는 사람들의 눈을 번쩍 뜨이게 만들고 애플이 돌아왔음을 알릴 수 있는 첫 제품을 원했다.

1998년 봄, 우리는 이 신형 컴퓨터(암호명 C_1)를 처음으로 확인하기 위해 쿠퍼티노에 모였다. 암호명에서 'C'는 '소비자consumer'를 의미했다. 당시 애플은 이 암호명을 만드는 데 그다지 많은 창의적 역량을 동원하지는 않았다.

이 무렵 우리의 여정은 꽤 순탄한 느낌이었다. '다르게 생각하라' 캠페인을 제작해 전 세계의 텔레비전과 광고 게시판, 잡지 뒤표지 등에 전략적으로 배치했다. 하지만 이 활동은 브랜드 구축에 해당했고, 이제부터가 진짜였다. 우리의 브랜드 캠페인이 시답잖은 광고가 아니라는 사실을 입증할 실제 제품이 모습을 드러낸 것이다.

C_1으로부터 불과 한두 걸음 떨어진 곳에 앉은 우리는 이 모든 쇄신의 결과물을 걱정 반 기대 반의 심정으로 바라보고 있었다. 잡스가 정말로 이 컴퓨터에 회사의 운명을 걸었다면 분명히 놀라운 무언가가 튀어나올 터였다. 시간이 없던 애플로서는 이 한 번의 기회로 상황을 전환시켜야 했다.

샤이엇 대표단은 크리에이티브 디렉터들과 어카운트 매니저들을 포함해 대여섯 명 정도였다. 우리를 안내하기 위해 애플의 제품 담당자 두 명도 자리를 함께했다. 짧은 소개와 개회사가 끝나고 본론으로 접어들 시간이 되었다. 제품 담당자 한 명이 그 물건을 향해 다가가더니 포장지를 열어젖혔다. 그곳에는 우리가 아이맥이라고 알고 있는, 〈우주 가족 젯슨〉(The Jetsons, 1962년부터 방영된 미국의 인기 SF 애니메이션—옮긴이)에서나 볼 법한 컴퓨터가 놓여 있었다.

"세상에!" 모두의 입에서 미묘한 감탄사가 동시에 튀어나왔다. 눈앞에 보이는 물건을 어떻게든 이해하고 받아들이려 노력하는 모습들이었다. 그 물건이 우리가 흔히 생각하는 컴퓨터의 이미지를 완전히 박살내버린 탓이었다. 화려한 일체형 컴퓨터로 반투명 케이스를 통해 내부의 회로들이 그대로 들여다보였다.

우리도 충분히 똑똑한 사람들인 만큼 애플이 쏘아올린 기적적인 부활의 신호탄을 우리 모두가 곧바로 이해할 수 있기를 바랐다. 하지만 그런 기대와는 지극히도 동떨어진 모습이었다. 나중에 샤이엇 팀만 남아 따로 이야기를 나누게 되었을 때 우리는 비로소 깨달았다. 모두가 같은 느낌을 받은 것이다. 충격과 흥분, 그리고 잡스가 자신이 하는 일을 정확히 파악하기를 바라는 희망이 한 조각씩 얽혀 있었다. 어쩌면 이 혁신적인 컴퓨터는 그 자체로 세상을 깜짝 놀래킬 진짜 기회일 수도 있었다.

그러나 그날 공개된 C1의 형태와 디자인은 이러한 충격의 일부에 불과했다. C1의 뒤를 이어 놀라운 마우스가 등장했다. 잡스가 내놓은 컴퓨터가 우리가 일찍이 보아온 것들과 전혀 달랐던 것처럼 마우스도 그랬다. 아이맥과 비슷한 색상에다 둥근 형태의 디자인이었다. '너무 엉뚱한데!' 우리는 생각했다. 멍청해 보이기까지 할 정도였다(자세한 이야기는 아껴두었다가 나중에 다시 소개하겠다). 그리고 회의실 한쪽 벽에 있는 탁자 위에는 또 한 대의 컴퓨터가 포장돼 있었다. 조금 전에 워낙 놀란 탓에 자매품이 있으리라고는 생각지도 못했다.

전문가용 타워형 모델인 이 제품은 신형 파워맥 G3로 C_1에 이어 곧 소개될 예정이었다. 파워맥 G3는 반투명은 아니었지만 디자인 면에서 C_1과 흡사한 점이 많았다. 또 앞면과 뒷면 위쪽 모서리 부분의 큰 손잡이를 포함해 곡선형의 플라스틱 형태도 닮았다.

파워맥 G3는 커다란 독립형 디스플레이 장치와 함께 소개되었다. 뒤쪽에 상당한 공간이 필요한 CRT 장치로서 크고 둥글납작한 형태에 파랗고 하얀 플라스틱으로 감싸여 있었다. 이것 역시 '젯슨 가족'네 물건 같았다. 확실히 매력은 덜했다. 여기에도 C_1과 동일한 마우스가 적용되었다.

파워맥 G3가 처음 공개되었을 때도 '탄성'이 뒤따랐지만 이 제품은 조금 신경쓰이는 구석이 있었다. 전문가용으로 만들어졌다지만 보기에는 가정용 컴퓨터 같았다. 파란색은 좀 천박해 보였다. 물론 디자인 책임자였던 조니 아이브와 그의 디자인팀은 신형 아이맥 디자인에 매료되어 이 모델에도 적용했을 것이다. '잡스가 자신이 하는 일을 정확히 파악하기'를 바랐던 기억이 다시 한번 우리의 머리를 스쳤다. 물론 그는 자신이 무엇을 하고 있는지 '정확히' 알고 있었다. 그가 전적으로 옳은 건 아닐지라도, 옳을 때가 많았기에 컴퓨터 역사를 창조할 수 있었다.

다음 회의에서 잡스는 C_1에 대한 우리의 소감을 듣고 싶어했다. 마치 자랑스러운 자식을 둔 아버지 같았다. 애플의 1차적 초점은 C_1이었기 때문에 잡스는 이 모델을 개발하는 데 정성을 쏟았다. 사소한 하나하나까지 사랑했고 그 모든 것을 세상과 나누려 했다. "우리 컴퓨터의 뒷면이 저들의 앞면보다 훨씬 멋집니다." 이 말을 이후로도 여러 번 했다. 이때 비로소 우리가 본 것을 소화할 여유가 생겼다. 첫 대면의 충격이 사라지면서 우리는 C1이 얼마나 혁신적인 제품인지 깨달았다. 우리는 믿음이 있는 사람들이었다. C1의 캠페인 제작을 머뭇거릴 이유가 없었다.

그러던 중에 잡스가 우리에게 첫 숙제를 냈다. 이 제품에 붙일 이름이 필요했던 것이다. C1은 곧 생산될 예정이었기 때문에 제조와 패키지 디자인 프로세스를 빨리 구축하려면 제품명이 필요했다.

"우리 마음에 쏙 드는 이름을 벌써 지었어요. 그래도 여러분도 좋은 생각이 있으면 말씀해주세요." 잡스가 말했다. "우리가 지은 제품명은 '맥맨MacMan'입니다."

'i' 그리고 나의 애플

이 소름끼치는 이름이 아직 머릿속에서 맴돌고 있을 때 이름을 만드는 과정을 잠시 생각해보자. 이 세상 모든 것들은 단순함을 추구하며, 이름 짓기야말로 옳고 그름을 명백하게 보여주는 사례일 것이다. 어떤 회사에서는 '아이폰iPhone'이라는 이름을 사용한다. 반면 다른 회사에서는 '카시오 G'zOne Commando'나 '소니 DVP SR200P/B' 같은 이름도 보인다(과장이 아니라 실제 이름이다).

제품명은 물건을 생산하는 회사에만 관련될 뿐이라고 생각할지 모르지만 실제로는 그렇지 않다. 어떤 조직에서든 소통에 관여해야 하는 모든 사람들은 바람직한 네이밍 원칙을 배우고 적용함으로써 이점을 누릴 수 있다. 보고서 제목이나 회의 주제를 정하는 것도 마찬가지다. 결국 이 모두는 사람들의 관심을 유도해 당신이 전달하려는 무언가를 그들이 느끼게 하는 것이 목적이기 때문이다.

네이밍은 단순함을 가장 확실하게 적용하는 활동이다. 네이밍을 할 때는 제품이나 회사의 본질을 한두 개의 단어로 포착해내야 한다. 간혹 제품이나 회사만의 고유한 성격을 만들어내야 하는 경우도 있다. 단순함은 네이밍이라는 도전을 즐거워하는데, 안타깝지만 그것은 복잡함도 마찬가지다. 실제로 우리 주변의 제품명들을 살펴보면 오히려 복잡함이 이 특별한 전쟁을 주도하고 있다는 것을 알 수 있다.

이제 CI, 아니 맥맨의 이야기로 돌아가자. 우리 샤이엇 팀은 잡스가 '맥맨' 같은 어설픈 이름에 홀딱 빠졌다는 사실이 굉장히 가슴 아팠다. 우리의 감정이 충격에서 애정으로 발전했던 CI과는 달리 '맥맨'에 대해서는 아무런 애정을 느낄 수 없었다. 잘못된 것이 너무 많아 어디서부터 손을 봐야 할지 가늠할 수도 없었다. 애플의 국제 마케팅 책임자 필 실러가 회의실에 들어서자 잡스는 실러의 도움으로 '맥맨'이란 이름을 얻었다고 밝혔다.

"이 이름이 소니의 추억을 떠올릴 수도 있습니다." 물론 소니의 전설적인 뮤직 플레이어 워크맨 시리즈를 언급하는 말이었다.

"하지만 솔직히 말해 소니를 연상시키더라도 별 문제는 없다고 봅니다. 소니는 일류 전자회사이니, 맥맨이 소니 제품처럼 보이더라도 나쁠 건 없죠."

어디까지가 진심인지 종잡을 수 없는 말이었다. 세상에 알려진 애플은 그 어떤 회사보다 뛰어난 독창성을 상징하는 회사였다. 그런 애플이 다른 회사의 스타일을 노골적으로 반영하는 제품명을 짓는 것은 결코 애플이 가야 할 길이 아니었다. 더군다나 '맥맨'의 '맨Man'도 성적 편견을 유발할 수 있어 영 내키지 않았다. 무엇보다 그 이름이 주는 거북한 느낌 때문에라도 어떻게든 손을 볼 필요가 있었다.

사실 의뢰인들과 일할 때는 이런 문제가 심심찮게 일어난다. 광고대행사가 원치 않는 무언가에 의뢰인이 빠져들 때, 그 대상으로부터 의뢰인을 구해낼 방법은 더 나은 무언가를 보여주는 것뿐이다. 잡스도 '맥맨'보다 나은 제품명을 만들기 위해 우리를 초대했으니 방법이 전혀 없는 것은 아니었다. 아직까지는.

회의실을 나서기 전에 제품 네이밍과 관련해 잡스가 우리에게 몇 가지 지침을 제시했다.

"무엇보다 제품이 맥이라는 것을 잊어서는 안 됩니다. 따라서 '맥'이라는 단어가 꼭 들어가야 합니다."

이것이 첫번째 조건이었다. 생김새야 어떻든, 애플만의 프로그램으로 구동되는 맥 컴퓨터임을 강조하라는 뜻이다.

"두번째, 인터넷을 이용하려는 모든 사람들에게 이 제품이 가장 손쉬운 길이라는 사실을 알리는 것입니다. 말할 필요도 없죠."

어스링크EarthLink 설치 시스템이 깔려 있기 때문에 컴퓨터를 켜서

양식만 작성하면 누구나 종일 인터넷을 이용할 수 있었다. 더욱이 개인 이메일 주소도 생성할 수 있었다(당시로서는 상당히 큰 혜택이었다).

더불어 잡스는 두 가지 유의할 점도 언급했다. 우리가 빠지지 않았으면 하는 두 가지 함정을 미리 경고한 것이다.

"이 제품은 고성능 맥이지만, 이것을 보고 장난감 같다고 생각할 사람도 있을 겁니다. 그러니 이름이 지나치게 가벼워서도 안 됩니다." 그가 이어서 말했다. "윗부분에 손잡이가 있어서 들고 다니는 컴퓨터라고 오해할 소지도 있습니다. 하지만 무겁지요. 손잡이를 단 이유는 집에서 쉽게 옮기도록 하기 위해서입니다. 따라서 휴대용 컴퓨터를 연상시키는 이름도 안 됩니다."

잡스의 경고를 듣고 우리는 머리를 긁적였다. 조금 전 그가 '맥맨' 이란 이름이 좋다고 하지 않았던가? 하지만 그 이름은 자신이 경고한 두 가지에 모두 위배되었다. '맥맨'은 '팩맨Pac-Man'처럼 게임 이름과 비슷했고 워크맨처럼 휴대용 기기의 이름과도 비슷했다. 그러나 더 나은 제품명을 만들 때까지는 이런 논쟁쯤은 잠시 접어두어야 했다. 앞으로 불협화음이 생기더라도 C_1의 이름을 짓게 된 것은 분명 멋진 기회였고 샤이엇 팀은 그 기회를 포착했다.

일주일 뒤, 우리는 C_1의 추천 이름들이 담긴 포트폴리오 가방을 들고 쿠퍼티노로 돌아왔다. 그동안 우리가 만들었던 수많은 이름들을 5가지로 추려, 각각의 이름마다 하나씩 포스터를 제작했다. 각 포스터에는 크고 화려한 문체로 이름을 표현하고, 그 이름의 장점을 설명하는 이유 몇 가지를 간략하게 항목별로 나열했다.

우리가 가장 마음에 들어했던 이름은 네이밍을 시작할 때 내가 우연찮게 떠올린 '아이맥iMac'이었다. 아이맥이면 모든 문제를 한꺼번에 해결할 수 있을 듯했다. 일단은 누가 보더라도 맥을 의미했다. 그리고 '아이'에는 인터넷에 접속할 수 있다는 의미를 담았다. 맥에 모음 하나만 붙이면 되니 더이상 간결할 수도 없었다. 게다가 게임이나 휴대용 기기처럼 들리지도 않았다.

제품명에 '맥'이란 단어를 사용한 것은 생각보다 혁명적이었다. 당시에는 그 누구도 '매킨토시'를 '맥'으로 줄여 부르지 않았다. 따라서 단순화와 최소화 측면에서 '아이맥'은 완벽한 이름 같았다.

또한 '아이맥'이란 이름에는 또하나의 작은 장점이 숨어 있었다. 앞으로 애플이 또다른 제품의 이름을 지을 때 그 바탕이 될 수 있었던 것이다. 어쩌면 애플이 언제 어떤 식으로든 '아이'라는 이름에 꼭 맞는 제품을 만들어낼지 모를 일이었다.

나는 잡스에게 최종 후보명 5가지를 하나씩 살펴보게 했다. '미니맥(맥미니가 등장하기 한참 전이다)'처럼 상대적으로 빈약한 이름들을 먼저 보여주고 '아이맥'은 미사여구를 곁들여 맨 마지막에 소개했다. 또한 '아이맥'은 간결하고 기억하기 쉬운데다 '아이'에 다른 의미를 담을 수도 있다고 강조했다. '인터넷'과도 당연히 연결되었지만 그 외에도 '개인individual'이나 '상상imagination'을 상징할 수도 있었다.

그러나 화려한 미사여구도 잡스로부터 기대했던 반응을 이끌어내지 못했다. "다 별로네요. '맥맨'이 더 나아요." 말해봐야 헛일이었다. 영웅이 되어 돌아가고 싶었지만 상처만 잔뜩 입은 채 돌아가 네이밍 엔진을 다시 가동해야 할 판이었다. "앞으로 일주일의 시간을 줄게요. 그동안 더 나은 이름을 찾지 못하면 '맥맨'으로 정할 겁니다." 잡스의 목소리에서 단호함이 묻어났다.

일주일 뒤, 우리는 새 제품명 몇 개를 더 만들어 애플로 돌아왔다. 기존의 이름들 중에서는 잡스가 '별로'라고 말했던 '아이맥'을 뺀 나머지를 모두 버렸다. 이번 프레젠테이션은 내가 오래전에 광고업계의 어느 현자로부터 배운 철학을 바탕으로 했다. "나누고 싶은 새로운 생각이 있다면 주저하지 말고 옛것을 다시 보여줘도 된다."

두번째 프레젠테이션을 위해 쿠퍼티노로 되돌아온 나는 일단 잡스에게 새 제품명부터 보여주었다. 그런데도 잡스의 반응은 신통치 않았다. 그래서 '아이맥'을 다시 거론하고는 우리가 여전히 이 이름에 애정이 많다고 했다. 그랬더니 잡스도 다시 한번 고민하는 성의를 보였다. "뭐, 이번 주는 그리 나쁘지 않네요." 그가 말했다. "특별히 좋을 것도 없지만 말이에요. 앞으로 며칠밖에 시간이 없는데 나는 아직도 '맥맨'이 최고인 것 같아요." 여전히 실망스러웠지만, 그래도 이번에는 한 가닥 희망이라도 보였다. 잡스는 '아이맥'이 더이상 나쁘지 않다고 했다. 그 정도만 해도 내게는 긍정의 힘이 솟아났다.

이후에 하이파이브를 하며 서로를 북돋우는 영광스러운 순간을 맞이하며 상황이 급반전되었다고 말하고 싶지만, 그런 일은 없었다. 다음날 애플 관계자들과 이야기하다가 제품 네이밍과 관련해서 가시적인 움직임이 있었다는 것을 알았다. 잡스가 여기저기 돌아다니며 '아이맥'이란 이름이 어떤지 직원들에게 물어보았다는 것이다. 또 이름을 실크스크린으로 인쇄해 제품에 붙이고는 실제로 어떤 느낌이 드는지 확인했다는 말도 들었다. 내가 아는 건 그게 전부였다. 모든 결정과 운영은 근본적으로 잡스의 몫이었다. 잡스가 '아이맥'이라는 이름을 붙인 제품을 봤을 때 무척 마음에 들었고, 직원들도 이에 대해 호의적인 반응을 보였던 게 분명했던 모양이다. 그렇게 해서 '아이맥'이 탄생했기 때문이다.

이 과정 역시 잡스의 업무방식을 보여주는 흥미로운 사례다. 그에게는 자신만의 생각이 있었다. 아주 확고한 생각이었다. 그 생각 때문에 다른 이들을 여러 번 놀라게 하고 또 아이디어를 걷어차기도 했다. 그렇다고 그가 이성적이지 않은 사람이라고는 할 수 없었다. 또 누군가 뜨거운 열정과 진심을 담아 의견을 제시하면 결국은 마음을 돌릴 줄도 아는 사람이었다.

애플로서는 정말 중요한 순간이었다. 단순함을 향한 애정이 결실을 맺는 순간이었고, 또한 애플은 그 애정으로 바로 이날까지 지탱해 왔다. 잡스는 훌륭한 제품에 훌륭한 이름을 붙여주고 싶어했다. 말의 위력을 누구보다 잘 아는 그였다. 그리고 이 경우는 모음 하나의 위력이 결정적이었다. 그렇게 소문자 'i'는 애플 브랜드에서 가장 중요한 부분이 되었다.

단순함은 다양한 형태로 자신을 드러낸다. 제품, 전략, 조직 위계질서, 프로세스, 광고, 연설 등 수많은 영역에서 단순함을 포착할 수 있다. 그러나 신제품 이름처럼 집약적인 형태에서는 단순함의 존재를 발견하기가 쉽지 않다.

문자와 숫자를 적당히 조합해 제품명을 만들 수도 있지만, 한 편의 에세이를 쓰듯 제품에 대해 소비자들에게 설명하고 싶은 마음도 들 것이다. 제품명이 그 제품의 독특한 정체성을 창조하고 개성을 부여하며, 기업 브랜드를 구축하는 데에도 기여할 수 있다면 더없이 좋다.

회사에서 제품명을 만드는 방식은 크게 두 가지다. 이런 일을 전문적으로 하는 광고대행사에 약간의 대가를 주고 맡기거나 아니면 자체적으로 만드는 것이다.

네이밍 분야의 전문가들은 이런 일을 '전문가들에게 맡겨야 하는' 이유를 수천 가지도 넘게 댈 것이다. 또 많은 대기업에서도 이런 일을 외부의 전문가들에게 맡기는 것이 더 자연스럽다고 여긴다. 제품 네이밍은 그만큼 중요한 활동이며 진행하는 방식도 아주 다양하다.

당신 회사가 네이밍 전문회사라도 애플 같은 회사에서 전화해주기를 바라서는 안 된다. 애플은 그런 식으로 일하지 않는다. 모든 혁신적인 제품들의 이름은 샤이엇이나 애플의 제품 및 마케팅팀에서 만들었다. 아이맥이 컴퓨터 역사에서 최고의 단일 베스트셀러 모델로 급성장하고 아이폰과 아이패드도 세상을 뒤흔든 점을 감안하면 애플의 네이밍 프로세스에 이의를 달기는 어렵다.

애플의 제품과 계획, 조직 문화에 대해 애플과 샤이엇의 내부자들보다 더 잘 아는 사람은 없다는 것이 잡스의 생각이었다. 그는 외부 전문가에게 수십만 달러씩 투자할 생각이 없었다. 잡스가 없던 시기에 애플에서 출시한 컴퓨터에 붙은 '쿼드라'나 '퍼포마' 같은 어쭙잖은 제품명에 실망한 탓도 있었을 것이다. 이런 이름들은 혼다 자동차의 트렁크에 붙이기에는 어떨지 몰라도 잡스의 세계에는 전혀 어울리지 않았다. 그것들은 멋과 적법성을 동시에 추구하려는 전통적 기업 가치가 물씬 묻어나는 이름들이었다.

네이밍에 있어서도 단순함을 강하게 추구했던 잡스는 최종 선택에 이르기까지 수많은 후보들을 두고 고민했다. '아이폰'은 그 이름이 워낙 인상적이어서 금방 채택되었을 것이라고 생각하는 사람도 있을 것이다. 그러나 이 이름에 도달하기까지 더러는 담당자들의 근면함 때문에, 또 더러는 이름을 둘러싼 법적인 문제 때문에 숱하게 많은 이름들이 거론되었다.

물론 학력이 뛰어나다고 해서 만족스러운 삶이 보장되지는 않듯 이름이 좋다고 해서 그 제품이 인기를 끌 것이라는 보장도 없다. 좋은 제품명은 성공 확률을 높여줄 뿐이다. 반면에 부적합한 제품명은 제품 출시에 분명히 부담을 준다. 마케팅의 (또는 인생의) 모든 것이 그렇듯, 모든 가능성을 유리한 쪽으로 전환하기 위해 우리에게 주어진 모든 역량을 발휘하는 것이 중요하다. 어설픈 제품명으로 스스로에게 부담을 지우는 것은 제품을 진열하기도 전에 곤경을 자초하는 꼴이다.

네이밍 프로세스 전반을 경험한 나는 한 가지 자신 있게 말할 수 있는 것이 있다. 온갖 이름들로 벽면을 가득 채우고, 또 그 이름들로 잠꼬대를 할 정도가 되면 어느 순간 스스로 깨닫게 될 것이다. 이 세상에서 좋은 이름은 거의 고갈되었다는 사실을 말이다(세상의 수많은 음악가들이 원곡을 작곡하기가 점점 더 어려워지는 상황과 비슷하다). 항상 좋은 이름은 존재한다. 다만 우리가 그것을 찾아야 할 뿐이다.

애플은 제품명을 만들 때 상식을 최대한 이용한다. 대단한 무언가를 목표하는 것이 아니다. 아이폰이란 이름은 사람들을 들었다 놓았다 했다기보다 지극히 상식적이었다. 아이맥, 아이팟, 아이포토에 이은 또하나의 '아이' 제품으로서 애플의 산출임을 명확히 인식시켰다. 그리고 '폰'은 애플이 혁신하려고 목표한 부문을 완벽하게 대변했다.

애플은 네이밍 과정에서 상식 외에 일관성 개념도 중시한다. 애플의 컴퓨터에는 모두 '맥'이 붙는다. 아이맥, 맥 프로, 맥북 에어, 맥북 프로와 같은 식이다. '아이'는 개인용(가정용)을 의미하며, 제품 또는 제품 부문을 표현하는 단어와 함께 쓰인다. 애플의 네이밍 체계는 주요 제품군에 공통으로 적용되기 때문에 현재의 고객들뿐 아니라 잠재 고객들도 쉽게 이해할 수 있다. 또한 애플 제품의 이름을 거론하는 것은 그 제품이 애플 것임을 안다는 뜻이다. 단순함을 통해 단순하게 얻는 지극히 놀라운 개념이다. 이처럼 뛰어난 브랜딩 역량을 운영할 수 있는 회사는 극히 드물다.

인스피론Inspiron 보스트로Vostro 엑스피에스XPS 옵티플렉스OptiPlex 프리시즌Precision 등 델의 제품명은 전혀 다른 세상에서 온 것 같다. 신제품을 내놓고 포트폴리오를 확충할 때마다 델은 제품명이 고객들의 머릿속에 자리잡을 수 있도록 사투를 벌여야 한다. 몇몇 하위 브랜드는 오랜 시간을 거치며 사람들에게 각인되었지만 델의 제품명 대부분은 다른 제품명 혹은 델 브랜드와 아무런 유기성이 없다. 따라서 애플닷컴의 제품들처럼 고객들의 뇌리에 빨리 각인되기는 어렵다.

휴대전화 제조사 입장에서는 제품명을 짓는 시간이 생사를 좌우할 만큼 무시무시하다. 그래서 애플의 단순한 방식이 더욱 두드러져 보인다. 모토롤라와 노키아의 예를 보자. 무한정 늘어나는 제품들 때문에 골머리를 앓는 두 회사는 휴대전화 이름을 정하는 데 상당한 비용을 감수한다. 줄잡아 수십 가지의 모델을 보유한 휴대전화 회사들은 인라이튼Enlighten 브레이크아웃Breakout 아스타운드Astound 커브Curve 시트러스Citrus 패시네이트Fascinate 등 끝없이 변화하는 이름의 바다에서 허우적거린다. 이런 제품명들은 브랜드의 의미를 제대로 반영하지 못할 뿐 아니라 마치 사전에서 임의로 고른 듯한 느낌마저 준다.

대형 휴대전화 제조사들이 네이밍 문제로 어려움을 겪는 데는 이유가 있다. 휴대전화 제조사는 모든 이동통신사들과 거래해야 하며, 이동통신사들은 대부분 자사의 매장에 어울리는 독특한 제품명을 바란다. 휴대전화를 판매하기 위해서는 그들의 규칙을 무시할 수 없다. 애플을 제외한 보통의 휴대전화 제조사로서는 도저히 깰 수 없는 순환 구조다. 하지만 애플은 제품 부문을 혁신함으로써 이른바 '스스로 알리는' 이름을 만들어냈다.

그렇다면 다른 회사들의 제품명이 평범한 이유는 무엇일까? 네이밍 프로세스 깊숙이 복잡함이 자리하고 있기 때문이다. 그곳에서는 하나의 이름이 확정되기까지 여러 단계의 승인 절차를 밟아야 한다. 법적인 모든 문제들에 저촉되지 않는 이름을 얻은 것만으로도 큰 성과라며 자축하는 회사도 많다. 실제로 내가 참여한 몇몇 회사의 네이밍 프로젝트에서는 시간이 없다거나 '승인받을 수 있는 최선의 제품명이 있다'는 이유로 좋은 이름을 막판에 버려야 했던 경우도 있었다.

이런 식의 대화는 쿠퍼티노에서 용납되지 않는다. 애플은 아무 문제 없는 제품명에 안주하지 않는다. 완벽할 때까지 나아갈 뿐이다.

단순함의 특이성

사람은 원래 한 단어로 제품을 인식하도록 만들어졌다. 따라서 그 이상을 요구하면 사람들은 낙담한다. "내 아이폰으로 찾아볼게요"라고 말하지 "내 애플 아이폰으로 찾아볼게요"라고 말하는 경우는 없다.

물론 사람들이 이렇게 말할 수 있는 주된 이유는 아이폰이 그만큼 강력한 브랜드 위상을 확립했기 때문이다. 하지만 다른 이유도 있다. 애플이 의도적으로 제품 포트폴리오를 소규모로 관리 가능하게 유지한 덕분이며, 제품의 이름을 잘 지었기 때문이기도 하다. 아이폰이 처음 등장한 2007년 이후로 매년 새로운 모델이 출시되고 있지만 이름은 모두 동일하다. 각 모델을 구분하기 위해 수식어(3GS, 4, 4S 등)를 붙이긴 했지만 이런 것들은 꼭 필요할 때나 언급된다. 다시 말해 "내 아이폰으로 찾아볼게요"라고 말하지 "내 아이폰 3GS로 찾아볼게요"라고 말하지는 않는다. 아이폰은 브랜드이고 수식어는 정확한 정보를 위해 존재할 뿐이다.

애플은 컴퓨터 영역에서도 이와 비슷한 단일성을 추구한다. 아이맥, 맥 프로, 맥북 프로, 맥북 에어 등 모든 제품군은 디자인이 크게 바뀌더라도 비슷한 이름을 유지한다. 모델이 크게 다른데도 이름이 같으면 기업 입장에서는 제품 기록을 관리하는 데 혼란스러울 수 있지만, 애플은 고객을 위해 무엇이든 더 단순화할 수 있다면 이런 수고쯤은 기꺼이 감수한다.

아이팟은 저마다 다른 생김새처럼 저마다 다른 네이밍 스토리가 있다. 모델은 달라도 쓰임새는 비슷한 아이폰과는 달리 아이팟은 모델마다 쓰임새도 다르다. 아이팟 터치는 이메일 기능과 애플리케이션을 통해 아이폰과 비슷한 경험을 선사하며, 아이팟 나노는 다기능 호환성이 장점이고, 아이팟 셔플은 깃털처럼 가볍고 스크린이 없으며 야외 활동에 제격이다. 이렇게 모델별로 이름이 조금씩 다르더라도 아이팟의 네이밍은 상식, 즉 공동의 감각을 기반으로 하고 각 모델의 크기나 목적을 묘사하는 별칭을 붙였다. 숫자와 문자를 뒤섞은 복잡한 암호가 아니다. '터치' '나노' '셔플' 같은 짧은 단어일 뿐이다. 이런 단일어들은 쉽게 기억할 수 있으므로 고객들의 사전에도 빨리 자리잡는다.

반면에 애플의 경쟁사들이 판매하는 휴대전화는 종류도 지나치게 다양할 뿐 아니라 기업의 브랜드나 전화기 기능과도 무관한 이름을 붙이는 바람에 소비자들이 기억하기 어렵다.

사람들은 본능적으로 단일어에 끌리기 때문에 '내 HTC 선더볼트'나 '내 모토롤라 시트러스'라고 말하는 경우는 드물다. 이 주제를 공식적으로 연구한 사례는 없지만, 이런 모델을 소유한 사람들 대부분이 '내 전화'라고 단순화해서 부른다는 점은 그리 놀라울 것도 없다.

하지만 예외는 항상 있는 법이다. 사람들과 충분히 공명할 수 있을 것 같은 이름인 '드로이드Droid'가 그 예다. 짧고, 기억하기 쉽고, 미래지향적이고, 영화 〈스타워즈〉를 통해서도 이미 친숙한 이름이다. 하지만 이 이름을 사용하는 휴대전화 제조사는 한 곳이 아니다. 이 이름의 법적 권리를 소유한 루카스 필름이 모토롤라와 HTC 양쪽에 사용권을 대여했기 때문이다.

애플이 지속적으로 네이밍 프로세스를 단순화하는 이유는 단지 브랜드를 구축하기 위해서만은 아니다. 사람들을 혼란에 빠뜨리지 않게 하는 것도 중요한 이유에 포함된다. 결국 중요한 것은 단순함이 최선이라는 사실이다. 모든 것이 투명하고 분명할 때 비로소 고객들도 그 회사의 실체와 그 회사에서 파는 제품을 제대로 인식할 수 있다.

아쉽게 놓친 것

복잡함은 승리의 문턱에서 패배를 자초하는 나쁜 버릇을 갖고 있다. 내가 광고대행사에서 인텔의 일을 맡았을 때는 펜티엄Pentium이 세상에서 가장 빠른 프로세서였다. 인텔은 이 프로세서 시리즈를 지원하기 위해 수억 달러를 지출했지만 곧 새로운 비전에 맞닥뜨렸다. 모바일 마법을 실현할 무선 기능과 부가적 기술들이 장착될 모바일 기기에 적합한 차세대 칩을 개발하는 일이었다. 더불어 새로운 제품명도 필요했다.

당시 펜티엄은 한 가족의 성姓과 같았다. 펜티엄은 편재성ubiquity과 인텔의 과감한 홍보비 투자를 토대로 세상에 널리 알려진, 제품명의 대표적 사례다. 브랜딩의 성공 사례일 뿐 아니라 독특하고 확고한 인텔의 하위 브랜드로 자리매김했다.

새로운 모바일 기술과 관련해 인텔이 원한 것도 바로 이 부분이었다. 하지만 작업을 시작하기에 앞서 두 가지 문제에 부딪혔다. 이 기술에 붙일 새로운 성을 만드는 것이 첫번째였고, 두번째는 매우 효율적인 마케팅 계획이었다.

단순함을 대변하는 상식에 따르면, 마케팅 계획을 세우기 전에 제품의 이름부터 만드는 것이 순서였다. 그런데 이 회사는 말이 출발하기도 전에 수레부터 앞세우려 했다. 이름을 둘러싼 인텔의 논쟁은 몇 달이나 계속되었다. 그러면서 광고대행사에는 창의적인 마케팅 계획을 수립하되 광고와 각종 자료에는 여백을 두었다가 나중에 제품명과 로고를 넣자고 제안했다.

게다가 더 어리석었던 것은 인텔이 이미 환상적인 이름을 갖고 있었다는 점이다. 애플이 'i'로 소중한 자산을 창조했듯이, 인텔도 펜티엄이라는 이름을 잠재적으로 더 폭넓게 활용할 수 있다는 사실을 아는 사람은 알았다. '펜티엄'의 '-이엄'을 이용해 새 제품명을 만든다면 모든 인텔 제품에 가족 같은 느낌을 줄 수 있었다. 마치 주기율표에서 떨어져나온 원소 같은 느낌의 펜티엄이란 단어를 모체로 새로운 '원소들', 즉 세상에서 가장 진화한 마이크로칩을 생산하는 것이다. 인텔이 컴퓨터를 만들지 않는다는 점에서 보면 원소에 집중하는 것도 그럴듯해 보였다. 인텔이 컴퓨터에서 가장 중요한 요소를 생산하니 말이다.

인텔은 이 점을 염두에 두고 새로운 모바일 플랫폼에 적용할 제품명을 이미 만들었다. (상식과 사촌 격인) 논리적 감각에 부응할 뿐 아니라 제법 기발해 보이는 이름이었다. 인텔이 제시한 이름은 '모빌리엄Mobilium'이었다. 이 이름을 만약 네이밍 대행사에서 만들었다면 꽤나 큰 칭찬을 들었을 것이다.

우리는 '모빌리엄'이란 이름에서 상당히 많은 가능성을 보았다. 인텔이 이 방향을 고수했더라면 제품 포트폴리오에 지금껏 경험하지 못한 질서 감각을 심을 수 있었을 것이다. 모빌리엄은 실제 인텔의 미래 모바일 플랫폼으로 언론에도 공개되었다. 그러나 무슨 이유에선지 모빌리엄은 암호명 상태로 전락했고 또다른 최종 제품명 후보가 거론되면서 무대에서 사라졌다. 나중에 다시 설명하겠지만, 인텔은 법적 문제에 부딪히면서 주춤거렸다. 아마도 상표권 문제가 걸림돌이 된 것 같다.

이런 문제에 부딪쳤을 때 인텔과 애플의 차이가 크게 부각된다. 애플은 아이폰을 공개하기 전에 이 제품명을 사용하는 문제로 시스코

Cisco와 법적 분쟁에 휩싸였다. 나중에 자세히 설명하겠지만, 잡스는 이 혁신적인 기기에 아이폰이라는 이름을 붙이겠다는 확고한 의지를 갖고 있었기 때문에 미리 법적인 권리를 확인하지 않고 제품명을 발표해버렸다. 타고난 마케터였던 그는 제품명에서 거대한 마케팅 기회를 포착하자 위험(매우 값비싼 대가) 따위는 기꺼이 감수했다. 반면에 인텔이 모빌리엄에서 어떤 문제를 발견했든 대응 방향은 애플과 완전히 달랐을 것이다.

모빌리엄을 버린 인텔은 제품 네이밍 전문회사(잡스는 이런 회사들을 전염병만큼이나 혐오했다)에 막대한 비용을 지출하기로 결정했다. 이렇게 해서 '센트리노Centrino'라는 이름이 탄생했다. 인텔의 기업 이미지팀은 재빨리 나비의 옆모습을 연상시키는 제품 로고를 디자인해 사람들을 놀라게 했다. 내가 이런 일화를 소개하는 이유는 그 디자인에 참여했던 사람으로부터 들은 이야기가 있기 때문이다. 당시 인텔의 회장이던 앤디 그로브는 센트리노 로고 디자인을 보고 잠시 뜸을 들였다. 건강에 문제가 생겨 힘든 시간을 보낸 탓에 몸속 장기에 익숙해진 그가 말했다. "이건 내 전립선 같은데요." 그래서 그로브의 입장을 고려해 디자인을 바꾸기로 했다.

이 분야에서의 경험을 바탕으로 솔직히 말하자면, 인텔이 센트리노가 아니라 모빌리엄을 택했다면 결과는 크게 달라졌을지도 모른다. 그러나 다른 회사들처럼 인텔도 네이밍 프로세스에서 단순함을 집착에 가까울 정도로 고집한 애플과는 달랐다. 델과 HP, 에이서 등의 웹사이트에서 제품 페이지를 띄워보면 금방 확인할 수 있다. 애플은 마케팅 효과를 극대화할 수 있다고 확신한 제품명을 얻기 위해서라면 어떤 일도 마다하지 않은 몇 안 되는 사례 중 하나다.

이것이 델이 인스피론과 보스트로, 옵티플렉스 같은 이름을 짓는 동안 애플이 아이맥과 아이폰, 아이패드를 얻을 수 있었던 이유다.

뻔함의 기쁨

단순함의 한 가지 단점이라면 구설수가 따라다닌다는 점이다. 가끔은 지극히 쉬워 보이는 것도 문제가 된다.

그 간단한 아이디어를 얻기 위해 밤낮으로 노력한 사람들은 결코 쉽다는 말을 입에 올리지 않는다. 그러나 일반 사람들이나 심지어 그 아이디어를 검토하는 관리자조차 너무 '뻔한' 아이디어라고 생각할 수 있다.

'아이폰'이란 이름을 예로 들어보자. 아이팟이 경이적인 성공을 거두자 많은 언론과 블로거들은 애플이 첫 스마트폰을 공개하기 몇 달 전에 이미 '아이폰'이란 이름을 거론했다. 잡스가 왜 제품의 이름으로 처음부터 '아이폰'을 염두에 두었는지 뻔히 들여다보이는 대목이다.

제품 이름으로서 '아이폰'이 지나치게 단순한 것도 사실이다. 중대한 발표를 위해 연단에 선 잡스의 목소리에는 힘이 넘쳤다. 그는 '아이폰'이 세 가지 기기, 즉 휴대전화와 인터넷 브라우저, 아이팟을 하나로 합친 것이라고 발표했다. 그런데 왜 '아이폰'일까? 이 제품명은 세

가지 기능 중 하나만을 표현했다. '아이팟'의 의미도 담은 이름이거나, 지나치게 노골적이지 않은 이름이거나 아니면 적어도 휴대전화 이외의 다른 기능들도 암시하는 이름이어야 하지 않았을까? 잡스의 생각은 달랐다. 그는 '아이폰'이 완벽하다고 생각했다.

잡스가 가장 매력적으로 여긴 것은 이 제품명에 담긴 '뻔한' 성격이었다. '아이폰'이라는 이름을 붙인다면, 사람들은 애플이 어떤 시장을 공략하고 혁신하기 위해 이 제품을 출시했는지 모를 리가 없었다. 즉각적으로 제품을 파악한 사람들의 입을 통해 소문도 퍼져나가기 마련이었다.

잡스 역시 네이밍 부문에 일가견이 있는 사람이었다. 애플이 이 기기에 어떤 이름을 붙이든, 휴대전화를 포함한 다양한 기능이 조만간 널리 알려지리란 것을 그는 잘 알고 있었다. 따라서 여러 기능을 갖추고 있지만 비교적 제한적인 의미를 담은 이름을 사용하더라도 문제될 게 없다고 생각했다. 뉴스 보도와 애플의 자체적인 마케팅 등을 통해 소문이 퍼지면 아이폰은 곧 '전화기' 이상을 의미하는 기기로 자리매김할 터였다.

따라서 자기 앞에서 많은 이름들이 오갔지만 잡스는 첫사랑인 '아이폰'을 놓지 않았다. 그에게는 이 이름이 가장 단순한 해법이었다. 그 이름을 고수하는 데 어떠한 장애물이 있더라도 그는 기꺼이 대가를 지불할 각오가 되어 있었다.

내가 종교적 훈육을 받은 기억은 꽤나 오래돼 가물거린다. 그럼에도 내가 또렷이 기억하는 계율이 하나 있다. "너희 이웃의 마케팅을 탐하지 말라!"

이런 유혹에 빠지는 회사들은 놀라울 정도로 많다. 경쟁사의 광고를 벽에 붙여놓고 '이 광고가 우리 것이었으면!' 하던 의뢰인들이 얼마나 많은지 나는 아예 헤아리기를 포기했다. 그들은 다른 누군가가 되기를 바랐다. 그 누군가는 환경도 가치체계도 아주 다른데도 말이다.

다른 이들의 성과를 통해 자극을 받거나 목표를 세우는 것은 좋다. 그러나 단순함은 당신 회사 고유의 가치관에서 눈을 떼지 말고 지켜나갈 것을 요구한다. 그것이 진정성이다.

오늘날 애플의 파이널 컷 프로 텐Final Cut Pro X의 전신인 파이널 컷 스튜디오Final Cut Studio가 좋은 예다. 파이널 컷 스튜디오 2의 출시를 앞두고 나는 고맙게도 제품명 문제를 해결할 프로젝트에 참여해달라는 요청을 받았다.

파이널 컷 스튜디오는 편집과 특수 효과까지 가능한 고급 비디오 제작 프로그램이었다. 파이널 컷 스튜디오 2를 완성하기 전에 애플은 이 소프트웨어 세트를 강화하기 위해 다른 회사에서 새로운 프로그램을 사들였다. 할리우드에서 정교한 색 보정 작업에 사용하던 프로그램이었다. 이를 소유했던 회사는 복제본을 2만 5천 달러에 판매했지만, 소유권을 사들인 애플은 이 프로그램을 파이널 컷 스튜디오 세트의 최신 버전에 포함시켰다. 새로 구입한 이 프로그램의 이름을 두고 한참을 고민한 애플은 그냥 '컬러Color'라고 부르기로 했다.

이 프로젝트를 주도한 사람들 중 어도비가 제작한 비디오 소프트웨어 어도비 프리미어Adobe Premiere의 판매방식을 인상적으로 눈여겨보던 여성이 있었다. 그녀를 얀이라고 부르기로 하자. 당시에 프리미어는 여러 버전으로 사용할 수 있었으며, 원하는 수준에 따라 가격도 달랐다.

얀은 이것이 정말 훌륭한 아이디어라고 생각했다. 애플도 그대로 하면 될 듯했다. 파이널 컷 스튜디오도 일반형과 고급형 두 가지로 제작해 고급형 패키지에만 새로운 컬러 애플리케이션을 넣는 방식이었다. 얀은 두 제품의 패키지 디자인을 따로 제작하는 동시에 고급형 패키지의 이름도 차별화하고 싶었다. 일반형 패키지를 파이널 컷 스튜디오 2라고 한다면, 컬러 애플리케이션이 포함된 고급형 버전은 무엇이라고 불러야 할까?

이 프로젝트의 네이밍을 맡은 나는 패키지 디자이너들과도 내 생각을 공유했다. '파이널 컷 스튜디오 2 확장판Final Cut Studio 2 Extended Edition'과 '파이널 컷 스튜디오 2 고급판Final Cut Studio 2 Platinum Edition'이란 이름에서 느껴지듯 이 프로젝트가 내 경력에서 그리 화려했던 순간은 아니다. 두 이름에는 어도비의 분위기가 그대로 남아 있었다(아니면 마이크로소프트의 더 진부한 느낌일 수도 있다). 솔직히 두 제품의 차이는 단 하나, 컬러 애플리케이션의 존재 여부뿐이었다. 그래서 깊은 고민 끝에 나는 뻔한 원리를 따르기로 했다. 나 혼자서 택한 이름은 이랬

다. '컬러가 포함된 파이널 컷 스튜디오 2Final Cut Studio 2, With Color'

그 무렵 우리 중 어느 누구도 몰랐던 사실이 있다. 잡스가 집무실에서 조용히 심플 스틱을 다듬고 있었다는 것을 말이다.

프레젠테이션이 열렸고, 각각의 패키지 디자인이 이름과 함께 잡스 앞의 탁자 위에 깔끔하게 놓였다. 고급형 패키지는 화려하게 빛나는 줄무늬가 윗부분을 가로지르는 형태였다. 일반형과 차별화되도록 디자인 요소를 달리한 것이다. 얀은 컬러 애플리케이션을 포함시킨 고급형을 표현하기 위해 이런 포장을 사용했다고 설명했다. 그러자 잡스가 상자를 물끄러미 바라보더니 고개를 들어 팀원들을 쳐다보았다.

"소프트웨어를 상자에 넣으세요."

팀원들은 무슨 뜻인지 몰라 어리둥절해했다. 그들의 물음에 잡스가 재차 말했다.

"컬러를 파이널 컷 스튜디오 상자에 넣으세요. 우리가 팔려는 제품은 하나입니다. 됐죠?"

말귀를 알아들은 팀원들은 잠시 긴장 속에서 침묵을 지켰다.

"다음은 뭐죠?"

긴장한 얀은 이렇게 된 사정을 잡스에게 설명해야겠다고 생각했다. 그녀는 소프트웨어 부서에서 특별판을 만들면 컬러를 인수하는데 든 비용을 메울 수 있을 것이라며 자신이 최고재무책임자CFO에게 약속한 내용을 잡스에게도 설명했다.

"큰 실수를 한 것 같네요." 잡스의 대답은 냉랭했다. 그게 다였다. 회의는 그렇게 끝났다. 파이널 컷 스튜디오 2는 앞으로도 하나의 제품과 하나의 상자로 출하되리라는 뜻이었다.

돌아보면 그때는 복잡함이 제 모습을 숨길 필요조차 없었던 시절이었다. 복잡함이 얼굴을 훤히 드러내고 있는데도 잡스가 심플 스틱으로 내려치기 전까지는 누구도 깨닫지 못했다.

애플은 파이널 컷 스튜디오의 모든 요소들을 상자 하나에 넣어 고객들도, 회사도 쉽게 만들었다. 서로 다른 두 버전의 차이를 웹사이트에서 설명할 필요도 없었고, 파이널 컷 스튜디오의 새로운 확장판이 나왔다고 알리면 그만이었다. 디자인과 포장에 따로 투자할 필요도, 애플 매장에서 두 제품의 재고를 따로 관리할 필요도 없었다. 애플 고객들도 여러 버전 사이에서 고민할 필요 없이 새로운 구성의 강력한 신제품을 잔뜩 기대하며 구입하면 그만이었다. 또한 컬러 애플리케이션이 없었다면 파이널 컷 스튜디오 2로의 업그레이드 효과도 장담할 수 없었다. 요컨대 단순할수록 효과적이다.

이 사례에서 비판의 대상은 얀의 지나친 열정이었다. 적절한 제품명만 만들면 제품과 관련된 문제도 해결될 거라고 확신한 게 실수였다. 안타깝게도 그녀가 이 방식을 고집한 이유는 경쟁사의 가치관에 매몰된 탓이었다. 그 때문에 애플 본연의 단순함의 원칙을 망각했던 것이다.

애플 경영진이 애플닷컴의 콘텐츠를 승인할 때, 그들의 목표는 애플의 목소리를 그대로 담은 정보를 전달하는 데 있다. 애플은 따뜻하고 똑똑하고 누구나 환대하는 회사다. 웹사이트 또한 누구나 편안하게 둘러볼 수 있다.

디지털 세상에서 살아가는 사람들은 애플닷컴에 많은 기능이 없다고 불평할지도 모른다. 예쁘게 꾸민 카탈로그처럼 단조롭다고도 한다. 둘 다 옳은 말이다. 그리고 그것이 잡스가 추구했던 방식이다. 그는 애플닷컴이 사람들이 애플의 제품에 대해 더 많은 정보를 얻는 장소가 되기를 바랐다. 그게 전부였다. 흥미롭고 매력적인 사이트이기를 바라면서도, 애플닷컴을 더욱 '감각적인' 방향으로 확장하려는 발상에는 반대 의사를 굽히지 않았다.

애플닷컴에 무엇을 넣고 무엇을 넣지 말아야 할지 잡스는 엄격한 기준을 갖고 있었다. 그는 화려한 애니메이션도 별로 좋아하지 않았다. 그런 것들은 진짜가 아니라 그럴듯한 겉발림으로 방문자들을 꾀려 애쓰는 회사의 표식이라며 '태만하다'는 표현까지 썼다. 따라서 애플닷컴은 이런 경솔함을 피하고, 누구나 원하는 정보를 쉽게 찾게 하면 된다고 그는 강조했다.

애플닷컴은 시간과 더불어 진화해왔고 최근에는 HTML5 표준을 바탕으로 약간의 애니메이션도 적용했다. 이런 요소들이 페이지에 다소 생기를 불어넣는 것은 사실이지만, 애플은 눈속임용으로 디지털 효과를 이용하는 것에는 변함없이 반대한다. 그 결과, 애플닷컴은 해마다 세계에서 가장 방문자 수가 많은 사이트 중 하나로 손꼽히며 명확함이 돋보인다는 찬사도 자주 듣는다.

애플은 다른 회사들이 거칠고 광적인 행동을 하더라도 개의치 않는다. 이 복잡한 세상에서 애플만이 혼자 단순함의 섬처럼 보이기 위해서다. 그런 면에서 애플닷컴이야말로 이 책의 주제, 즉 차별화된 회사로 남기 위해 단순함의 위력을 이용하는 가장 모범적인 사례라고 할 수 있다. 더 깊이 탐구해보면 애플 사이트의 몇몇 부분도 그리 단순하지 않다는 것을 알게 된다. 파는 제품도 많고 전하려는 이야기도 많다. 하지만 중요한 것은, 페이지들이 단순하게 '느껴지도록' 디자인되었다는 사실이다.

물론 단순한 사이트를 만드는 것보다 유일하게 중요한 것은 누구나 원하는 정보에 쉽게 다가갈 수 있게 하는 것이다. 여기서조차 잡스는 단순함이라는 요구사항을 숨기지 않았다. 심지어 URL조차 까다롭게 점검했다. 한번은 우리가 완성된 광고를 잡스와 함께 보고 있을 때, 회의실에 있던 누군가가 광고 말미에 등장한 URL에 대해 말을 꺼냈다. 사람들을 애플닷컴의 특정 페이지로 유도하기 위한 주소인 www.apple.com/specialoffer를 지적한 것이다.

잡스는 그간 누구도 이 문제를 지적하지 않았다는 데 아연실색했다. 다행히 그의 포탑은 회전을 시작하지 않았고 언어 공격이 뒤따르지도 않았다. 그럼에도 불구하고 URL 문제에 재빠르게 대응했다. 보통 사람들이 세분화된 URL을 기억하기 어렵다고 생각했던 그는 URL

마저도 단순화하기를 바랐다. 애플 광고에서 흥미를 느껴 무언가를 더 찾아보려는 사람이라면 직감적으로 apple.com으로 접속할 것이라고 생각했다. 광고를 할 정도로 여유가 있는 회사라면 홈페이지 링크도 가장 합리적으로 구성하는 것이 당연했다.

앞으로 텔레비전이나 신문, 잡지 등에서 광고를 볼 때 특히 이 점을 눈여겨보자. 광고 게시판도 좋다. 보는 이들을 특정 페이지로 끌어들이기 위해, 혹은 누가 어디에서 접속하는지 추적하기 위해 만든 꽤 복잡한 URL을 보게 될 것이다. 잡스는 광고를 보는 이들의 움직임에 대한 데이터를 얻기 위해 직원들에게 특별한 주문을 하지 않았다. 그의 관심은 오로지 고객들을 위한 간편한 환경을 만드는 데 있었다. 애플은 고객에게 봉사하기 위해 존재할 뿐 다른 것에는 관심이 없었다. 잡스는 복잡한 환경을 요하는 상황을 단호히 거부했고, 어느 누구에게도 그렇게 요구하지 않았다.

단어의 힘을 과소평가하지 말라

잡스가 그렇게 사려 깊은 사람이 아니라고 알려져 있지만, 적어도 그는 내가 3시간의 시차가 있는 뉴욕에서 생활한다는 사실은 존중할 줄 아는 사람이었다. 그래서 내가 있는 곳이 새벽 1시라면 나는 마음놓고 잠을 청해도 괜찮았다. 하지만 그 시간에 잡스에게 이메일이라도 보낸다면 그에게 내가 완전히 깨어 있음을 알리는 꼴이 되었다. 그렇기 때문에 '보내기' 버튼을 누르기 위해서는 꽤 많은 고민을 해야 했다. 버튼을 누르면 곧바로 그에게서 전화가 걸려와 광고나 당장의 관심사에 대해 긴 대화가 이어질 게 뻔했기 때문이다.

잡스는 늘 크리에이티브 프로세스의 한 축이 되고 싶어했고, 다양한 단어와 이미지를 통해 자신의 의견을 피력했다. 아이맥 초창기 어느 날, 밤이 이슥할 때 잡스에게 이메일을 보냈더니 아니나 다를까 즉시 회신이 왔다. 늦은 시간임에도 우리는 곧 제작에 돌입할 16쪽 분량의 아이맥 광고에 들어갈 문안에 대해 한 시간 넘게 대화를 나눴다.

그동안 나와 잡스의 관계는 맑을 때도 있었고 흐릴 때도 있었지만, 이런 대화는 나로서도 환영이었다. 누구의 방해도 받지 않고 시간의 제약도 없이, 우리 단둘이서 언어에 대해 이야기할 기회였기 때문이다. 장황한 조각들을 축약하는 과정은 어찌 보면 퍼즐을 맞추는 것과 비슷했고, 단어나 구절의 의미를 함축한 단어를 선택하고 또 두 단어 사이의 미묘한 차이에 대해 대화하면서 흥미와 재미를 동시에 느꼈다. 물론 잡스의 주된 관심사는 광고를 보는 보통 사람들이 그 글귀에서 무엇을 느끼느냐에 있었다.

그날 밤 우리는 광고의 모든 페이지와 문장을 검토하며 작은 서사시를 써내려갔다. 잡스의 의견이나 질문을 토대로 우리는 한 문장씩 완성해나갔다. 크게 변화를 준 부분도 있었고, 특정 문장에서는 '부정관사(a)'와 '정관사(the)' 중 어느 것을 선택할지를 두고 논의하기도 했다. 논의가 격앙된 경우는 없었다. 그저 최선의 마케팅을 창조하기 위한 지적 대화만 있었을 뿐이다. 대화의 깊이가 더해지면서 약간의 협상도 필요했다. 서로 동의하기 어려운 문제에 부딪혔을 때 그는 곧잘 이런 식으로 말했다. "그러면, 내게 저걸 주면 나도 이걸 줄게요."

잡스는 예술가의 감성을 지닌데다 미묘한 부분까지 놓치지 않는, 한마디로 전설적인 인물이었다. 문자 하나의 채택을 놓고 그는 논쟁하지 않았다. 자신이 모두 통제했고 또 그것이 중요하다고 생각했기 때문이었다. 잡스는 사소한 것이라도 결코 소홀히 하지 않았다.

앞에서도 이야기했듯이, 잡스가 제품명을 고민할 때는 광고대행사도 애플 내부에서만 주로 의견을 구했다. 그는 제품명이 애플의 기존 네이밍 프로세스에 부합하기를 바라면서도 예술적 요소와 관련해서는 타협을 용납하지 않았다. 즉 멋지게 들리는 이름이어야 했다. '아이무비iMovie' 같은 간단한 이름조차도 몇 주에 걸쳐 많은 이름들을 놓고 논의를 거듭한 끝에 탄생했다.

애플은 단순함의 메시지를 고객들에게 전달하는 데도 머뭇거림이 없다. 애플은 그들이 만드는 모든 제품, 그들이 선택하는 모든 단어를 통해 메시지를 전한다.

Chapter 7

평소처럼 생각하라 Think Casual

말 한두 마디로 전할 수 있는 아이디어를 20개짜리 슬라이드로 만드는 것은 낭비다.
화려한 프레젠테이션보다 솔직한 생각과 가공하지 않은 자료가 오히려 믿음직하다.

나는 로스앤젤레스로 돌아가기 위해 회사에서 임대해준 차를 타고 산호세 공항으로 향했다. 애플을 떠나 5분쯤 지났을 때, 내 휴대전화가 울렸다. 잡스였다.

"잘 들으세요. 아까 당신이 데려온 사람이 누구인지, 왜 데려왔는지 나는 몰라요. 어쨌든 나는 그 사람이 한 일에 대해 한 푼도 지급할 수 없습니다. 그리고 애플에서 그 사람을 다시 보고픈 생각도 없고요."

비즈니스 세계에서 이른바 '잘못된 만남'으로 알려진 상황이었다. 이 회의를 준비하느라 우리 회사에서 2주나 투자했기 때문에 나는 더욱 당혹스러웠다. 잡스를 불쾌하게 만든 사람은 광고 플래너였다. 그의 이력에 해가 될 수도 있으니 이름을 행크라고 하자. 광고업계에서 플래너는 광고대행사나 의뢰인이 아니라 소비자들의 관점을 대변하는 사람이다. 즉 고객들의 생각을 읽어내고 어떤 메시지를 보내야 구매를 촉진시킬 수 있는지 찾아내는 사람이다.

플래너들은 이 모든 정보를 압축한 지침을 제시함으로써 크리에이티브 담당자들이 더 효율적으로 일할 수 있게 안내해야 한다. 또 크리에이티브 작업의 기초가 되는 마케팅 전략을 수립할 때도 꼭 필요한 사람들이다.

행크는 우리 회사에서 새로 고용한 사람이었다. 미국에서 가장 창의적이라고 손꼽히는 광고대행사에서 유명 대기업의 광고를 제작했던 똑똑한 친구였다. 이력서 전체를 대단한 경력이 휘감고 있었기에 우리 회사도 두 팔 벌려 그를 환영했다.

행크는 애플의 '브랜드 감사brand audit'로 첫발을 뗐다. 다양한 인구 집단과 민족성 속에서 작용하는 애플 브랜드의 건전성을 평가하는 일이었다. 그리고 감사 결과를 잡스에게 직접 설명할 수 있는 영예도 얻었다. 2주의 시간을 부여받은 행크는 무작정 일에 몰두했다. 잡스를 만날 날을 기대하며 자신에게 주어진 모든 능력을 활용해 그의 마음을 사로잡을 것이라고 다짐했다.

그러나 소망에도 주의가 필요한 법. 애플로 향하기 일주일 전에 행크가 나더러 자신의 프레젠테이션을 평가해달라고 요청했다. 잡스가 어떤 스타일을 좋아하는지 누구보다 내가 잘 알 거라고 생각했던 것이다. 하지만 그날은 일이 너무 많아서 다음날로 미루기로 했다. 불행히도 우리의 일정은 맞물리지 못했다. 다음날도 그다음날도, 서로 만날 기회가 없었다. 애플로 향하는 비행기 안에서야 겨우 그를 만났지만 프레젠테이션에 대해서는 살펴볼 시간조차 없었다. 다행히 클로우가 그를 도왔다고 해서 나는 별 걱정을 하지 않았다. 프레젠테이션이 시작되면 잡스와 함께 그저 즐길 생각이었다.

회의 시간을 15분 앞두고 우리는 애플의 중역 회의실에 도착했다. 행크는 프레젠테이션 자료가 담긴 거대한 가방을 들고 들어와서는 곧장 설치를 시작했다. 사실, 무언가를 설치하는 것 자체가 이미 달갑지 않은 첫 징조였다.

커다란 그래프가 등장했다. 뒤이어 다양한 고객층을 뜻하는 수많은 숫자들과 사진들이 담긴 차트도 모습을 드러냈다. 등골이 서늘해졌다. 이건 잡스가 좋아하는 프레젠테이션 스타일이 아니었다. 대기업의 방식이었다. 지난 한 주 동안 행크와 내가 만나지 못했다는 사실이 안타까웠다. 그만큼 눈앞의 광경은 점점 더 아슬해져만 갔고, 그가 서서히 죽음의 덫으로 빠져드는 것만 같았다.

행크가 포트폴리오를 모두 꺼내자 벽에는 4개의 거대한 폼 코어(foam core, 딱딱한 스티로폼 재질의 반사판—옮긴이)가 붙었고 그 옆에서 행크가 마음을 가다듬으며 서 있었다. 뭐라도 얘기해주고픈 마음도 있었지만 그러기에는 이미 늦었다. 그래서 나는 그 용감한 광고인이 하는 대로 그냥 지켜보기로 했다. 적어도 나는 사정거리에서 벗어나 있다고 확신하면서.

잡스가 들어서자 클로우는 그에게 행크를 새 팀원이라고 소개했다. 클로우는 행크의 경력을 간략히 설명하고 그동안 애플의 브랜드 감사를 위해 열심히 일했다고 덧붙였다. 지금껏 한 번도 이런 식으로 누군가를 잡스에게 소개한 적이 없었지만 이번에는 왠지 그러는 편이 나을 듯했다. 잡스는 알았다는 듯 고개를 끄덕였다. 실제로 관심이 있어서가 아니라 예의상 하는 인사 같았다.

행크가 자료를 붙인 벽은 잡스의 자리 뒤편이어서 그는 곧 펼쳐질 쇼를 보기 위해 의자를 절반쯤 돌렸다. 그의 몸짓에서 프레젠테이션을 보고 싶어하는 열의가 느껴졌다. 신경을 곤두세워 듣기 시작했지만, 1분 1분 흐를 때마다 그의 몸은 점점 의자 속으로 깊숙이 가라앉았다. 마침내 지루한 표정이 역력해졌다. 클로우가 행크의 아이디어를 칭찬하지 않았더라면 어쩌면 그의 예의도 한계에 다다랐을지 모른다.

클로우를 존경하는 잡스였기에 프레젠테이션을 중단시키지는 않았지만, 그렇다고 특유의 조롱마저 없었던 것은 아니다. 몇 분 지나지 않아 그가 질문을 퍼부으며 프레젠테이션을 방해했다. 잡스의 이견이 늘어날수록 행크는 점점 더 긴장했다.

다시 몇 분이 흐르고, 행크는 다른 도시들에서 수집한 또다른 인구 집단 자료를 잡스에게 설명하기 시작했다.

"저희는 할렘의 빈민가까지 찾아가 농구장에 있던 '아이들'에게 애플을 어떻게 생각하는지 물었습니다."

그때 잡스가 다시 끼어들었다. "왜 그 애들에게 물었죠?" 그러고는 이렇게 말했다. "애들이 무슨 돈이 있다고!"

처음부터 냉혹한 모습은 아니었지만 시간이 갈수록 프레젠테이션에 알맹이가 없다는 사실을 깨닫고 잡스는 점점 더 화가 나는 듯했다. 행크는 더듬거리며 대답했고, 맥이 빠진 잡스는 거의 드러눕듯 의자에 털썩 주저앉았다. 골치가 아픈 듯 두 손으로 머리를 감쌌고, 손가락 사이로 겨우 프레젠테이션을 들여다봤다. 이제는 누가 보더라도 폭발하기 직전 같았다.

클로우는 무언가 조치를 취할 때라고 판단했다. 그렇지 않으면 이 젊고 똑똑한 플래너의 일생에 지울 수 없는 마음의 상처를 남길 것만 같았다. 중간에 끼어든 클로우는 이 연구 결과를 잡스와 공유하게 된 이유를 설명해보라고 행크에게 제안했다. 오늘날 애플 브랜드가 어떤 의미인지 정확히 이해하는 것이 얼마나 중요하며, 그래야 고객들에게 전할 메시지도 제대로 만들 수 있다는 점 등을 언급하라는 뜻이었다. 그러나 클로우의 도움에도 불구하고 잡스는 더이상 들을 의지가 없어 보였다. 오히려 듣고 있을수록 시간만 허비하는 꼴이니 짜증만 더해가는 듯했다. 잡스는 클로우를 바라보며 '이건 아니다'라는 표정을 짓더니 긴 한숨을 내쉬었다.

"좋아요, 어쨌든." 그가 말했다. "이제 광고를 좀 보죠." 행크의 역할은 끝났다는 소리였다. 아직 프레젠테이션이 끝나지 않았지만 잡스가 중단시킨 것이다. 이렇게 잡스의 연구 파트너로서 행크의 이력은 시작하자마자 20분 만에 막을 내렸다.

우리로서도 큰 오점이었다. 잡스가 그토록 싫어하는, 전형적인 광고대행사의 면모를 유감없이 발휘한 것이다. 그에게 이런 프레젠테이션은 본질을 떠나 스타일을 타협하자는 광고대행사의 억지밖에 되지 않았다. 세 마디면 끝날 일을 두고 20개의 슬라이드를 지켜봐야 하는 상황은 잡스를 괴롭게 했다. 그 많은 시간을 투자할 정도로 가치 있는 일이 아니었기 때문이다. 그는 화려한 프레젠테이션보다 솔직한 이야기와 가공하지 않은 자료를 선호했다. 프레젠테이션이 화려하다는 것은 얼마 되지 않는 알맹이를 실제보다 부풀려 포장했다는 의심을 받을 만하기 때문이었다. 바꾸어 말해 아이디어 자체에 집중하기보다 그 아이디어를 포장하는 데 소중한 시간을 허비한 셈이다.

잡스는 탁자와 화이트보드, 솔직한 아이디어 교류만 있으면 그것으로 만족했고, 관계가 형식화되거나 애플이 대기업의 전형적인 행동양식에 빠지는 것을 단호히 거부했다. 그는 마음이 내킬 때는 언제든 맨발을 탁자 위에 올려놓을 수도 있는 그런 사무실 분위기를 좋아했다. 그리고 잡스 자신이 실제로 그렇게 행동했다.

부담 없는 프레젠테이션

대부분의 비즈니스 프로젝트는 일정한 형식의 브리핑으로 시작된다. 누구나 한 번쯤은 경험했듯이, 형식적이고 딱딱하며 지루한 브리핑이 있는가 하면 이해하기 쉽고 많은 정보를 얻을 수 있는 브리핑도 있다. 복잡함이 끼어드는 순간부터 브리핑은 고문으로 바뀐다. 반면에 단순한 브리핑은 모든 것이 명쾌하며 참석자들에게도 진지한 사명감을 불러일으킨다.

내가 애플과 일하며 신제품 프레젠테이션에 관여한 경우는 스무 차례가 넘는다. 더러는 신제품 웹페이지를 구축하고 패키지 디자인을 개발하기 위해 제품 책임자들에게 프레젠테이션을 받기도 했다. 이런 프레젠테이션은 보통 간결했고, 대화 위주로 진행되었다. 마케팅 보고서나 제품의 특징을 복잡하게 나열한 목록 같은 것도 없었다. 똑똑한 사람들의 작은 집단이 평소와 다름없는 분위기에서 제품을 살펴보고 그 장점에 대한 명쾌한 설명을 들을 뿐이었다. 제품 책임자들은 우리의 모든 질문에 답을 해주었다. 그 제품이 세상의 어느 곳에 어울리는지 정확히 파악하고, 작업을 시작하기 위한 신선한 아이디어들을 얻고 나면 회의도 마무리되었다.

가끔은 우리 광고회사 팀원들이 2주마다 여는 정례 회의중에 잡스에게 직접 신제품 브리핑을 듣는 경우도 있었다. 형식적인 프레젠테이션을 무엇보다 싫어했던 그는 과연 어떤 식으로 프레젠테이션을 진행했을까?

슬라이드 쇼도, 남겨진 문건도, 공식화된 전략도 없었다. 그저 대화뿐이었다. 제품이 회의실에 있을 때도 있었고 없을 때도 있었다. 잡스는 왜 그 제품이 존재해야 하고, 어떻게 작동하며, 무엇이 그 제품을 두드러지게 하는지 등에 대해 자신의 의견을 우리와 나눌 뿐이었다. 설명이 더 필요하다 싶을 때는 화이트보드로 달려가기도 했다. 마치 자신이 슬라이드 쇼인 양 행동했다. 제품의 이면에 깔린 철학에 대해 최고경영자로부터 직접 설명을 듣는 것보다 효과적인 방법은 없었다.

제품의 본질을 충분히 이해하고 나면, 이제 그 제품을 세상에 가장 효과적으로 알릴 방법을 찾아야 하는 숙제가 우리 회사에 주어졌다. 우리가 일에 매진할 수 있었던 데는 우리를 향한 잡스의 믿음도 한

묷했다. 그는 우리가 똑똑하기 때문에 고용했고 그 믿음을 계속 증명하기를 바랐다. 우리를 보살펴야 한다면 그는 굳이 우리를 옆에 둘 이유가 없었다.

이제 다른 회사들이 파트너에게 브리핑하는 관례를 애플의 방식과 비교해보자. 대다수 회사에서는 프로젝트가 중요할수록 브리핑 과정도 형식적으로 변한다. 델, 인텔, IBM에서는 공식 프로젝트에 착수하는 것도 큰 행사이며, 종종 여러 광고대행사들의 협조를 구하기도 한다. 따라서 브리핑을 하기 위해 대강당 같은 넓은 장소를 이용하는 경우도 적지 않다.

나는 이따금씩 큰 규모의 회의에 참석했다가 도무지 집중이 안 될 정도로 지루할 때는 무료함을 달래기 위해 참석자들이 몇이나 되는지 세곤 한다. 그렇게 제일 많이 세었을 때가 32명이었다. 델의 개인고객 부서 사람들이었다. 그해 연휴에 방영할 광고를 여러 팀에게 소개하기 위해 열린 하계 회의에서였다. 그날 브리핑에만 꼬박 한나절이 걸렸다.

델의 의도는 충분히 납득이 갔지만 그날 회의에서 얻은 것은 거의 없었다. 먼 곳에서 찾아온 사람들까지 포함해 32명의 시간만 허비했을 뿐이다. 델이 중서부에 여러 포커스그룹을 만든 탓에 사람들은 꽤 멀리까지 이동해야만 했다. 하지만 제법 큰 브리핑 규모에도 불구하고 델이 얻은 것은 기존의 몇몇 광고에 연휴의 상징물을 끼워넣어 방영한 것뿐이었다. 대규모의 브리핑에다 포커스그룹의 항공료와 호텔비까지 엄청난 비용을 낭비하면서 말이다.

내가 광고대행사 크리에이티브 디렉터와 컨설턴트 역할을 모두 수행하며 애플과 함께 일했을 때는 이런 형식적인 모임에 참석한 적이 없었다. 아니, 사람들로 붐비는 회의에 참석한 기억조차 없다. 애플의 유전자에 존재하는 이 형질이야말로 델의 혈액에 꼭 필요하다.

이처럼 대규모 브리핑에 참석했다가 떠날 때는 그 프로젝트에 대한 이런저런 설명이 담긴 인쇄물을 한아름씩 들고 나서기 마련이다. 그러나 애플의 제품 브리핑 회의실을 나서는 사람들의 손에는 기껏해야 한두 장의 문서만 들려 있다. 단순해야 핵심도 빨리 짚는 법이다.

사람들로 붐비고 소화하기조차 힘든 과다한 내용의 프레젠테이션에 참석했다가 세상을 뒤집을 정도로 의욕에 불타 사무실로 돌아가는 사람이 몇이나 될까? 아마도 대부분은 가까운 술집부터 찾을 것이다. 이런 식으로는 사람들로 하여금 최선을 이끌어내기 어렵다. 이 방식은 가져온 상자를 하나하나 보면서, 준비한 내용을 다 발표했는지 확인하는 것에 지나지 않는다. 발표자의 의도에는 부합할지 몰라도 참석자들에게는 전혀 그렇지 않다.

이 문제에 해당되는 회사로 델을 지목하려는 뜻은 아니다. 사람들이 이미 잘 알고 있는 많은 대기업의 문제를 상기시키려는 것뿐이다. 크고 다루기 힘든 집단과 일하는 사람은 자신이 하찮은 일원에 불과하다고 느낀다. 파트너들에게 무언가를 브리핑해야 하는 상황에서 많은 대기업들은 과거에 그런대로 괜찮았던 결과를 본보기 삼아 그대로 따른다.

본보기 자체가 악惡은 아니다. 애플 내부에서도 브리핑을 준비할 때 본보기를 따른다. 차이가 있다면, 애플의 본보기는 단순함이 그 바탕이라는 점이다. 똑똑한 사람들의 작은 집단이 최상의 결과를 창조하는 데 필요한 정보를 제공하는 것만이 애플이 브리핑을 하는 목적이다.

형식 때문에 죽다

단상에 오를 때마다 잡스는 세상의 관심을 끌었다. 공식 석상에서 그가 한 이야기들은 몇 주가 지나도록 회자되었다. 그의 프레젠테이션 스타일을 주제로 한 책과 기사들이 줄지어 등장하는 것도 당연했다. 그러나 우리 대부분은 잡스와 같은 환경에서 프레젠테이션을 하지 않는다. 단상에서, 카메라 앞에서, 5천 명 혹은 그 이상의 사람들 앞에서 발표하는 경우는 거의 없다. 오히려 우리가 과연 잡스 같은 사람 앞에서 제대로 발표나 할 수 있을지 의구심이 든다. 바꾸어 말해 잡스와 비슷한 지위에 있는 누군가가 당신의 프레젠테이션 날짜를 달력에 표시하고, 당신이 그날 그 앞에서 발표를 해야 한다면 어떨까? 당신은 그 소중한 시간을 어떻게 사용하겠는가?

잡스는 인내심이 많지 않았다. 독설가이기도 했다. 한창 핵심을 이야기하고 있는데 말을 끊는 경우도 부지기수였다. 만약 잡스 앞에서 프레젠테이션을 제대로 진행할 수 있는 사람이라면, 나는 그 사람이 세상 그 누구 앞에서도 성공적인 결과를 얻을 것이라고 생각한다.

가장 많이 고민할 부분은 잡스의 시간을 절약해주어야 한다는 것이었다. 큰 회사를 경영하는 사람은 시간적 여유가 많지 않다. (과거에 잡스가 그랬듯이) 큰 회사를 여러 개 경영하는 사람이라면 더더욱 그렇다. 무엇을 어떻게 할지는 우리 손에 달렸다. 이때 단순함은 간결함을 바탕으로 그 위력을 발휘한다. 단순함은 주제에 대해 두서없이 합리화하는 것이 아니라 직접적으로 진술한다는 뜻이다.

넥스트 시절에 나는 잡스 앞에서 프레젠테이션을 진행하는 요령을 익혔다. 그 요령은 그때까지 내가 광고 대가들에게 배운 것들과는 모든 면에서 대조적이었다. 이후로 나는 잡스에게 다가가는 방식을 바꿨을 뿐 아니라, 나를 프로젝트에 초청한 다른 의뢰인들 앞에서 발표하는 방식도 다시금 고민하게 되었다.

우리 팀이 신문 시리즈 광고에 대해 잡스와 의견을 나누려고 비행을 마치고 도착했을 때였다. 보통은 잡스가 회의실에 들어오기 전까지 몇 분의 시간이 있었다. 내가 주로 회의 '준비'에 활용하는 시간이었다. 잡스에게 보여줄 3가지 광고 시안을 큰 출장용 가방에서 꺼냈다. 각각 커다란 검정색 마분지 위에 붙여 프레임 효과(frame effect, 틀에 따라 내용의 느낌이 달라지는 시각적 효과—옮긴이)가 두드러졌다. 나는 통상적인 광고 프레젠테이션 관례에 따라 그 광고들을 뒤집어서 탁자 위에 올려놓았다. 특별히 깊이 생각하고 한 행동은 아니었다. 잡스와 대화하다가 적당한 시점이 되면 하나씩 뒤집어 보여줄 생각이었다.

바로 그때 회의실에 들어선 잡스가 탁자 위에 놓아둔 광고들 앞에 자리를 잡았다. 일을 맡은 지 얼마 되지 않았지만 그래도 내 역할에 제법 익숙해져가던 때였다. 잡스는 잠시 환담으로 나와 팀의 긴장을 풀어주었다. 할 일이 많았음에도 그의 배려 덕분에 힘도 나고 기분도 한결 좋아졌다.

회의가 시작되고 우리 팀의 어카운트 디렉터가 먼저 설명을 시작했다. 그다음 차례가 나였다. 나는 지난 24시간 동안 머릿속으로 수없이 연습했던 발표 순서를 되뇌었다. 제일 먼저 전략을 요약해 언급할 생각이었다. 우선 잡스에게 3가지 광고의 접근방식이 각각 어떻게 다른지 이해시키는 것이 목적이었다. 내가 한 일이 자랑스러웠고 잡스와도 기꺼이 나누고 싶었다.

내 순서가 되었다. 채 몇 마디도 꺼내지 않았을 때 느닷없이 그가 끼어들었다. 한눈에 봐도 상당히 격앙된 상태였다. "그냥 광고를 보여주세요!" 그가 말했다. "아침에 월스트리트저널에서나 읽을 만한 내용을 설명하려고 내 옆에 앉은 거예요?" 그러더니 광고안 3개를 모두 뒤집었다. 그는 잠시 광고들을 보더니 내 설명 없이도 내용을 받아들였다.

잡스는 우리가 한 일을 잘 알고 있었다. 그 광고를 통해 무엇을 얻으려 하는지 누구보다 잘 알았다. 따라서 구구절절 설명할 필요 없이 광고부터 보여주고 어느 것이 왜 나은지 토론하면 그만이었다. 잡스는 형식적인 프레젠테이션을 원치 않았다. 실제로 그는 이렇게 말했다. "제발 광고회사 사람들 티 내지 말고 그냥 얘기하세요."

단순함은 시간을 끌지 않는다. 곧장 본론으로 들어가 중요한 것에 집중한다. 프레젠테이션을 준비하느라 공들인 시간들을 모욕하려는 것은 아니지만, 프레젠테이션 내용 중 상당수는 불필요한 것들이다. 말을 많이 할수록 자신이 똑똑해 보인다고 생각하는 사람들이 많지만, 사실은 그 반대가 진실에 더 가깝다. 간결하게 소통하는 사람들이 더 똑똑해 보일 뿐 아니라 시간을 소중히 여기는 경영자들에게 인정받기도 쉽다.

잡스가 보기에 우리의 프레젠테이션은 큰 회사와 큰 광고대행사가 만났을 때 주로 벌어지는 광경이었다. 회의 시작 전의 준비 과정도 그의 눈에는 머리 굴리기에 지나지 않았다. 그는 우리가 제시한 아이디어의 장점을 평가하려 했을 뿐, 자신의 반응에 따라 우리의 말이 달라질 수도 있는 상황을 경계했다. 요컨대 프레젠테이션이 형식적일수록 잡스의 의심만 부추길 뿐이었다.

의뢰인들을 결론으로 이끄는 것과 그들을 바보 취급하는 것은 종이 한 장 차이다. 잡스는 자신을 결론으로 '이끄는' 것에 반응했다. 그를 대할 때는 애초부터 자료를 탁자 위에 펼쳐놓고 논의를 시작하는 것이 최선이었다. 의견을 제시하고 확신하는 결론을 밀고 나가야 했다.

형식적인 프레젠테이션은 여러 장애물을 만든다. "질문 있어요?" 같은 물음으로 마무리해서는 대화를 북돋우기 어렵다. 모든 비즈니스는 관계의 문제다. 이때 솔직한 토론과 형식에 얽매이지 않는 프레젠테이션은 그 관계를 더욱 돈독히 하고 더 유익한 결과를 낳는다.

잡스가 회의실에서 형식을 따지지 않은 것은, 대부분의 회의는 브레인스토밍 과정이 되어야 한다는 그의 믿음 때문이다. 그는 간혹 완료된 결과물을 들고 와서 소개하는 경우에도, 회의실을 떠나기 전까지 충분한 논의를 통해 더 자세히 분석할 수 있다고 생각했다. 잡스에게 유일하게 형식적인 프레젠테이션이 필요했던 경우는 애플의 신제품을 공개하기 위해 단상에 섰을 때뿐이었다.

애플은 신제품 공개 행사를 위해 마지막 1초까지 연출과 예행연습에 공을 들였다. 그리고 일이 잘못될 모든 가능성에 대비해 보완책도 준비했다. 하지만 아무리 완벽하게 계획된 무대에서도 잡스의 모습은 형식과는 거리가 멀어 보였다.

잡스가 공개 프레젠테이션에서 선보이는 슬라이드 쇼를 본다면 그 내용이 지극히 단순하다는 사실에 놀랄 것이다. 극단적일 정도로 간단하다. 당연히 잡스의 목표는 자신이 원하는 결론으로 청중을 이끄는 것이었고 그 방법도 지극히 직접적이었다. 따지고 보면 그도 일반적인 프레젠테이션 각본을 따랐다. 즉 의제를 소개하고, 주제와 관련된 자료를 제시하고, 그런 다음 주제를 요약해 정리하고서 다음 주제로 넘어가는 식이었다. 그리고 행사가 마무리될 쯤에는 전체 내용의 핵심들만 다시 정리했다. 특별히 청중에게 강조하고 싶은 내용이 있을 때는 반복해서 이야기했다. 강조하고 또 강조했다.

자신이 원하는 바를 세상에 보여주기 위해 그는 몇 날 몇 주에 걸쳐 예행연습과 수정을 거듭하면서 신제품 공개에 최선을 다했다. 그런 점에서 보면 이런 행사도 형식이라고 할 수 있었다. 그러나 전통적인 관점에서 볼 때 잡스는 세련된 연사와는 거리가 멀었다. 자세도 구

부정했고, 말투는 느렸으며, 발표 수준도 프레젠테이션 수업을 이제 막 마친 사람 같았다. 마치 50대의 지혜를 가진 정열적인 20대 청년 같은 느낌이었다. 그런데도 그가 사람들의 마음을 끌 수 있었던 이유는, 그 많은 예행연습에도 불구하고(부분적으로는 그 덕분에) 단상에 선 최고경영자라기보다 여전히 회의실의 잡스처럼 느껴졌기 때문이다.

평소에 직원들 그리고 파트너들과 소통하던 모습과 다를 바 없었다. 광고대행사더러 프레젠테이션에서 격식을 갖추라는 지시를 그로부터 나는 한 번도 들은 적이 없다. 잡스는 그저 최고의 아이디어만을 원했다.

Chapter 8

인간을 생각하라 Think Human

모든 비즈니스의 표적은 사람이다. 훌륭한 기술들을 구구절절 설명하기보다
인간적인 용어로 짤막하게 표현할 때 고객과 더욱 가깝게 소통할 수 있다.

마흔에 다다른 잡스는 신형 컴퓨터를 개발하고 출시하는 과정에서 느낄 수 있는 모든 감정을 충분히 경험했고, 그만큼 연륜도 쌓였다. 깜짝 놀라거나, 뿌듯해하거나, 화나고, 매료되고, 좌절하고, 고무되고, 격앙되는 등 때에 따라 자신이 경험하는 감정도 무궁무진했다. 어느 늦은 밤에 나는 그의 전화를 받고 적잖이 놀랐다. 차분하고 사색적인 목소리였다. "컴퓨터 때문에 눈물을 보인 건 이번이 처음일 겁니다."

불과 몇 시간 전, 그는 조만간 세상에 공개할 아이맥 시제품 앞에 앉아 아이무비(애플의 영상편집 프로그램—옮긴이)를 켰다. 놀라운 경험이었다. 캠코더에 저장된 아이들의 영상을 컴퓨터로 옮기고, 최고의 장면만을 엄선해 전환 효과를 주고, 제목을 붙이고, 마음에 드는 사운드트랙까지 넣으니 가슴을 울리는 한 편의 영화가 만들어졌다.

이 영상을 아내와 함께 보고 있으니 두 사람 모두 눈가가 촉촉해졌다고 했다. 그는 아이무비를 그동안 애플이 만든 최고의 제품들 중 하나라고 생각했다. 특히 그를 사로잡은 것은 아이무비의 단순함이었다.

1999년으로 돌아가 그 시대를 돌이켜보자. 당시에는 유튜브도 없었고, 캠코더가 대세였다. 캠코더로 비디오카세트에 녹화하는 방법이야 누구나 알았지만, 그 영상을 친구나 가족, 믿을 만한 사람들과 같이 보기 위해 영화처럼 전환하는 방법을 아는 사람은 거의 없었다.

그것을 이제 아이무비가 바꾸려 하고 있었다. 기술이 이렇게 큰 감성적 효과를 낳을 수 있다는 사실에 감동한 잡스가 자신의 경험을 그 늦은 시간에 우리와 나누고 싶었던 것이다. 그는 우리가 곧 제작할 아이무비 광고에서 이런 감성을 포착할 수 있다면 더없이 좋을 거라고 했다.

이 전화 통화를 계기로 우리는 잡스의 경험을 반영한 광고를 기획했다. 이름도 '크라잉 맨Crying Man'이라고 지었다. 무언가를 바라보며 눈물을 훔치는 한 남자의 모습이 광고 시간 30초 중 대부분을 차지했기 때문이다. 사운드트랙이 흐른 뒤 넋이 나간 듯한 남자의 모습이 등장하는데, 후반부에 가면 그가 귀여운 어린 딸의 영상을 보고 있음을 알 수 있다. 잡스가 신형 아이맥으로 직접 제작한 영상과 비슷한 내용이었다. '이보다' 더 감성적일 수는 없다고 우리는 생각했다.

적당한 사람을 물색하던 우리는 젊고 준수한 외모에 곧바로 눈물을 펑펑 쏟아낼 수 있는 아빠 배역의 적임자를 찾아냈고 촬영에 돌입했다. 그런데 편집을 시작하고 나서야 우리가 큰 실수를 했다는 사실을 깨달았다. 아무런 설명이 없다보니 마치 딸을 잃고 슬퍼하던 아빠가 딸의 영상을 보며 추억을 삼키고 있는 모습처럼 보인 것이다. 우리가 계획했던 희망적인 메시지와는 완전히 동떨어진 해석이었다.

다행히 우리는 장례식 같은 느낌을 주지 않고 아이무비를 강조할 방법을 금방 찾아냈다. 애플의 부사장이 만든 재미있는 영상을 쓰기로 한 것이다. 아이들이 밥 딜런의 〈포에버 영Forever Young〉을 배경으로 침대 위에서 깡충거리는 장면이었다. 덕분에 우리는 광고 역사상 처음으로 밥 딜런의 원곡을 광고에 사용한 회사가 되었다. 딜런의 음악이 그 자신의 삶에 영향을 미쳤듯이, 이 광고 또한 잡스에게 특별한 감성적 순간이 되었다.

아이무비 프로젝트는 곧 드러날 잡스의 성향을 부분적으로 보여준 계기이기도 했다. 그는 고객들과 유대를 형성하는 애플의 역량을 늘 자랑스럽게 여겨왔으며, 이번에는 여느 때보다도 감성적인 유대를 형성하기 위해 노력하고 있었다. 하지만 지금에 와서 돌이켜보면, 아이무비는 그 방향으로 걸음마를 뗀 수준에 지나지 않았다. 이후 몇 년 동안 애플은 고객들이 자기만의 음악과 사진, 영상을 만들고 그것을 통해 자신의 가족과 친구들에게 더 가까이(터치와 음성을 통해 기술적으로도 더욱 가까이) 다가가도록 도움으로써 감성적 유대를 일종의 예술 형식으로 승화시켰다.

혁신이 혁신을 낳는다. 애플은 인간미에 직접 다가가는 것이야말로 단순함의 가장 큰 위력이라는 사실을 입증했다.

애플이 처음부터 성공의 길을 걸을 수 있었던 이유는 인간적 가치를 담은 제품을 만들어왔기 때문이다(사람들은 잡스가 떠나 있는 동안 애플이 원래의 가치를 잃기 시작하면서 모진 시련을 겪게 되었다는 사실을 쉽게 간과한다). 개인용 컴퓨터를 기계로 여기던 그 시절에도 매킨토시는 우리에게 마치 사람처럼 다가와서 모든 것을 바꾸어놓았다. 매킨토시는 무척이나 단순했다.

특히 지난 10여 년 동안 '단순함'을 내세운 애플의 브랜드는 인간미에 더 많이 집중했다. 애플의 모든 혁신 제품들은 우리의 감성과 예술, 디자인을 향한 애성에 불을 붙이며 단순히 기능성 차원을 넘어 갈망의 대상이 되었다. 그렇기 때문에 다 큰 어른들이 애플의 제품을 사기 위해 한나절 내내 줄을 서는 것도 마다하지 않는 것이다. 애플이 내놓은 첫 휴대 기기(뉴턴Newton은 제외하고)였던 아이팟은 애플이 단순함과 인간미라는 과제를 성공적으로 완수한 제품이었다.

아이팟은 이미 다양한 선택권이 있던 뮤직 플레이어 시장에 뒤늦게 진입했다. 모든 기기들이 저마다의 방식으로 작동하던 복잡한 영역이었고, 절대 강자 없이 틈새를 장악하려는 고만고만한 회사들만 가득했다. 애플의 자신감을 누구보다 잘 알았던 나는, 애플이 이 시장을 둘러보며 아마도 영화 〈혹성탈출〉에서 주인공 조지 테일러가 유인원을 처음 만났을 때와 비슷한 느낌을 받았으리라고 상상했다. '저것들이 이곳에 사는 가장 우수한 종족이라면, 6개월 안에 우리가 이 혹

성을 차지할 것이다.'

애플은 뮤직 플레이어 시장에 가장 필요한 것이 단순함이며, 어느 회사든 그 필요를 충족시키는 회사가 곧바로 '이 혹성을 차지할' 것이라고 확신했다. 애플이 경쟁사들을 제치고 선두로 도약할 수 있었던 배경에는 바로 이러한 통찰이 있었다. 잡스는 2006년 『뉴스위크』 인터뷰에서 이렇게 말했다.

> 우리는 하드웨어 전문가이고, 산업 디자인 전문가이고, 아이튠스를 보유한 소프트웨어 전문가입니다. 우리에게 남다른 혜안이 있다면, 다른 뮤직 라이브러리가 아닌 아이튠스를 기반으로 아이팟을 운용하기로 결정한 것입니다. 다른 회사들은 기기 자체에 별짓을 다하다 보니 쓸데없이 복잡해지기만 했지요.

애플은 복잡한 요소들을 제거해 사람과 음악이 더 가까워질 수 있는 기기를 만들어냈다. 한마디로 기술적 장벽을 제거해 인간적인 면모를 부각시킨 제품이었다. 아이팟을 개발하는 과정에서 애플은 소형화와 인터페이스 디자인 분야의 기술을 확보함으로써 더욱 인간 중심적인 기기의 시대를 열었다. 터치스크린과 직관적 인터페이스가 특징인 아이폰은 블랙베리와는 또다른 세상이었다. 즉 아이폰은 우리를 기계가 아니라 인간으로서 대접한다는 느낌을 주었다. 물론 아이패드도 비슷한 방식으로 컴퓨터 시장에 충격을 주었다.

그러나 애플이 보유한 모든 기술의 인간적인 면모는 여전히 진화하고 있다. 아이폰 4S에 탑재되어 세상에 첫선을 보인 지능형 음성인식시스템 시리를 통해 애플은 터치스크린을 뛰어넘었고 제품에 더 많은 인간미를 부여했다. 인간의 음성에 반응하는 시리는 단어를 지능적으로 분석해 일련의 과정을 실행한다. 오늘 우산이 필요한지 시리에게 물으면, 곧바로 당신의 위치를 파악하고 일기예보 자료를 확인해 적절한 답을 한다. 이것이 바로 휴대전화에서 텔레비전, 컴퓨터에 이르기까지 모든 기술을 다루는 데 있어 인간이 앞으로 지향해야 할 미래다. 수많은 공상과학 영화들이 예견한 대로, 머잖아 인간이 기계와 대화를 나누는 날이 곧 올 것이다. 〈2001 스페이스 오디세이〉의 핼보다는 조금 더 나은 상황이 펼쳐지길 기대해보자.

다른 회사들은 발견하지 못하는 인간의 잠재력을 찾아내 디자인과 엔지니어링 기술을 바탕으로 그 비전을 실현하는 것, 애플의 천재성은 거기에서 엿볼 수 있다. 아이팟과 뮤직 플레이어 시장의 예에서 보았듯이 애플이 항상 무언가를 처음부터 창조하는 것이 아니다. 아이디어나 개념은 이미 존재하는 것들이다. 하지만 사람들이 놓치는 게 하나 있다. 바로 단순함이다. 그 하나가 완전히 다른 세상을 만든다는 것을 잊지 말자.

스티브 잡스, 열성적인 인간

단순함의 위력을 신봉했고, 또 단순함이 그토록 인간에게 중요한 부분이라는 것을 알았던 잡스는 왜 그렇게 광적인 독불장군 같았을까?

사람들에게 잡스가 광적인 독불장군처럼 보이는 것은 당연하다. 바라는 것도 지나치게 많고, 잔인할 정도로 거칠고, 화가 치밀었을 때는 굉장히 험상궂게 굴었다. 그는 매일 앞으로 나아가야 하는 배의 선장이었다. 전진에 도움이 되지 않는 사람은 곧바로 곤경에 처했다.

그런데 잡스의 실제 모습은 두 가지였다. 무자비하고 억압적이며 가차없는 사람이었는가 하면, 영감으로 가득하고 매력적이며 지극히 인간적인 면모도 있었다. 이 두 가지 성향이 적절히 뒤엉킨 모습에 사람들은 매료되었다. 그의 비전을 향해 사람들이 열정을 쏟고 때로는 삶의 많은 부분을 희생할 수 있었던 이유도 여기에 있다.

멍청한 짓을 참지 못하는 그였지만, 불가능한 문제를 해결하고 우수한 컴퓨터와 장치들을 만들어내는 주체 역시 사람들이라는 믿음을 잃지 않았다. 이런 일들이 실현될 수 있는 환경을 조성하는 것이 그의 일이었다. 그는 사람들이 잠재력을 발휘하도록 유도하고 협력을 북돋우는 것이 창의적 사고의 가장 중요한 바탕이라고 믿었다.

픽사의 새 본사를 건설할 때 그는 직원들이 수시로 만나 자발적으로 협력하도록 유도하는 공용 공간을 만들고자 했다. 잡스가 2004년 『블룸버그 비즈니스위크』와 했던 인터뷰 중에서 한 대목을 살펴보자.

> 프로세스가 효율을 높일 수 있습니다. 그러나 혁신은 복도에서 수시로 만나는 사람들, 새로운 아이디어가 생각났거나 그동안 문제가 되었던 허점을 메울 무언가를 떠올렸을 때 밤 10시 반에도 서로 전화

할 수 있는 사람들에게서 비롯됩니다. 자신이 생각해낸 가장 좋은 아이디어를 두고 다른 사람들이 그것을 어떻게 생각할지 알고 싶은 사람이 소집하는 6인 특별회의 같은 것 말이지요.

잡스는 이런 '운좋은 우연들' 즉 정기적으로 교류하기 힘든 사람들이 만나 아이디어를 나누거나 대화를 하는 임의의 만남을 높이 평가했다.

잡스가 무섭게 폭발한다는 사실이야 유명했지만 주위를 북돋우는 능력도 놀라울 정도였다. 실제로 그가 즐겨 쓰던 몇몇 칭찬 표현들은 자기만의 현실왜곡장에서 곧바로 전송되는 듯했다. "오늘이 바로 컴퓨터 역사상 가장 위대한 제품을 출시하는 날입니다." 이 말이 사실이 아닐 수도 있었지만, 그가 이렇게 현실을 왜곡한 덕분에 제품 출시에 기여한 사람들은 그의 따뜻한 애정을 느낄 수 있었다.

잡스가 우리더러 자기보다 더 열심히 일하라고 재촉했다면 불쾌한 기분이 들었을지 모른다. 하지만 그런 일은 없었다. 그는 정확히 자기가 한 만큼만 하라고 우리에게 요구했다. 그가 무슨 방법을 썼는지 알 도리는 없었지만 애플에 복귀한 이후로 그는 일주일에 사흘은 애플의 최고경영자로, 또 이틀은 픽사의 최고경영자로, 주말에는 두 곳 모두의 최고경영자로 일했다. 가족과 함께 극장에 가기로 약속해서 일할 수 없을 때도 있었지만 말이다(훗날 잡스는 자신의 전기를 쓴 월터 아이작슨에게 두 역할을 동시에 수행하느라 극도로 지친 탓에 암이 생겼다고 했다. 그러나 아이작슨은 피로나 면역계 저하로 암이 발병한다는 근거는 없다고 지적했다).

잡스가 정말로 인간미 넘치는 사람이라는 증거를 찾고 싶다면 그가 만들어낸 것들을 살펴보는 것만으로도 충분하다. 그의 혁신적인 제품들이 병원과 아트 스튜디오, 대학, 유치원에서 어떻게 사용되는지 살펴보면 무엇이 그를 움직이게 만드는지 정확히 알 수 있다.

미치광이 잡스를 위하여!

앞서 언급했듯 1997년 잡스가 애플에 복귀한 후 펼쳤던 첫번째 광고 캠페인이 바로 '다르게 생각하라'였다. 이 캠페인을 위해 우리가 제작한 텔레비전 광고의 제목 '미치광이들'은 곧 애플의 철학을 의미했다.

광고가 완성되자 샤이엇의 리더 클로우는 이 광고의 대사를 진심을 다해 읽을 수 있는 사람은 세상에서 하나뿐이라고 말했다. 바로 잡스였다. 좋은 아이디어이긴 했지만 실제로 녹음을 하기 전까지는 어떤 느낌일지 판단하기 어려웠다. 클로우의 말을 흘려듣기 어려웠던 나는 실제로 잡스의 목소리를 녹음하기 위해 음향 엔지니어와 함께 쿠퍼티노로 향했다. 우리는 애플의 대강당에 녹음 장치를 설치했다. 조금 뒤에 등장한 잡스는 두 가지를 분명히 했다. 첫째는 자신이 내레이션을 한다는 사실이 마뜩잖다는 것이었다. 둘째는 시간이 없어 대본을 딱 한 번만 읽겠다고 했다. 나는 잡스가 '이제 됐어요!' 하고 강당을 나서기 전까지 무려 3번이나 녹음을 하게 만든 것만 해도 커다란 성취라고 생각했다. 그날 밤, 마무리 작업을 하던 우리는 잡스의 목소리가 광고 분위기에 가장 잘 어울린다며 여러 차례 설득했지만 끝내 그는 거부했다. 자신이 대본을 읽었다가 자칫 논란이 생기면 그가 가장 중요하게 생각했던 광고의 메시지가 소비자들에게 제대로 전달되지 못할 수도 있었기 때문이다.

비록 목소리로 스스로를 드러내지는 않았지만 잡스는 '미치광이들' 광고에 강한 애착을 보였다. 광고를 보고 전율을 느낀 듯했다. 그래서 첫 방영 후 10년이 지나서도 중요한 행사에서는 이 광고를 다시 소개하곤 했다. 자신이 건설하려던 회사의 정신을 완벽하게 묘사했다고 느꼈기 때문이다.

컴퓨터, 음악, 영화, 휴대전화를 혁신하는 데 끼친 잡스의 영향을 지금에 와서야 돌이켜보고 제대로 인정할 수 있듯이, 이 광고의 대본이 묘사한 것은 애플이 아니라 잡스 자신이었다는 사실도 나중에야 분명해졌다.

미치광이들을 위하여.

부적응자들.

반항아들.

사고뭉치들.

네모난 구멍에 낀 둥근 못들.

세상을 다르게 바라보는 사람들.

그들은 규칙을 좋아하지 않습니다.

그리고 현실에 안주하지 않습니다.

당신은 그들을 인용할 수도,

그들과 뜻이 다를 수도,

그들을 찬양하거나 비난할 수도 있습니다.

당신이 하지 말아야 할 한 가지가 있다면 그들을 무시하는 것입니다.

왜냐하면 그들이 세상을 바꾸기 때문입니다.

그들은 인류가 전진하도록 북돋웁니다.

어떤 이들은 그들을 미치광이라고 생각하겠지만,

우리는 그들을 천재로 여깁니다.

세상을 바꿀 수 있다고 생각할 만큼

정신 나간 사람들이기에……

그들만이 세상을 바꿀 수 있습니다.

잡스가 세상을 떠나고 쿠퍼티노 본사에서 그의 삶을 조명하는 행사가 열렸을 때, 최고경영자 팀 쿡은 잡스의 육성으로 녹음한 이 내레이션을 공개했다. 리처드 드레이퍼스와는 또다른 느낌으로 듣는 이들에게 감동을 주었다(잡스는 드레이퍼스의 내레이션을 듣기 전에 녹음을 했다). 그의 내레이션은 녹음된 지 10년도 더 지나서야 비로소 샤이엇의 창고를 벗어나 유튜브에 공개되었다. 아직 그의 내레이션을 들어보지 못한 사람은 지금이라도 찾아서 들어보기 바란다.

사람들은 이 광고 대본의 전부 혹은 상당 부분을 잡스가 썼는지 궁금해했다. 잡스는 여러 방면으로 영감을 주었으며, 이 광고의 시작부터 끝까지 깊이 개입했었고, 소중한 도움도 주었다. "그들은 인류가 전진하도록 북돋웁니다"라는 구절도 그가 카피라이터로서 기여한 대목이다.

이 대본에서 잡스의 삶을 가장 잘 묘사한 구절을 든다면 바로 이것이다. 인류가 전진하도록 하는 것은 단순히 멋진 물건을 만들어내는 것 이상으로 훨씬 가치 있는 일이다. 혁신에 혁신을 거듭하며 자신의 비전을 실현하면서도 잡스의 눈은 항상 더 높은 곳을 향했다. 신제품을 만드는 애플의 목적은 결국 더 나은 세상을 만드는 데 있었고, 잡스는 고차원적인 기술을 단순화함으로써 실제로 인류를 앞으로 나아가게 했다.

잡스의 인간적인 면모

삶의 경험이 우리의 인성을 만든다. 마음 깊이 감동적인 경험을 한 사람은 누구나 달라지기 마련이다. 어느 모로 보더라도 잡스는 어려서부터 거칠고 신경질적이었고 어른이 되어서도 마찬가지로…… 거칠고 신경질적이었다. 그렇지만 그가 전혀 달라지지 않은 것은 아니다.

투지가 넘치고 경쟁심이 남다른 그였지만, 살아오면서 겪은 3번의 사건 때문에 균형감을 유지하고 인간미를 잃지 않는 사람으로 성장할 수 있었다.

첫번째 사건은 1985년에 일어났다. 그가 애플에서 쫓겨난 해다.

이 이야기는 꽤나 오래돼 정확히 기억하는 사람도 많지 않은데다 애초부터 제대로 알려지지 않은 부분도 있다. 역사 속으로 이미 흘러가버린 사건이지만, 자신이 세운 회사에서 물러설 수밖에 없었던 상황은 분명 그에게 큰 충격이었을 것이다. 어떻게 그렇지 않을 수 있었겠는가.

잡스의 입장에서 생각해보자. 그는 파트너 스티브 워즈니악과 함께 회사를 만들어 개인용 컴퓨터를 대중화했다. 이 회사는 수백만 달러 규모의 기업으로 성장했고, 매킨토시를 통해 다시 한번 컴퓨터 세계를 혁신했다. 컴퓨터 운용방식의 미래를 완전히 바꿔놓은 것이다.

회사가 점점 성장하자 잡스는 자신이 미래의 제품 개발을 주도하는 동안 조직의 각 부분을 운영할 대기업형 두뇌도 필요하다는 사실을 깨달았다. 그래서 자신이 직접 존 스컬리를 고용하지만, 결과적으로 스컬리는 잡스가 몸과 마음을 쏟아부어 건설한 회사에서 그를 쫓아내는 주역이 되고 만다.

이 사건으로 잡스는 난생처음 심한 굴욕을 당했다. 엄청난 굴욕이었다. 덕분에 그는 자신도 얼마든지 상처받을 수 있고, 얼마든지 틀릴 수 있는 사람이라는 현실과 마주했다. 선택에 직면한 이사회가 결국 해임 쪽으로 뜻을 모으자 그도 어쩔 수 없이 받아들여야 했다.

1994년 『롤링 스톤』에는 잡스가 애플에서 퇴출당하던 상황을 지켜본 익명의 동료가 한 말을 인용한 기사가 실렸다.

모두가 알고 있듯이, 잡스는 자신에게 적용되는 규칙의 존재를 믿지 않았던 사람입니다. 하지만 지금은 자신도 다른 사람들처럼 언젠가 끝날 수밖에 없다는 사실을 깨달았겠지요.

고통스러웠던 것은 공개적 굴욕만이 아니었다. 여러 최고경영자들이 애플의 마법을 되살리기 위해 애썼음에도 마치 블랙홀로 빠져들듯 끝없이 침몰하는 애플을 바라보는 것은 잡스에게 더 큰 아픔이었다. 아픈 경험을 뒤로한 채 그는 인생을 바꿀 만한 두번째 시도에 나선다. 애플에서의 굴욕은 한순간에 지나지 않았지만, 무려 11년에 걸친 기나긴 굴욕이 서서히 그를 향해 다가오고 있었다.

애플을 떠난 잡스는 새로운 컴퓨터 회사를 세웠다. 물론 자신이 영구적으로 대주주가 될 것은 당연했다. 그는 회사 이름을 '넥스트'라고 지었다. 이 이름을 갖게 된 이유에 대해서는 그동안 전혀 알려진 바가 없었다. 잡스의 오랜 친구이자 사업 동반자 중에 샌프란시스코 인근에서 활동하던 톰 슈터라는 디자이너가 있었다. 새로운 회사를 시작하려던 잡스가 그에게 전화를 걸어 좋은 회사명을 구상해보자고 했다. 그리고 자신이 생각한 '투Two'라는 이름도 언급했다. 자신이 만든 두번째 회사라는 뜻이었다. 하지만 슈터는 그 이름에 별 감흥을 느끼지 못했다. "그런 이름을 붙이면 사람들이 첫번째 회사는 어떻게 됐냐고 생각하지 않을까요?" 슈터의 대답에 잡스는 이렇게 대답했다. "그래서 당신한테 전화한 거예요. 더 나은 이름이 없을까요?"

얼마 후 슈터는 시애틀에서 열린 빌 게이츠의 강연회에 참석했다. 이 자리에서 게이츠가 마이크로소프트에서 개발한 신기술을 설명하며 여러 번 언급한 '넥스트'라는 단어가 슈터의 귀를 사로잡았다. 이 단어가 계속 그의 머릿속에서 메아리쳤다. 생각하면 할수록 그럴듯하게 느껴졌다. 며칠 뒤 슈터는 잡스에게 전화를 걸었다. "새 회사 이름을 찾았습니다. '넥스트'예요." 잡스가 그 이름을 흡수하기까지 꽤 긴 침묵이 흘렀다. 그러고는 환호 섞인 응답이 들렸다. "아주 좋아요!"

넥스트라는 회사명의 도화선이 빌 게이츠의 연설이었다는 사실도 참 얄궂은 일이다. 더 놀라운 것은 잡스와 빌 게이츠 중 어느 누구도 그 사실을 알지 못했다는 점이다(하물며 간접적으로나마 이 단순한 이름을 탄생시킨 장본인이 빌 게이츠라고 누군들 생각할 수 있었을까).

넥스트라는 이름은 자전적 의미에서나(애플 이후 잡스의 또다른 도전이라는 점) 비전 면에서나(또다른 훌륭한 컴퓨터 개발에 헌신한다는 점) 모두를 완벽하게 충족시켰다. 넥스트에서 잡스는 모든 것을 처음부터 다시 시작해야 했다. 창업 구성원을 모집하고, 경영 계획을 수립하고, 자금을 지원할 파트너들을 확보하고, 새 직원들을 고용해 의욕을 북돋우는 등 모든 게 새로운 일이었다. 물론 사람들이 사고 싶어하는 제품을 개발하는 것 또한 무엇보다 중요했다.

애플과는 달리 넥스트의 제품은 개인 소비자용이 아니었다. 이번에 잡스가 노린 표적은 기업이었다. 또한 애플과는 달리 넥스트가 단번에 최고의 자리에 오른다는 보증도 없었다. 많은 전문가들은 세상이 정말로 새로운 유형의 컴퓨터를 원하는지에 회의적이었고, 잡스가 타깃으로 여긴 고객들의 상당수도 같은 생각이었다.

넥스트가 끊임없이 시련을 겪었던 이유도 그래서였다. 찬란한 순간들도 있었고 잡스가 유명인으로서, 엔터테이너로서, 비즈니스맨으로서 탁월한 능력을 발휘한 순간들도 있었다. 그러나 그 모두가 매우 힘든 싸움이었다. 잡스는 넥스트를 설립한 후 3년 만에 첫 제품을 출시했다. 약 30센티미터 길이의 매끈한 검정색 육면체형 본체에 연산장치들을 내장한 넥스트 컴퓨터NeXT Computer는 당시 업계에서는 상당히 혁신적인 몇 가지 요소들을 담고 있었다. 잡스는 이 컴퓨터를 출시할 때 핵심 광고 문구 제작에도 참여했다. 본체와 모니터, 프린터의 멋진 이미지와 함께 다음과 같은 문구가 눈에 띄었다.

> 90년대에 컴퓨터를 통해 우리가 경험하게 될 진정한 혁신은 10가지 정도일 것입니다. 그중 7가지가 여기에 담겼습니다.

잡스는 언론인들과 분석가들, 잠재적 IT 고객들을 목표로 힘닿는 데까지 새로운 이야기를 써내려가려 애썼다. 다시 한번 세상을 이끄는 '피리 부는 사나이'의 면모를 보여주려 한 것이다. 그러나 잡스의 현실왜곡장도 이곳에서는 제대로 통하지 않았다. 결국 몇 년의 시도 끝에 그는 컴퓨터를 포기하고 넥스트의 강점인 혁신적 소프트웨어 '넥스트스텝NeXTSTEP'에 집중하기로 했다. 잡스는 일반적인 인텔 기반의 컴퓨터에서 운영되는 넥스트스텝 새 버전을 개발했고, 이런 방식으로 기술을 판매하려 노력했다. 하지만 상황은 자꾸만 어려워졌고, 넥스트는 별다른 마법을 발휘하지 못했다. 잡스의 마음도 점점 무거워졌다.

잡스가 떠난 애플도 마법과는 거리가 멀었다. 쿠퍼티노의 상황도 점점 암울해졌다. 맥 운영체제는 이미 형편없는 구식으로 전락했고, 마이크로소프트 윈도의 성장에 맞서 미래를 담보할 확고한 기반을 마련하기 위해서는 새로운 운영체제가 절실히 필요했다. 차세대 운영체제 개발에 몇 년이나 투자하고도 실패한 애플은 넥스트스텝을 인수해 이 문제를 해결할 수 있다고 확신했다(잡스의 강요도 적잖이 작용했다). 1996년에 애플은 4억 2900만 달러와 자신들의 주식 150만 주를 투자해 넥스트를 인수했다. 또 이 거래에서 잡스는 최고경영자 길 아멜리오의 '고문'으로 영입되었다.

운명의 장난일까! 애플에서 쫓겨난데다 넥스트로 별다른 재미도 보지 못한 2번의 굴욕적인 경험이 오히려 잡스와 애플 모두에게 새로운 미래를 여는 계기가 되었다.

잡스는 넥스트라는 인생의 대학에서 더 성숙해졌다. 회사 경영도 더 노련해졌고, 혁신의 경제학도 배웠다. 파트너를 유치해 협력 관계를 형성하는 것도, 직원들의 사기를 북돋우는 것도, 공개적인 굴욕을 경험한 덕분에 약간의 겸손도 배웠다. 그리고 무엇보다 향후 몇 년 동안 데스크톱 컴퓨터와 모바일 기기 모두에서 애플 기술력의 기반이 될 소프트웨어를 개발했다. 넥스트에서의 그 모든 시간들은 그를 더 나은 사업가이자 더 나은 리더로 만들었고, 혹독한 시련을 통해 그는 더 나은 인간이 되었다.

2005년 6월 12일, 스탠퍼드 대학교 졸업 연설에서 그는 이때의 일을 회고했다.

그때는 몰랐지만, 애플에서 해고당한 것은 제 인생 최고의 사건이었습니다. 그 덕분에 성공에 대한 중압감은 모든 것을 확신할 수 없는 초심자의 가벼움으로 다시 바뀌었습니다. 내 인생에서 가장 창의적인 시기로 들어설 수 있는 자유도 주었지요. (…) 애플에서 해고되지 않았더라면 내게 이 모든 일들이 일어나지 않았을 거라고 확신합니다. 너무 쓰지만 환자에게는 꼭 필요한 약이었지요. 때로는 삶이 벽돌로 당신의 머리를 내려칠 때도 있습니다. 하지만 결코 믿음을 잃지 마십시오.

그러나 이 연설을 하기 전에 잡스는 세번째 어려운 상황을 맞이했고, 이 사건은 그의 존재에 무엇보다 깊은 영향을 끼쳤다. 죽음과의 싸움이 시작된 것이다.

살아가면서 삶의 마지막 순간이 다가오고 있다는 사실을 깨닫는 것보다 진지해지는 순간은 없다. 2004년에 첫 췌장암 진단을 받았을 때 그는 의사로부터 '삶을 정리하라'는 말을 들었다. 치료가 어려웠기 때문이었다. 그렇게 급작스럽게 삶의 마지막 순간이 다가왔다.

남편으로서, 아버지로서, 애플의 정신적 지주로서 잡스는 자신의 삶이 막바지에 이르렀다는 사실을 깨달았다. 스탠퍼드 대학교 연설에서 그는 인생에서 지극히 개인적인 순간을 세상에 살짝 드러냈다. 굉장히 가슴 아픈 사건임에도 그는 긍정적이고도 아주 객관적으로 말했다.

죽음이 임박했음을 아는 것은, 제가 인생의 결단을 내리는 데 도움을 주었던 그 어떤 것보다도 소중한 도구입니다. 모든 외부의 기대, 자부심, 좌절과 실패에 대한 두려움 같은 것은 죽음 앞에서 사라져 버리고, 정말로 소중한 것만 남게 됩니다. 죽는다는 사실을 기억하는 것은 무언가 잃을지도 모른다는 생각의 함정에서 벗어나는 최고의 방법입니다. 여러분은 이미 벌거벗었습니다. 여러분의 가슴을 따르지 못할 아무런 이유가 없습니다. (…) 죽음을 바라는 사람은 없습니다. 천국에 가고 싶다는 사람도 그곳에 이르기 위해 죽기를 바라지는 않습니다. 그럼에도 죽음은 우리 모두가 공유하는 운명입니다. 누구도 죽음을 피하지 못했습니다. 또 그래야만 합니다. 죽음은 삶이 만들어낸 최고의 그리고 유일한 발명품이니까요. 죽음은 삶을 변화시키는 원동력입니다. 죽음은 오래된 것이 새로운 것에 길을 터주도록 합니다.

처음 암 진단을 받았을 때는 치명적인 상태가 아니었다. 희망도 있었다. 그러나 이 일이 남은 생에 미칠 충격을 완전히 극복하기는 불가능했다. 시간이 지났지만 그는 건강을 회복할 수 없었고, 애플을 이끌면서도 자신에게 남은 시간이 얼마 되지 않는다는 사실을 깊이 깨닫고 있었다.

애플과 넥스트에서 겪었던 어려운 경험은 그를 겸손하게 만들었다. 그리고 무엇보다 자신의 죽음과 대면해야 하는 상황은 그를 더욱 겸허한 사람이 되도록 했다. 인간은 누구나 죽을 수밖에 없다는 깊은 깨달음과 더불어 주어진 시간 동안 무엇을 해야 할지 깊이 생각해야 했다. 아주 오래전에 그는 '세상에 흔적을 남기고 싶다'는 바람을 표현한 적이 있다. 건강 문제가 불거지면서 그의 이러한 바람이 다시 한번 탄력을 받게 되었다.

인간적 가치를 인식하지 못하거나 인간의 행동을 유발시키는 원인을 이해하지 못하고서는 단순함의 깊은 의미를 깨달을 수 없다. 잡스는 인간미를 보여주었고, 애플에 있는 내내 그 인간미를 북돋우기 위해 노력했다. 그는 애플 II로 사람들의 손에 연산 능력을 쥐여주었고, 매킨토시를 통해 복잡한 명령어들을 그래픽화 해 '마우스point and click' 인터페이스로 바꾸어 연산방식을 인간화했다. 또 아이패드로 연령과 분야에 상관없이 누구나 연산 능력에 쉽게 접근할 수 있도록 했고, 삶과 학습, 일, 놀이, 그리고 발견의 능력을 향상시켰다.

쓰라린 시절도 더러 있었지만, 직업과 삶의 경험 덕분에 잡스는 사람들의 희망과 꿈에 더 민감하게 반응할 수 있었다. 그의 꿈에 동의하지 않는 사람들로부터 비난을 듣기도 했지만 잡스는 인간으로서 할 바를 충실히 해냈다.

기술을 직접 언급하지 않는다

애플의 제품들을 제작하는 데 적용된 기술은 매우 복잡하다. 기술적 전문성이 있는 사람이라면 이렇게 '단순한' 기기에 어떻게 그 많은 기능들이 들어 있는지를 주제로 긴 논문을 쓸 수도 있을 정도다. 그러나 애플은 이런 얘기를 구구절절 하지 않는다. 그저 인간적인 용어로 짤막하게 표현할 뿐이다.

애플은 1세대 아이팟을 출시하면서 5기가바이트 드라이브에 무게가 약 184그램인 뮤직 플레이어란 설명을 굳이 달지 않았다. 간단히 "주머니 속의 노래 1000곡"이라고 했을 뿐이다. 이것이 사람들의 소통방식이며, 애플의 소통방식이다.

인간적 소통이 단순함의 핵심이다. 관계를 형성하는 최선의 방법은 표현하고자 하는 것을 사람들이 매일 사용하는 인간다운 언어로 말하는 것이다. 애플은 창립 이후로 모든 소통 과정에서 이 표현방식을 중요하게 여겼다. 애플이 그것을 아주 쉽게 해낸 것처럼 보였기에 많은 마케터들이 비슷하게 흉내 냈지만 성공한 사례는 극히 적었다.

왜일까? 쉬워 보이려면 사실 엄청난 노력이 필요하기 때문이다. 다시 말하자면, 이것은 단순함의 저주이다. 즉 겉으로만 단순하게 보일 뿐이다. 많은 회사들이 애플의 행동양식을 보며 자신들도 손만 까딱하면 단순함의 위력을 얼마든지 활용할 수 있다고 생각한다. 그러기 위해 새 광고 캠페인을 제작하고, 감동적인 문구를 만들고, 전체 회의도 소집하고, 티셔츠를 나눠주고, 총회에서 새로운 리더를 선임하기도 한다. 하지만 실제로 달라지는 것은 거의 없다.

복잡함은 무척 똑똑하기 때문에 회사가 손쉽게 선언하는 것만으로 단순함을 손에 넣게 내버려두지 않는다. 단순함을 향한 애정이 직원들과 제품들 속에 각인되지 못하면, 직원들이 단순함을 추구하는 용기 있는 행동을 하고도 대가를 받을 수 없다면, 이 개념도 연례 배당 총회처럼 잠시 머물렀다 금방 사라질 것이다.

그렇다면 애플에서는 어떻게 한다는 말일까? 여러 해가 지나도 변함없이 인간적인 목소리를 유지할 수 있었던 이유는 무엇일까? 애플은 다른 회사들과 같은 어려움에 부딪히지 않았을까?

애플의 큰 장점은 그 목소리를 바로 어제 얻은 것이 아니라는 점이다. 무려 30년에 걸쳐 만들어낸 '하룻밤 만의 사건들overnight sensations' 중 하나다. 기술과 무관한 인간적 소통이 오랫동안 지속되면서 애플의 시스템 속에 깊이 각인된 것이다. 사람들은 인간적인 애플을 기대하고 인간미를 보여준 애플에 보상한다. 애플과 비슷한 방식으로 사람들과 관계를 형성하려는 회사들은 그와 같은 방향으로 정책을 수립할 수도 있겠지만, 단순함은 '전부 아니면 전무'의 속성을 지닌다는 점도 기억해야 한다. 단순함을 지향하는 정책을 수립하더라도 조직 문화가 뒷받침되지 못하면 겉치레에 지나지 않는다.

IBM과 인텔, 델의 수많은 마케팅 회의에 참석한 경험자로서 나는 놀라운 사실 한 가지를 말할 수 있다. 나는 거의 모든 회의에서 애플의 소통방식이 적어도 한 번 이상 긍정적으로 언급되는 장면을 목격했다. 그만큼 애플은 수많은 기업들이 자신들이 전하고자 하는 메시지의 명확성과 일관성을 평가할 때 기준으로 삼는 척도와도 같은 존재였다.

뿐만 아니라 다른 의뢰인들, 특히 기술업계와 무관한 의뢰인들조차 애플에 대해 이런 식으로 언급하는 사례가 적지 않았다. 광고업계의 옛 동료들도 의뢰인들을 만나면 '애플처럼' 해달라는 요청을 받는 일이 다반사였다.

정확한 내용을 알지도 못하면서 그들이 무작정 요구하는 것은 바로 단순함이라는 처방이다. 하지만 대부분은 그 목적을 이루지 못한다. 그들이 원하는 것은 의미 있는 변화가 아니라 신속한 해결이기 때문이다. 우리 모두가 알다시피, 단순함은 탐닉이 아니라 헌신에서 비롯된다.

많은 회사들이 단순함을 거부하는 불행한 현실은 지금도 달라지지 않았다. 그들의 기업 문화와 제도화된 프로세스 때문에 단순함이 수용되지 않아서일 수도 있고, 아니면 조직 구성원들이 형식적인 수준 이상의 노력을 하지 않아서일 수도 있다. 심지어 구성원들이 단순함을 지향하더라도, 회사가 익숙하고 편안한 것에 안주해버릴 때가 많다. 어느 경우든 이들은 복잡함과 막역한 친구인 '타협'을 위해 자리를 마련한 셈이다. 그래서 미처 깨닫기도 전에 '새로운' 시도에서 해묵은 냄새가 나기 시작한다. 이미 모두에게 익숙한 냄새 말이다.

회사들이 과거 행동양식의 영향을 받는 것은 당연하다. 애플에서는 이것이 유익하게 작용한다. 덕분에 일관성이 유지되기 때문이다. 진정으로 단순함을 바라는 회사는 이 새로운 가치가 조직 문화의 일부가 될 만큼 충분히 오랫동안 일관성 있게 포용해야 한다. 그렇지 않으면 단순함은 회사의 유전자를 바꾸지 못한 채, 특별한 일이 있을 때나 입는 행사복 같은 신세를 면하기 어렵다.

애플에서 인간적인 표현을 사용하기 시작한 때는 제품들이 전혀 단순하지 않았던 시절까지 거슬러올라간다. 1977년, 애플 II로 사상 첫 성공을 거두면서 애플의 이름도 널리 알려졌다. 당시는 '개인용 컴퓨터'라는 개념이 자리잡기 전이었다. 기술 분야를 조금 안다 하는 사무직 노동자들에게 선망의 대상은 IBM의 셀렉트릭Selectric 타자기였다.

흥미로운 점은 1977년 애플이 애플 II를 알리기 위해 제작한 홍보물의 문구가 이랬다는 사실이다. "단순함은 궁극의 품격입니다." 그리고 페이지 아래에는 글자 크기가 동일한 두번째 문장이 있었다. "애플 II, 개인용 컴퓨터Personal Computer를 소개합니다."

대부분의 맥 사용자들은 이 'PC'란 단어를 싫어하지만, 그 무렵에 애플은 자사의 제품을 그렇게 불렀다. 사실 "가장 개인적인 컴퓨터the most personal computer"라는 문안은 애플의 테마였다.

애플이 등장하기 전에 사람들은 오늘날 당연하게 여기는 컴퓨터로 사진을 공유하고, 친구들과 연락하고, 음악을 듣는 여러 활동을 생각조차 하지 못했다. 대부분 컴퓨터는 대기업의 회계 업무를 돕기 위한 용도였다. 그런 컴퓨터를 집집마다 하나씩 보유한다는 발상은 지극히도 터무니없거나 무시무시한 일이었다. 무엇보다 실제로 사람들이 컴퓨터로 여가 활동을 할 수 있다는 걸 납득시키는 일이 중요했다. 당시 애플은 지금과 마찬가지로 사람 중심의 해결책을 선택했다.

애플은 이를 알리기 위해 매우 적극적으로 행동했다. 이른바 초창기 애플 광고의 '고전'으로 불리는, 몇 페이지 분량의 접이식 삽입 광고를 만들어 주요 잡지를 통해 배포한 것이다. 인터넷이 보급되기

이전임을 감안하면 광고 문구도 상당히 과감했다.

애플의 목표는 자사의 컴퓨터가 왜 다른 회사들의(특별히 내세울 만한 회사도 없었다) 제품보다 나은지 세상에 알리거나 또는 기능의 우수성을(오늘날의 기준에서 보면 보잘것없었다) 자랑하는 것이 아니었다. 애플은 기본에서 시작해야 했다. 즉 컴퓨터가 사람들에게 새로운 세상의 문을 열어줄 수 있다는 사실을 납득시켜야 했다. 잡지의 삽입 광고는 이 문제에 정면으로 부딪치기 위해 기획된 것이었다. 표제는 이런 물음을 던지고 있었다. "개인용 컴퓨터가 어떤 일을 하는지 정확히 설명해주실 분 있나요?" 겉장을 열면 4쪽의 지면에 사용자들이 할 수 있는 수백 가지의 일들이 항목별로 기록되어 있었다. 그중 몇몇은 화려한 색상의 삽화까지 곁들여 실감나게 표현해, 보는 사람들이 실제로 제품을 살펴보고픈 마음이 들게 했다.

이 광고는 눈이 아닌 머리를 노렸다. 게임, 소설 쓰기, 수학 공부에서 기업 경영에 이르기까지 컴퓨터로 할 수 있지만 사람들이 상상하지 못했던 것들을 소개했다. 흥미롭고 유익한 내용을 사람들이 더 읽고 싶은 마음이 들게끔 전달했다. 기술 혁신을 인간적으로 표현한 것이었다. 정보의 양은 많았지만 콘셉트 자체는 간단했다. 인간적인 언어로 표현한 덕분에 이 광고는 엄청난 성공을 거두었다(이 삽입 광고는 흥미롭게도 스티브 헤이든의 작품이었다. 훗날 매킨토시를 출시할 때 광고 '1984'를 제작한 그 사람 말이다).

인간적인 표현은 이렇게 처음부터 애플의 트레이드마크가 되었다. 애플의 제품은 회로판과 버튼, 케이스 등이 한데 응집된 순수 기술 제품이었지만, 애플은 놀라운 일을 하고 싶어하는 평범한 사람들을 위해 이 제품을 만들었다는 점을 분명히 했다. 그러기 위해 본질적으로 복잡했던 것을 매우 단순한 형태로 전환시켰다.

물론 단순함은 상대적이다. 초창기의 애플 컴퓨터를 지금 본다면 황당할 정도로 복잡할 것이다. 마우스도 없고 그래픽도 없이 오로지 명령어 인터페이스만 존재하는, 훗날 매킨토시가 대적하게 되는 바로 그 개인용 컴퓨터들과 아주 닮아 있었다.

그러나 개인용 컴퓨터의 여명기에조차 애플은 기술에 인간미를 부여해야 하는 자신들의 역할을 이해했고, 단순함을 통해 소통이 이루어져야 하는 필요성을 깨달았다.

오만함에는 '아니오'라고 말하라

애플은 가장 '인간적인' 기술회사라는 자부심을 갖고 있다. 애플에서 바람직한 인간적 속성을 보는 사람도 많지만, 다른 한편으로는 인간적 단점을 찾아 비난하는 사람들도 있다. 그들은 애플이 지독한 오만함 속에서 운영된다고 믿는다.

오만한 애플이라는 인식의 시작은 첫 매킨토시가 출시된 1984년으로 거슬러올라간다. 애플 II로 보통 사람들의 손에 처음 컴퓨터를 쥐여주었을 때만 해도 애플은 모든 이들의 친구였다. 그러나 뒤이어 나온 매킨토시는 PC가 지배하고 있던 비즈니스 세계를 공략했다. 주류의 시각에서 보면 매킨토시는 유치한 그래픽과 이상하게 생긴 '마우스'까지 달린 장난감 같았다.

애플은 IBM을 빅 브라더로 묘사한 '1984' 슈퍼볼 광고와, 비즈니스맨들이 절벽을 향해 일렬로 걷는 모습을 표현해 도리어 고객들을 화나게 했던 1985년 슈퍼볼 광고 '레밍스(lemmings, 집단으로 이동하다가 한꺼번에 죽기도 하는 나그네쥐 떼—옮긴이)' 때문에라도 이 오만한 이미지를 걷어내지 못했다. 중요한 것은 컴퓨터에 그래픽 인터페이스와 마우스가 적용되고 말고가 아니었다. 더 큰 문제는 사람들이 애플에게 느낀 문화적 격차가 이후 몇 십 년 동안 계속되었다는 것이다.

오늘날 애플을 비방하는 사람들은 또다른 형태의 오만함을 지적한다. 그들은 애플이 하드웨어에서 시스템 소프트웨어, 애플리케이션의 종류와 구입처에 이르기까지 고객들의 모바일 경험 전부를 통제하려는 고집을 굽히지 않는다고 비난한다. 정확히 말하자면 애플이 스스로 오만함을 부채질한 경우도 여러 번 있었다. 한 예로 어느 고객이 아이폰4를 쥐는 방식이 신호 손실을 일으킨다며 잡스에게 불평 섞인 이메일을 보냈을 때 그는 간단히 이렇게 답했다. "그냥 그렇게 잡지 마세요."

애플은 자사를 오만하다고 비난하는 사람들에 대해 특별히 대응하지 않는다. 그들은 애플의 고객도 아니고 고객이 될 가능성도 적다. 애플은 자사의 가치를 공유하는 사람들, 최근에 급격하게 늘어난 애플의 경영 철학을 지지하는 사람들에게 더 많은 관심을 기울일 뿐이다.

그런데 마케팅을 통해 세상과 소통하려는 애플을 보면 한 가지

의문이 떠오른다. 오만하다는 인식을 해결하지 않고서 어떻게 적극적으로 경쟁할 수 있는 것일까?

애플은 맥 광고를 통해 다른 컴퓨터들과 대적할 몇 가지 시사점을 제시했다. 지난 15년간의 점유율이 대부분 10퍼센트도 안 된 탓에 성장의 여지는 분명히 있었다. 그러나 2002년과 2003년에 텔레비전 광고 '스위처스Switchers'를 통해 PC를 맥으로 교체한 사람들의 이야기를 다채롭게 묘사했지만 오히려 악평을 많이 들었다. 안타깝게도 이 광고를 보고 실제로 PC를 교체한 사람은 그리 많지 않았다.

하지만 2006년에 아이팟 혁명으로 소비자들의 주목을 받게 된 애플은 다시 한번 PC 사용자들을 공략했다. 그리고 이번에는 예상을 뛰어넘는 큰 성공을 거둔다. 4년 동안 66편을 방영한 '맥 vs PC' 광고는 애플 역사상 가장 많은 관심과 흥미를 끌며 하나의 문화 현상이 되었다. 분야를 막론하고 그처럼 긴 기간 동안 수많은 인기 장면을 쏟아낸 광고 캠페인은 거의 없었다.

샤이엇이 포맷을 고안한 이 광고는 맥의 두드러진 특징들을 익살스럽게 설명하는 점이 인상적이었다. 광고에는 맥과 PC를 상징하는 인물들이 등장했다. 물론 각 인물의 성격은 저마다 표현하려는 제품과 정확히 일치했다. 실용적이며 '그냥 사용하면 되는' 맥 역할은 영화배우 저스틴 롱이, 수많은 장애물이 있음에도 자신 있는 모습을 보이려 애쓰는 PC 역할은 존 호지먼이 맡았다.

광고에는 둘 사이의 오랜 관계 속에서 벌어지는 다양한 에피소드가 담겼고, 저마다 논리를 주장하며 옥신각신하는 과정에서 차이점이 명확하게 드러났다. '맥 vs PC' 광고는 둘의 경쟁 관계를 재미있게 묘사했기 때문에 애플이 PC 업계를 강타하더라도 시청자들이 보기에는 애교로 툭 건드리는 정도로 느껴졌다. 그럼에도 시청자들은 그 의미를 제대로 인지했다.

오만한 느낌을 주지 않으면서 싸우기는 쉽지 않다. 더군다나 자애로운 모습을 유지하면서 적을 향해 66번이나 무자비하게 주먹을 날리는 것은 정말로, '정말로' 어려운 일이다. 그러나 '맥 vs PC' 광고는 해냈다. 특유의 위트로 PC 업계의 급소를 강타하면서도 애플의 이미지는 완벽하게 유지했다.

이렇게 뛰어난 광고 아이디어라면 처음부터 적극적인 지지를 받았을 것으로 생각하기 쉽다. 그러나 샤이엇의 많은 광고 대본들이 잡스에게 여러 번 퇴짜를 맞았던 것처럼, 이 광고도 출발은 좋지 못했다. 아이디어를 거절당한 샤이엇 팀은 언급된 배우들을 동원해 실제 영상을 몇 개 만들어 그에게 직접 보여주는 것이 최선이라고 판단했다. 그래서 주말 내내 그 일에 몰두했고, 월요일에 잡스에게 실제 광고를 보여줄 수 있었다. 종이가 아닌 영상을 보자 그도 마음에 들어했다. 덕분에 공격성 지수는 매우 높으면서도 오만함 지수는 아주 낮은, 애플 역사상 가장 경쟁력 있는 광고 캠페인이 등장했다.

아기와 강아지가 필수는 아니다

단순함과 인간미가 오랜 친구 사이라면, 회사라는 존재를 '인간적'으로 만드는 것과 관련된 잘못된 통념부터 바로잡을 필요가 있다. 마케팅 현장에서 몇 년 정도 일해본 사람이라면 회의에 참석했다가 의뢰인으로부터 인간미 넘치는 광고를 만들어달라는 부탁을 받은 경험이 있을 것이다. 이때 의뢰인들 대부분은 광고에서 사람의 이미지를 보고 싶어한다. 사람을 등장시키지 않고 어떻게 인간적인 이미지를 그릴 수 있을까?

사람과 인간미가 늘 함께하는 것은 분명한 사실이지만 둘을 떼어놓는 것도 얼마든지 가능하다. 문제는 얼마나 상상력을 발휘해 어떤 그림을 그리느냐에 달렸다. 회사의 이미지에서 인간미를 결정하는 요소는 선택한 단어와 이미지가 낳는 결합효과에서 비롯되는 '어조tone'다.

사람이 등장하는 이미지에서는 당연히 인간미가 느껴지지만 단어로도 충분히 이런 효과를 거둘 수 있다. 동료에게 어젯밤 딸의 학예회를 보며 감동의 눈물을 흘렸다고 말하면서 굳이 사진을 증거로 제시할 필요는 없다. 이야기하는 방식에 이미 모든 감정이 담겨 있기 때문이다.

인간적 어조로 소통하는 것은 애플의 가장 뛰어난 능력 중 하나다. 인간적인 회사임을 드러내기 위해 무릎 위에 아이를 앉히고 컴퓨터 앞에 앉은 엄마를 보여줄 필요는 없다. 오히려 이런 모습은 메시지가 진실하지 못하고 작위적인 인상을 주어 애플의 이미지를 실추시킬 수 있다. 애플이 효과적으로 메시지를 전달할 수 있었던 이유는 특별한 무언가가 되려고 애쓰지 않았기 때문이다. 애플은 단순함이라는 등대를 따라 있는 그대로를 드러낼 뿐이다. 이것이 더 믿음이 가고, 더 진실해 보이며, 더 간단하다.

광고에 '영웅적' 인물을 등장시키는 것을 혐오했던 잡스의 고집도 아이포토와 아이무비를 내놓으면서 점차 잦아들었다. 이런 애플리케이션은 가족의 따뜻했던 순간들을 나눌 수 있다는 점에서 특히 가치가 높았기 때문에, 실제 인물을 광고에 출연시키지 않고서는 메시지를 제대로 전달하기 어려웠다. 잡스는 사람들이 흔히 생각하는 것처럼 까다로운 인물이었다. 그는 애플이 목표한 방향과는 다른 엉뚱한 방향으로 시청자들을 끌고 갈지도 모르는 사람이 광고에 출연하는 것을 원치 않았다. 그리고 사실 애플의 표적은 '모든 사람들'이었다. 그래서 우리는 처음부터 다양한 사람들이 등장하는 다양한 형태의 광고를 기획해 논란 자체를 피해갈 수 있었다. 젊은 가족, 나이 많은 부부, 자랑스러운 아빠 등 그 모두를 포함시켰다.

시간이 흐르면서 애플의 소통방식도 제품만큼이나 진화했다. 제품들이 점점 더 우리의 삶에 초점을 맞추면서 인간미가 담긴 이미지도 더 자주 등장했다. 나는 애플 광고에서 아기도 보았고 한두 마리의 강아지도 보았다. 그 모두가 좋았다. 단순함의 공식 지침서에는 사람 이미지를 사용해서는 안 된다는 조항은 없다. 사람 이미지도 인간미를 표현하는 방법의 하나일 뿐이다.

사람 이미지를 거의 사용하지 않던 시절에도 애플은 가장 인간적인 기술회사로 널리 알려져 있었다. 애플이 인간미를 갖출 수 있었던 바탕에는 '지적인 위트'가 있었다. 이 점에 대해서는 샤이엇에서 크리에이티브 디렉터를 지냈으며 1세대 매킨토시의 광고를 주도했던 스티브 헤이든의 공이 컸다. 광고를 전공하는 학생들은 당시에 헤이든이 만든 광고들을 보는 것만으로도 많은 것을 배울 수 있을 것이다. 헤이든은 애플이 독특하고 단순하며 변하지 않는 목소리를 갖도록 했다.

애플은 사실적인 표현에 기초한 마케팅으로 늘 성공을 거뒀다. 그렇다고 미사여구가 전혀 없었다는 뜻은 아니다. 최근에 와서는 '매혹적이고 혁신적인' 광고도 선보였다. 하지만 예나 지금이나 애플이 기존 고객들 및 잠재 고객들과 소통하는 방식에 속임수나 조작 같은 것은 전혀 없다.

애플의 어조는 언제나 단순함을 최우선으로 여기는 자사의 핵심가치를 반영한다. 잡스는 고객들의 언어를 대변하는 제품을 창조했고, 애플도 항상 고객들의 언어로 말한다고 강조했다. 덕분에 애플은 광고에서부터 구매 웹사이트, 제품의 외형과 느낌에 이르기까지 고객과의 모든 접촉에서 '진실하다'는 인상을 준다. 이처럼 핵심가치를 일관되게 강조하면서 애플만의 단순함이라는 감성이 형성되었다. 말은 쉽지만 마케터들에게 가장 어려운 과제 중 하나다. 물론 애플은 이 기술을 이미 터득했다.

성공한 브랜드에는 이런 진실함이 깃들어 있다. 같은 이유로, 성공한 사람들에게서도 이런 진실함을 엿볼 수 있다. 단순함은 당신이 하는 모든 일, 당신이 하는 모든 말에도 핵심가치가 배어 있기를 요구한다. 사람들이 당신을 아는 것 같은 느낌이 들게 하고, 당신을 이해하게 하고, 나아가 당신을 믿게 하는 바탕이 바로 단순함이다.

인간미 공학

어느 기준에서 보더라도 1997년에 거의 파산 직전에 이르렀던 애플이 2011년에는 세상에서 가장 값비싼 회사로 성장한 사실은 분명 놀라운 일이다. 이 사례는 앞으로도 수십 년 동안 경영대학원에서 연구 주제로 다뤄질 것이며, 그때 학생들 대부분은 교과서 대신 아이패드를 사용할 것이다.

요즘 애플은 '인기 브랜드'나 '사랑받는 브랜드' 같은 단어가 들어간 거의 모든 리스트에서 최고 아니면 그 부근에 자리한다. '사랑받는'다는 점 때문에 대부분의 경쟁사들은 심한 질투를 느낀다. 고객들의 강한 충성심은 반복 구매로 이어지고, '전도사'들이 등장해 친구와 가족, 동료 들을 끌어들인다. 이런 형태의 충성심은 자생력까지 강화함으로써 잇따른 제품 개발과 출시를 가능하도록 한다.

한마디로 애플은 사람의 마음을 얻는 탁월한 능력을 갖췄다. 사람들의 삶에 초대받는 방법, 새로운 기기로 그들을 기쁘게 하는 방법, 고객들과의 관계를 손쉽게 유지하는 방법을 잘 알고 있다. 단순함을 향한 애플의 애정은 고객들의 관심을 유발하는 광고에서부터 애플 스토어에서의 구매 경험, 제품 사용 및 후원에 이르기까지 고객과 관계를 맺는 모든 단계에서 뚜렷하게 드러난다.

사실상 애플은 단순함의 생태계를 구축했다. 지난 10년간 애플은 아이팟과 아이폰, 아이패드로 각각 뮤직 플레이어와 휴대전화, 태블릿 컴퓨터 부문을 혁신했다. 애플의 여정이 애플 II처럼 아주 기본적인 것에서 시작된 점을 감안하면 정말 놀라운 이야기가 아닐 수 없다. 애플 II와 아이패드의 차이는 포드 모델 T(포드가 만든 세계 최초의 대량 생산 자동차—옮긴이)와 우주왕복선의 차이만큼이나 크다.

인간의 능력을 북돋우고 더욱 인간적인 기술을 개발하는 것이 애플의 지향점이라면, 적어도 지금까지는 아이패드가 가장 중요한 성과라고 할 수 있다. 기존의 어떤 것보다도 두드러진 혁신 제품인 아이패드는 기술을 인간미의 자연스러운 확장으로 연결하기 위한 애플의 애착을 가장 잘 반영한다.

과거 애플 II의 광고 카피였던 "가장 개인적인 컴퓨터"만큼 아이패드에 더없이 완벽한 문구도 없을 것이다. 아이패드는 초창기 어떤 컴퓨터보다도 몇 배나 강력하다. 게다가 이보다 더한 '개인용' 컴퓨터도 상상하기 힘들다. 들고 다니기 편하고 배우기도 쉽다. 사용자를 친구와 가족과 더 가깝게 해준다. 게다가 간단한 터치로 작동되는 경험의 혁신을 창조했다.

잡스가 아이패드를 출시하면서 애플은 본격적으로 '마법'이란 단어를 사용하기 시작했다. 잡스의 프레젠테이션에서, 아이패드 공식 영상에서, 애플의 보도자료에서, 지면과 텔레비전 광고에서 속속 등장했다. 이런 과장된 표현에 거부감을 표현한 사람들도 있었지만, 잡스가 왜 이것을 완벽한 문구로 여겼는지 이해하기는 어렵지 않다.

월스트리트저널 칼럼니스트 월트 모스버그는 이렇게 말했다. "애플에서 나온 이 멋진 터치스크린 기기가 휴대용 컴퓨터 시장을 크게 바꾸어놓을 거라고 믿습니다. 아이패드 덕분에 지난 수십 년 동안 보편화된 마우스 기반 인터페이스를 능가하는 터치 기반의 멀티터치 인터페이스가 크게 확장될 것입니다."

그로부터 28일 뒤, 『와이어드 UK』 칼럼니스트 마크 브라운이 이런 말을 했다. "나는 요즘도 이걸 만지작거리며 복음을 전파하는 연설을 합니다. 얼마나 사용하기 쉽고, 검색도 얼마나 재미있는지 말이죠."

실제로 아이패드로 웹 검색을 해본 사람들 대부분은 또다른 세상에 들어온 느낌을 받았다. 오랫동안 마우스로 컴퓨터를 제어해왔기에 스크린과 분리된 마우스로 컴퓨터를 조종하는 것이 '자연스럽다'고 느끼게 되었던 것이다. 하지만 아이패드는 달랐다. 원하는 것을 찾기 위해 아예 스크린을 터치하는 편이 훨씬 간단하고 자연스럽다는 사실을 깨닫게 해줬다.

아이패드는 터치스크린 방식으로 단순함의 새로운 차원을 구축했다. 터치로 애플리케이션을 제어하는 방식은 아주 쉽다. 마치 처음부터 컴퓨터가 그랬어야 한다는 생각마저 들 정도다. 그 때문에 마우스는 퇴물처럼 느껴지기도 한다.

애플은 이처럼 사람 중심의 컴퓨터를 개발함으로써 개발자들에게 더 놀라운 애플리케이션을 구축할 수 있는 플랫폼을 제공했을 뿐 아니라 기술을 한층 더 혁신시킬 수 있는 길을 밝혔다. 제품도 그렇지만 업계 전체가 바삐 좇아야 할 방향이 설정된 것이다. 지금이야말로 사람다워질 시간이다.

무엇을 위한 인간미인가? 일 아니면 놀이?

아이패드의 사랑받는 많은 기능들 중 다른 것들만큼 주목받지 못하는 기능이 하나 있다. 누구와도 친구가 될 수 있는 아이패드만의 특별한 능력이 바로 그것이다. 남녀노소, 의사와 과학자, 학생과 교사, 음악가와 회계사 등 분야와 직업에 상관없이 거의 모든 사람들이 아이패드에 매력을 느낀다. 또한 이것은 단순함의 위력뿐 아니라 그 영향력에 한계가 없음을 입증한다.

앞에서도 설명했듯이 애플은 다른 컴퓨터 제조사들처럼 목표하는 업종이나 소비자층을 따로 구분하지 않는다. 마케팅의 효과가 희석되기 때문이다. 아이폰과 마찬가지로 아이패드도 더 넓은 인구층, 즉 인류 전체를 목표로 삼는다.

애플은 사람들이 아이패드의 가능성에 눈을 뜨고 이 기기를 자신의 삶에 어떻게 적용할지 스스로 선택하도록 돕는 단순한 길을 택했다. 그리고 무엇보다 아이패드를 통해 사람들이 세상을 바라보는 방식을 바꿀 수 있다는 단순한 마케팅 메시지를 전한다. 또 다양한 종류의 애플리케이션을 소개해 많은 사람들이 일이나 놀이에 활용하게 한다.

전통적 마케터들은 게임 기능을 보여주면 업무용 사용자들이, 업무 기능을 보여주면 일반 사용자들이 외면할 수 있다고 주장하지만, 애플은 이런 전통적인 혹은 제한적인 조언에 개의치 않는다. 애플은 어디서 어떤 일을 하는 사람이든 사용자의 삶과 완벽하게 어울릴 수 있도록 아이패드의 기능을 강화했다.

업무에서의 복잡함을 직접 확인하고 싶다면 리서치인모션(RIM, 블랙베리 등을 제조하는 IT 기업으로 현재는 기업명을 블랙베리로 바꿨다—옮긴이)에서 아이패드의 경쟁 상품인 '플레이북PlayBook'을 홍보하던 과정을 살펴보자. 리서치인모션은 아이패드와 차별화하기 위해 업무용 사용자들의 호응이 뜨거웠던 블랙베리의 유산을 재현한 플레이북을 업무용 사용자들을 위한 태블릿 컴퓨터로 정했다. 플레이북을 소개하는 포스터와 웹 광고에는 이런 문구도 등장했다.

아마추어의 시대는 끝났습니다.

동시에 업무용 사용자들도 사람이라는 사실을 잘 아는 리서치인모션은 게임과 영화, 소셜 사이트 등 인간적인 기능들도 플레이북에 담았다. 즉 오락용으로 사용하는 시간만 제외하면 모든 업무에 적합한 태블릿 컴퓨터라는 뜻이었다. 하지만 제품 포지셔닝 방식으로서는 애매했다. 게다가 제품이 출시되는 시점까지도 이 광고는 썩 신통치 않았다. 2011년 4월 플레이북이 출시된 후 첫 분기에 공급된(팔린 게 아니라 '공급된' 것을 말한다) 제품 수는 20만 대에 달했다. 반면에 같은 기간 동안 애플은 925만 대의 아이패드를 '판매'했다. 리서치인모션이 한 분기 내내 공급한 것보다도 많은 태블릿 컴퓨터를 애플은 채 이틀도 되지 않아 판매한 것이다.

단순화하기 위해서는 일관된 메시지를 담은 분명한 전략이 필요하다. 리서치인모션의 전략은 전문가용 태블릿 컴퓨터라는 자사의 강점을 도리어 희석시켰을 뿐 아니라 광고와 제품에 일관성도 없었다. 더 황당한 것은 첫 플레이북이 업무용 소비자들을 목표로 하면서 이메일 기능조차 갖추지 못했다는 점이다. 플레이북을 통해 이메일에 접속하려면 블랙베리 전화기를 거쳐야만 했다. 그야말로 아마추어였다.

반면에 애플은 개인용 및 업무용 사용자 모두를 광고의 목표로 삼는 단순한 길을 따랐다. 그래서 어떻게 되었을까? 여전히 애플은 아이패드를 수백만 대씩 판매하고 있으며, 신제품 소식을 따로 알려주지 않았다고 불평하는 개인용 및 업무용 사용자들의 항의가 지금도 이어지고 있다.

이처럼 단순함에는 보편적 호소력이 담겨 있다.

타고난 인간미

단순함의 원칙은 사실상 애플의 모든 부서에 퍼져 있다. 하지만 신제품이 탄생하는 비밀의 방들 중에서도 이 원칙이 특히 두드러진 곳이 있다. 바로 디자인실이다. 단순함의 핵심인 인간 중심성은 애플의 모든 신제품 아이디어가 디자이너의 눈에 포착되는 순간부터 적용된다.

애플이 새로운 기기를 고안하고 개발하는 정확한 프로세스는 여전히 기밀이지만, 잡스는 자신과 경영진이 주기적으로 만나 최신 아이디어들을 검토한다고 여러 차례 인터뷰에서 밝힌 바 있다. 어느 것을 개발로 이어나가고 어느 것을 폐기할지 경영진과 직접 결정한다는 뜻이었다. 이때 새 아이디어를 평가하는 기준이 바로 단순함의 원칙이었고, 이를 통해 아이디어의 인간적인 수준도 측정했다.

물론 애플의 디자이너 중 단순함에 위배되는 아이디어를 고집하는 경우는 없었지만, 아이디어에 따라서는 상대적으로 더 나은 것도 있고 그렇지 못한 것도 있었다. 그래서 잡스와 간부들이 협의체를 구성해 논의를 통해 결정했다.

나는 애플이 후대를 위해서라도 이런 회의 과정을 기록해 훗날 적당한 때에 세상에 공개했으면 좋겠다고 생각한다. 한 예로 아이폰의 최초 콘셉트를 고안할 때의 대화 내용을 듣는 것만으로 놀라운 경험이 될 것이다. 부담을 느낄 필요는 없다. 최근 10여 년 사이에 소개된 애플의 신제품 역사를 그저 둘러보는 것일 뿐, 제품의 필요조건에 대해 애플이 고민한 것들을 이해하기 위해 비범한 능력이 필요한 것은 아니다.

단순함은 일종의 오픈 북이다. 단순함의 개념은 빨라야 한다. '전화기, 인터넷, 아이팟을 하나로!'와 같이 고객들이 금방 이해할 수 있어야 한다. 제품을 손에 쥐고서 바로 사용할 수 있어야 한다. 그리고 더 중요한 것은, 우리의 삶을 지금보다 훨씬 높은 수준으로 향상시키거나 그 자체로서 완전히 새로운 분야를 창조해야 한다. 이것은 잡스가 넥스트 시절에 우리에게 곧잘 얘기하던 것 중 하나다. 그는 기술업계에서 진정으로 의미 있는 변화란 이미 존재하는 기술 수준을 적어도 열 배는 개선하는 것이라고 힘주어 말했다. 신제품을 만들어 사람들의 관심을 끌기 위해서는 이 정도의 발전은 이루어야 한다는 뜻이었다. 물론 이 수치는 다분히 주관적일 수 있지만, 그동안 애플에서 출시해 큰 성공을 거둔 제품들을 살펴보면 이 기준을 따르고 있음을 확인할 수 있다. 직접 확인하고 싶다면 1세대 아이폰과 그 당시 인기를 끌던 블랙베리를 옆에 놓고 비교해보라. 무시할 수 없을 정도의 진보를 확인하게 될 것이다.

애플의 새로운 아이디어가 이 중요한 기준을 만족시키지 못할 때 우리는 곧바로 심플 스틱이 등장할 거라고 짐작할 수 있다. 그래서 더 개선하든지 아니면 영면으로 인도될 것이다.

수치와 인간 사이의 싸움

디지털 혁명은 도저히 측정이 불가능할 정도로 방대한 양의 통계자료를 쏟아냈다. 사람들이 인터넷에서 검색하며 남긴 클릭의 흔적에서 생성된 수치들은 그것을 분석하는 전문가들의 도움을 거치지 않고서는 어떠한 의뢰인이나 광고회사에게도 온전한 정보가 될 수 없다.

델 같은 회사는 이런 수치에 집착하는 사례다. 모든 프로젝트마다 정해진 목표가 있고, 클릭 수가 그 목표에 미달할 때는 누군가 곤경에 처한다. 델의 관리자들이 실적을 그렇게 강조하는 이유도 충분히 이해가 간다. 꽤 많은 사람들이 쉽지 않은 수치를 달성해 상여금을 받기도 한다.

이런 방식의 경영을 '스마트 비즈니스'라고 부르기도 한다. 이 모든 데이터를 활용할 수 있는데 굳이 마다하는 것이 오히려 어리석다. 수치가 곧 친구가 되는 것이다. 영화 〈머니볼〉의 오클랜드 애슬레틱스 팀도 그랬다. 양키스만큼의 몸값을 지불하지 않고 오로지 미가공 데이터에서 추출한 정보를 활용해 무적의 야구팀이 되었다.

그러나 현실은 절대 낭만적이지 않다. 확인하고 싶다면 델의 세계적 위상을 애플과 견주어보라. 분석에 관한 한 델은 세상에서 최고라고 해도 틀리지 않겠지만, 고객의 마음을 얻는 일에는 고전하고 있다. 반면 애플은 고객을 기쁘게 만드는 것을 최우선으로 여기며, 그렇게 해서 창출한 수익도 델보다 훨씬 많다.

전향적 사고에 관해서라면 이 지구에서 잡스를 따를 사람이 없었지만, 다른 한편으로 분석 자료를 활용하는 일이라면 잡스만큼 확실한 구식도 없었다. 그 역시 많은 정보를 원했고 작은 정보 하나까지도 모두 소화했다. 차이가 있다면 그는 맥락 없는 정보까지 마구잡이로 받아들이지는 않았다.

잡스는 결국 기술이란 사람에 대한 것이라는, 즉 상상력을 자극하고 만족감을 선물하며 미소 짓게 만드는 것이라는 생각을 놓지 않았다. 그는 애플닷컴에서 더 많은 클릭을 유도하기 위해 고객과의 관계를 희생시키는 일이 결코 없었다.

잡스는 수치를 향한 맹목적인 집착을 대기업형 행동양식으로 간주했다. 그는 회사에 유익하다고 생각되더라도 절대 수치에 사로잡히지 않았다. 쏟아지는 데이터를 참고할지언정 최종적인 판단은 자신의 머리와 가슴에 의지했다. 그것이 사람의 행동양식이며, 그것이 단순함을 유지하는 길이다.

공개 프레젠테이션에서 잡스가 몇 번이나 반복했던 이야기가 있다. 그는 애플이 기술과 인문적 교양의 교차로에 자리한다고 입버릇처럼 말했다. 그것이 잡스의 본질이다. 제품 디자인을 결정할 때도, 마케팅 전략을 결정할 때도 그는 이 정신에 근거했다. 통계를 맹목적으로 신뢰하거나 스프레드시트에 적힌 수치를 보고 아이디어의 가치를 가늠하는 법도 없었다. 그에게는 오로지 아이디어 자체가 존재할 뿐이며, 훌륭한 아이디어가 전통적인 방식으로 등장하는 경우는 드물다는 사실도 잘 알고 있었다.

사실과 감성의 차이를 누구보다 잘 아는 그였다. 브랜드를 구축하기 위해서는 보이지 않고 입증할 수도 없는 것들이 더 중요할 수 있다는 점도 놓치지 않았다. 잡스는 분석에만 의존해 회사를 운영하는 경영자는 길거리에 나가 사람들에게 애플이 어떤 제품을 만들었으면 좋겠냐고 물어보는 경영자보다 나을 게 없다고 생각했다.

잡스는 헨리 포드의 말도 자주 언급했다. "사람들에게 무엇을 원하느냐고 내가 물으면, 아마 그들은 더 빠른 말이 필요하다고 답할 겁니다." 잡스는 사람들이 상상할 수도 없는 무언가를 꿈꾸는 것이 애플의 역할이라고 생각했다. 그는 일단 놀라운 제품을 사용해본 사람들은 그 물건 없이는 생활할 수 없다는 사실을 알았다. 1998년 『블룸버그 비즈니스위크』 인터뷰에서 잡스는 이렇게 말했다.

> 포커스그룹을 통해 제품을 디자인하기는 정말 어렵습니다. 사람들은 대부분 무언가를 직접 보여주기 전까지 자신이 무엇을 원하는지조차 알지 못합니다.

애플은 포커스그룹으로부터 신제품 아이디어를 얻는 것뿐 아니라 마케팅 메시지를 고안하는 것조차 기대하지 않는다. 단순함을 숭배했던 잡스는 오직 똑똑한 사람들의 작은 집단만이 최선의 결과를 창출할 수 있다고 믿었다. 아울러 외부인들이 말하는 '타당함'이 정말로 타당하다고 생각지 않았다.

"그건 미친 짓이에요." "성공을 보증하는 아무런 지표도 없이 어떻게 수백만 달러를 투자한단 말인가요?" "무책임한 짓이에요." 이런 말 속에는 초조함이 묻어난다.

애플의 마케팅 방식이 더 나은 결과를 낳았다는 확실한 근거를 얻고픈 사람도 있을 것이다. 애플의 실적은 잡스가 복귀한 1997년 이후 죽 공개되어왔다. 애플의 마케팅 역량은 같은 업계의 모든 회사를 통틀어 가장 뛰어나며, 다른 업종과도 상위 5퍼센트 안에 드는 수준이다. 그만큼 애플의 광고 역시 아이디어가 뛰어나고, 대중에 재미있게

다가가며, 목표가 분명하고, 포커스그룹은 아예 운영하지 않는다.

다른 수많은 회사들처럼 애플도 똑똑한 마케팅 인재들로 방 하나를 가득 채울 능력이 있다. 하지만 다른 모든 회사들과는 달리, 애플은 최종 결정도 그 방에서 이뤄지도록 맡길 수 있다. 지난 15년 동안 이 방식을 고수하며 거둔 성과를 돌이켜보면 고객들도 다른 방법은 없다고 믿게 될 것이다.

애플은 모두를 만족시키려는 아이디어에는 흥미가 없다. 개성은 없고 계산된 느낌만 있으며, 무엇보다 비인간적인 아이디어라면 더욱.

Chapter 9

회의적으로 생각하라 Think Skeptic

전문가의 의견이나 분석 수치는 명령이 아닌 조언으로 받아들여라.
비즈니스적으로 미묘한 상황, 기업의 더 큰 목표, 다양한 변수를
충분히 고려한 후에 결정하는 것이 좋다.

존 스컬리가 최고경영자로 재직하던 시절, 내가 막 애플의 광고 일을 시작한 그 무렵에 우리 카피라이터 중 한 명이 자신의 사무실 출입문에 내걸 문구를 만들었다.

변호사들이® 이™ 지구를* 배회할† 적에℠.

내가 당시에 의뢰인과 광고대행사 사이에 이따금씩 몰아치던 법적 분쟁의 희생양이 되지 않는다는 보장만 있다면 충분히 재미있는 문구였다. 하지만 그로부터 1, 2년 뒤, 샤이엇 소속이던 나는 뉴욕에 본사를 둔 어느 항공사의 광고를 제작하면서 법정에 증인으로 서게 되었다. 맹세코 나는 죄가 없었다.

마케팅 업계에서는 변호사들의 역할이 매우 크다. 회사가 대규모 피소를 당하면 어김없이 그들이 등장해 크리에이티브팀 괴짜들이라고 해도 후회할 만한 행동을 하지는 않는다며 변호해주기도 한다.

모든 크리에이티브 인력들이 마주해야 할 변호사들은 두 부류로 나뉜다. 광고사와 의뢰사 내부에 각각 법무팀이 있기 때문이다. 따라서 광고를 완성하기 위해서는 양쪽의 이해관계를 대변하는 법무팀의 승인을 얻어야 한다.

이런 과정을 잘 아는 나였지만 어느 날 애플의 변호사로부터 한 통의 이메일을 받고는 적잖이 놀랐다. 단 사흘 동안 실릴 신문 광고와 관련된 문제였다. 샤이엇 법무팀의 승인을 받았고 잡스도 이미 승인한 상태였다. 그런데 11시간이나 지난 지금에 와서 애플의 변호사들이 문제가 생겼다며 이의를 제기한 것이다.

애플이 인텔 프로세서로 전환하기 전에 제작된 이 문제의 광고는 신형 파워 매킨토시의 성능이 인텔 프로세서를 장착한 가장 빠른 컴퓨터보다 뛰어나다고 주장하며 이를 입증할 테스트 자료까지 제시했다. 그런데 애플의 변호사들은 광고 문구에서 4곳을 지적하며 인텔로부터 피소당할 가능성이 있다고 했다.

나는 즉시 잡스에게 이메일을 보냈다. 업무에 차질이 생겼는데 그 발원지가 애플의 법무팀이라는 사실을 설명하고, 변호사들이 지적한 부분들도 간단히 언급하며 그의 지침을 요청했다.

다행히 잡스는 복잡함이 끼어들어 일이 엉망이 되도록 내버려두지 않았다. '보내기' 버튼을 누른 지 채 몇 분도 지나지 않아 그의 답장이 수신함에 도착했다. 내가 받은 것 중 장황함과는 가장 거리가 먼 이메일이었다. 더욱이 첫 문장에서 현재 상황에 대한 그의 반응이 적나라하게 드러났다.

그 변호사들, 엿이나 먹이세요.

명령이 아니라 조언을 구하라

잡스의 이 말이 지닌 의미를 곰곰이 생각해보자. 이 한마디는 그 무렵의 내게 깨달음을 주었다.

이 말 속에는 잡스 특유의 회의주의가 짙게 배어 있다. 물론 그의 이런 성향 때문에 단순함이 더욱 빛을 발한 것도 사실이다. 잡스는 자신의 성향과 비전에 반하거나 일치하지 않는 말을 들었을 때 일단 그 타당성부터 의심했다. 그도 그럴 것이, 자신이 원하는 대로 세상이 움직이지 않는 것은 잡스에게 있을 수 없는 일이었다.

그렇지만 나는 이것을 '건강한 회의주의'라고 부른다. 사실 우리가 일과 관련해서 듣는 전문가 소견의 상당수는 불필요하게 제한적인 경우가 많다. 상황을 제대로 파악하지 못했거나, 미묘한 부분들을 충분히 고려하지 않았거나, 필요 이상으로 조심스러운 사람들이 전문가랍시고 행세할 때 이런 일이 자주 발생한다. 이 상황에서 잡스가 변호사들을 바라보는 시각도 그러했다.

전문가 의견을 의심해보지 않고 수렴하는 리더와 일하다가 낭패를 경험하는 사람도 많다. 법무팀의 견해를 맹목적으로 받아들여 마치 그것을 조언이 아니라 법원의 명령처럼 여기는 리더가 좋은 예다.

물론 잡스가 전문가들의 조언을 무시할 정도로 회의적이었다는 뜻은 아니다. 다른 근거, 회사를 위한 더 큰 목표, 상식 등의 맥락에서 그들의 조언을 충분히 고려했다.

애플이 큰 성공을 거두고 경쟁도 더욱 치열해지면서 잡스는 고문 변호사를 엔지니어만큼이나 중요한 존재로 생각하는 듯했다. 전 세계에서 애플의 지적재산권과 상표권을 보호하기 위해 그들의 전문성과 판단에 의존했다.

그러나 우리 모두가 알다시피, 잡스는 자신의 비전을 향해 매진하면서 자신의 판단을 신뢰한 인물이기도 하다. 변호사들의 견해를 충분히 존중했지만, 마케팅의 미묘한 요소들이나 특정한 의사결정을 둘러싼 상황을 파악하는 역량에 대해서는 그들에게 크게 기대하지 않았다. 따라서 앞의 사례처럼 위험 수준이 입증되지 않은 상황에서는 변호사들의 보수적인 조언도 가차없이 거부했다. 개인적으로 나는 잡스가 조언을 거절할 때의 신속함과 그 자세가 매력적으로 보였다.

전문가의 조언을 무작정 따르기보다 다른 요인들을 충분히 고려한 후에 거절의 가능성을 조금이나마 열어두는 것도 단순함의 원칙에 포함된다.

잡스가 변호사들의 조언을 무시하고 반反 인텔 성향의 광고를 수정 없이 내보냈을 때의 결과를 우려할 수도 있었겠지만, 실제로 문제가 된 것은 없었다. 광고는 예정대로 시작되었고, 애플은 원하던 방향을 고수했으며, 인텔이 약간 열을 받기는 했지만 감옥에 간 사람은 아무도 없었다. 다시 한번 잡스가 옳았다.

아이폰 vs 아이폰

애플 역사상 가장 중요한 행사로 기록될 공개 프레젠테이션이 열렸다. 잡스가 단상에 올라 말했다. "이것이 아이폰입니다."

제품은 준비되었다. 광고도 마찬가지였다. 모든 게 완벽했다. 성가신 문제 하나만 빼면 말이다. 그 무렵 시스코에서 이미 같은 이름의 기기를 판매하고 있었다. 물론 시스코 아이폰Cisco iPhone이란 이름은 요즘에도 생소한 것이 사실이다. 하지만 잡스 특유의 회의주의는 그로 하여금 시스코의 상표권이 자신의 계획에 차질을 줄 수 있다는 점을 알아차리도록 했다.

시스코 아이폰은 그럴듯하게 지어진 이름이었다. 이 제품은 가정의 무선 네트워크에 접속된 인터넷 전화기로, 스카이프Skype나 그와 유사한 서비스를 이용해 전화를 할 수 있었다. 전화 외에도 기기를 통해 사용자의 음악이나 사진 데이터 등에 접속할 수 있는 부가기능도 있었다.

예상대로 잡스는 눈에 잘 띄지도 않는 제품에 아이폰이란 이름이 쓰인다는 사실을 못마땅해했다. 아이폰은 그가 세상을 바꾸기 위해 내놓은 제품과 완벽하게 어울리는 이름이었기 때문이다. 다른 많은 회사들처럼 시스코 내부의 작명을 담당하는 부서에서 이 제품명을 고안했을 거라고 생각할 수 있겠지만, 사실은 'i' 물결에 편승하기 위해 애플의 'i'를 차용했을 뿐이었다. 이 문제에 대해 당연히 잡스의 집무실에서 논란이 있었다. 마케팅 직원들의 입장에서 보면 출시일이 코앞에 닥친 시점에서 '아이폰'이라는 이름을 공개했다가 며칠 지나지 않아 '급히 다른 이름을 찾아야 하는 상황'도 배제할 수 없었다. 여러모로 아이폰이란 이름을 밀어붙이는 것은 애플이 심각한 소송에 직면할 가능성을 자초하는 것과 같았다.

시스코에서 공개한 자료에 따르면, 아이폰을 공개하기 전날 잡스의 서명을 요구하는 시스코의 협약서가 애플에 도착했다고 한다. 그러나 애플은 서명하지 않았다. 다음날, 잡스는 예정대로 제품을 공개하고 아이폰 혁명을 시작했다. 시스코와의 문제는 여전히 해결하지 않은 채였다.

시스코에서 밝힌 대로, 상황이 예상과 전혀 다른 방향으로 전개되면서 시스코는 소송을 위한 만반의 준비를 했다. 그런데 한편으로 또다른 상황이 전개되고 있었다. 시스코가 1999년에 아이폰의 상표권을 등록했지만 2005년에 사용 빈도가 낮다는 이유로 상표권이 소멸된 것이다. 이때는 시스코가 아이폰을 보급하기 전이었다. 잡스가 시스코와의 합의에 동의하고서도 마지막 순간에 서명을 거부한 이유는 이처럼 애매한 상황 때문이었다. 일단 지르고 나중에 따져보기로 판단한 것이다.

애플에서 아이폰을 출시하자 시스코는 곧바로 법적인 행동에 돌입했지만, 얼마 지나지 않아 '비공개 문건' 형식으로 애플과 합의에 도달했다. 세상에 알려진 대로 애플은 시스코와의 공동 마케팅 방식에 합의했지만 어느 누구도 이런 일이 실제로 일어나리라고는 생각지 않았다. 잡스가 이 합의를 실제로 이행했다면 그의 일생에서 눈여겨볼 만한 또하나의 흥미로운 업적이 이뤄졌을지도 모른다.

중요한 것은 잡스가 '아이폰'이란 이름의 가치를 매우 높게 생각했고, 앞으로 험난한 법적 분쟁이 염려되는 상황에서도 그 길을 단념하지 않았다는 점이다. 그 이름으로 제품을 출시했을 때 얻게 될 이익과 앞으로 아이폰이라는 하위 브랜드를 통해 거둘 장기적인 이익까지 계산했던 것이다. 다른 경영자들 같았으면 안전한 길을 가기로 하고 새로운 이름을 택했을 상황에서 그는 강하게 밀어붙이기로 결정했다.

이 모험의 결론은 잘 알려져 있다. 지금에 와서 보면 아이폰이라는 제품명의 가치는 법적 분쟁에 든 비용을 푼돈 수준으로 만들어버릴 만큼 어마어마하다. 하나의 하위 브랜드로서 아이폰의 가치가 애플 브랜드 자체와 맞먹을 정도라는 것은 잡스가 선호했던 그 어떤 기준으로 보더라도 분명한 사실이다. 단순하고 분명하며 기억하기 쉽다. 무엇보다 잡스가 부정적인 징후들에도 불구하고 그 이름을 지켜낼 수 있을 거라고 믿었기 때문에 이 모든 일이 가능했다.

이제 당신 소유의 회사나 당신이 다니는 회사에 대해 잠시 생각해보자. 당신이 이와 비슷한 상황에 처했다면, 즉 수많은 사람들이 기대하고 있는 제품을 출시해야 하는 상황에서 이름을 확정하기 어려운데다 심각한 법적 위험까지 안고 있다면, 당신의 결정은 어떠할까? 그렇다!

이 사례는 자신이 원하는 것을 고집하는 잡스라는 인물을 보여준다. 만약 샤이엇이나 잡스의 사람들이라면 위험이 없는 다른 이름을 마련했을까? 분명히 그랬을 것이다. 그것도 여러 개를 만들었을 것이다. 하지만 잡스에게 아이폰은 포기하기에는 지극히 완벽한 이름이었기 때문에 결국 애플은 전적으로 스스로의 의지에 따라 그 이름을 선택했다.

비록 애플은 상당히 큰 위험을 감수했지만, 이와 동일한 원칙은 우리 일상의 수많은 결정에도 적용된다. 정황에 비춰 조언을 평가해 잃는 것보다 얻는 것이 많다고 판단될 때는 과감히 밀고 나가는 것, 이것이 우리가 배워야 할 원칙이다.

회의적인 변호사들에게 감사하며

광고업계의 크리에이티브 담당자들은 변호사들을 그리 좋아하지 않는다. 수많은 훌륭한 아이디어들이 법리적 사고 때문에 사장되거나 심각하게 훼손되고 상처만 고스란히 남기 때문이다. 그렇다고 해서 한창 진행에 가속도가 붙고 있지만 사실은 문제가 많은 아이디어를 변호사들의 회의주의 덕분에 가려냈을 때 고마움조차 표현하지 않겠다는 뜻은 아니다.

아이맥을 출시한 지 1년쯤 지나 정례 회의가 열렸을 때, 잡스가 새로운 아이디어를 가지고 잔뜩 들뜬 채 회의실로 들어섰다. 다른 사람의 아이디어였다면 그처럼 흥분하지는 않았을 것이다. 그날 그는 회의실에 앉은 사람들을 향해 자신의 생각을 있는 그대로 내던졌다.

애플의 계산대로라면 아이맥의 판매량이 조만간 100만 대를 넘어설 것이라고 했다. 놀라운 소식이었다. 돌이켜보면 그동안 애플은 매우 힘든 시간을 견뎌왔고 잡스가 애플에 복귀해 처음 출시한 신형 컴퓨터가 바로 아이맥이었다. 비교적 짧은 기간에 아이맥을 100만 대나 판매한다는 것은 뭔가 제대로 흘러가고 있다는 증거였고 축하의 팡파르를 울릴 만했다.

잡스의 아이디어는 윌리 웡카(Willy Wonka, 영화 〈찰리와 초콜릿 공장〉에서 조니 뎁이 연기한 초콜릿 공장 주인—옮긴이)의 방식을 그대로 따랐다. 웡카가 영화에서 그랬듯이, 잡스도 아이맥 상자 하나에 100만 번째를 증명하는 황금증서를 넣고 얼른 그 이벤트를 공개하고 싶어했다. 누가 되었든 행운의 상자를 여는 사람은 구입비용을 전액 돌려받을 뿐 아니라 가족과 함께 쿠퍼티노에 와서 애플 본사를 둘러보게 될 터였다.

잡스는 이미 애플 내부의 크리에이티브팀에 황금증서 디자인을 지시했고 그 결과를 우리에게도 보여주었다. 하지만 더 놀라운 것은 그가 이 모든 것을 하고 싶어했다는 것이다. 그는 윌리 웡카의 복장을 하고 그 행운의 고객을 만나고 싶어했다. 그랬다. 웡카의 높은 모자를 쓰고 연미복까지 챙겨 입겠다는 것이었다.

아이디어도 특이했지만 자신의 아이디어에 한껏 고무된 잡스의 모습에 회의실 여기저기서 낄낄거리는 소리가 들렸다. 그는 아이맥과 애플을 위해 대대적인 홍보활동을 구상했고, 우스꽝스러운 복장도 기꺼이 착용할 준비가 되어 있었다. 그러나 영화와는 달리 행운의 주인공이 애플의 새 주인이 되는 것은 아니었다. 그 혹은 그녀가 최고경영자의 보좌 역할을 얻는 것도 아니었다. 단지 재미를 위해서였다. 그렇게 요란하고 화려하게 선전하면서 말이다.

우리는 그 아이디어의 실행사항과 법적인 문제들까지 살펴보라는 지시를 받고 회의실을 나왔다. '다행히' 법적으로 문제가 있었다. 일단 캘리포니아 주 법률에 따르면 이 아이디어는 '경품 행사'로 분류되어 '구매 불필요' 조항이 적용되었다. 이 규정대로라면 황금증서 아이디어를 실행하는 것이 불가능했기 때문에 차라리 추첨 형식이 더 나을 듯했다. 이렇게 되면 거리에 나선 사람이면 누구나 행운의 주인공이 될 수 있었고, 더구나 아이맥을 구입하지 않은 사람이 될 가능성도 많았다. 변호사들의 반대에 부딪힌 잡스는 결국 계획을 접는 편이 낫다고 판단했다. 우리 모두는 안도의 한숨을 내쉬었다. 그렇게 세상은 윌리 웡카 복장을 한 잡스를 볼 기회를 놓쳤다.

변호사들의 굴레 속에서

지금껏 내가 참여한 광고 캠페인 중에서 미심쩍었던 광고들은 법적으로 보면 의문의 여지가 없는 최고의 사례들이었다.

인텔의 광고를 맡은 지 꽤 오랜 시간이 흘렀을 때, 인텔로부터 전체 프로세서 제품군을 뒷받침할 수 있는 '우산 캠페인umbrella campaign'을 제작해달라는 요청을 받았다. 이 무렵에 샤이엇과 인텔의 관계는 곳곳에서 긴장의 징후가 보였다. 인텔의 간섭은 많아지고 샤이엇의 재량권은 점점 줄어드는 상황에서 우리 측 대표이사도 선택의 여지가 없었다. 브레인스토밍 과정에 참여시키기 위해 자신이 아끼는 크리에이티브 담당자 한 명을 충원해 '똑똑한 이들의 작은 집단'을 보강하고, 승인을 얻기 위해 최고경영자도 초대했다. '올바른 방향으로 이끌기 위해' 우리가 할 수 있는 일은 전부 할 생각이었다.

정신없이 바쁜 한 주가 지나고 크리에이티브 담당, 회계 담당, 관리 담당 등 프로젝트 팀원 전부가 대표이사실의 원탁을 둘러싸고 앉았다. 몇 가지 캠페인 아이디어들을 검토한 후, 특별 초빙된 크리에이티브 담당자가 자리에서 일어서더니 말을 꺼냈다. 재미있는 스코틀랜드 억양 때문에 그의 괴짜 이미지는 한층 강했다. 간혹 킬트(kilt, 스코틀랜드 전통의 남성용 짧은 치마—옮긴이)를 착용한다는 소문도 있었지만 다행히 그 자리에서는 입지 않았다. 그렇게 그의 프레젠테이션이 시작되었다.

내용이 얼마나 정확한지는 모르겠지만, 어떻든 그는 크리에이티브 프레젠테이션을 마치 한 편의 할리우드 영화처럼 진행했다. 그 친구는 인텔의 긍정적인 태도와 어려움을 극복하는 능력, 고객들의 까다로운 요구도 기꺼이 수용하는 자세 등 장점을 강조하며 설명했다. 그의 이야기는 자연스럽게 논리적인 결론으로 이어졌다. 그에 따르면 인텔은 소비자들의 역량을 강화시키는 회사였다. 시작하기로 마음먹은 일은 어떤 어려움이 있어도 밀어붙이는 회사였다. 따라서 인텔의 정신을 하나의 단어로 표현할 수 있었다. 가장 흔하면서도 인텔 브랜드를 새롭게 구축할 단어, 전능하고 강력한 그 단어는 바로 이것이었다.

예스.

회의실에 있던 다른 크리에이티브 담당자들의 반응은 당신이 생각하는 것과 다를 바 없었다. 한마디로 김이 팍 새는 느낌이었다. 하지만 우리 측 대표이사와 최고경영자는 납득하는 눈치였다. '예스'라는 단어뿐 아니라 그 단어와 함께 제시된 그래픽도 마음에 들어했다. 크고 둥근 푸른빛 실리콘 웨이퍼(칩 제조공정의 원재료)에 적힌 이 마법의 단어를 모든 인텔 광고의 마지막에 풀 프레임으로 노출시킨다는 계획이었다.

이 아이디어를 발전시켜 경영진의 승인을 얻은 후 텔레비전에 시리즈 광고로 내보냈다. 불행히도 이 캠페인이 시작된 지 얼마 지나지 않아 독일에서 법적인 문제가 발생했다. 별로 알려지지 않은 한 회사가 '예스' 아이디어의 소유권을 주장하고 나선 것이다(크리에이티브 업계에서 우리의 지위를 감안해, 남의 소유권을 침범하지 않으려고 항상 신경 써왔기에 더욱 뜻밖의 일이었다). 물론 이런 경우는 대규모 다국적 기업들이 흔히 겪는 사건 중 하나다. 애플과 마찬가지로 인텔도 소송에 관해서는 피뢰침과 같았다. 이런 경우 소송을 제기한 쪽은 보통 상대 회사가 지갑을 열어 사건을 무마시키리라는 기대를 갖고 있다.

인텔도 예외는 아니었다. 그 독일 회사는 돈봉투를 거머쥐었고 인텔도 가벼운 마음으로 다시 길을 재촉했다. 이 광고는 독일뿐 아니라 세계 곳곳에서 계속 방영되었다. 그러나 한 가지 문제가 또 생겼다. 이번에는 인텔의 법무팀이 안절부절못했다. 이때가 여름이었는데, 우리는 인텔의 변호사들이 광고를 중단시키려 한다는 소식을 전해 들었다. 그해가 지나면 더이상 광고를 할 수 없다고 했다.

인텔은 독일 기업과의 소송에 더이상 연연할 필요가 없다고 생각했지만, 정작 변호사들은 한 회사가 소송에서 재미를 보면 다른 회사들도 똑같이 할 것이라고 했다. 그런데 이 변호사들은 광고를 방영하기 전에 철저한 법리 분석을 통해 이 광고가 법적으로 안전하며 저작권 분쟁에 휘말리지 않을 것이라고 주장했던 바로 그 사람들이었다.

우리뿐 아니라 인텔의 마케팅팀에도 뜻밖의 결정이었다. 원래 인텔은 법적인 문제에 부딪히면 비교적 적은 비용으로 문제를 해결하고, 투자한 만큼 광고를 지속할 권리를 얻는 방법을 구사했다. 그런데 이번에는 더이상 시도를 감행하기에는 신경쓰이는 일이 많았다.

아이폰이라는 이름의 소유권이 불분명한 상황에서도 변호사들의 조언을 거부하고 광고를 강행한 잡스와 달리, 인텔은 변호사들의 판단을 단순한 요구가 아니라 법원의 판결 이상으로 심각하게 받아들였다.

단순함이 힘을 얻기 위해서는 위험을 무릅쓰고라도 주장을 고수할 수 있는 사람이 회의실에 있어야 한다. 그러나 이 사례에서 먹이사슬 속 모든 관계자들은 교체 광고를 내보내기 전까지 새로운 광고 개발과 테스트에 걸리는 몇 개월의 시간을 기꺼이 기다리기로 했다. 같은 해에 광고를 2번이나 바꿨을 때 브랜드에 미칠 악영향 따위는 누구도 개의치 않는 듯했다. 대중의 입장에서도 인텔은 단순함을 선호하는 회사로 보이지 않았다.

이 사례에서는 복잡함이 이중으로 작용했다. 정치적 압박 속에서 탄생한 인텔의 광고는 똑똑한 사람들의 작은 집단 범위를 넘어선 팀에 의해 만들어졌고 승인권자의 수도 많았다. 게다가 마케팅의 더 큰 그림을 보지 못하는 사내 변호사들 때문에 방향을 잃고 말았다. 보기 드문 경우이긴 하지만, 광고는 복잡함 덕분에 탄생했고 다시 복잡함 때문에 종말을 맞이했다.

만약 인텔이 '예스'란 단어를 법적으로 소유하려 하지 않았다면 인텔의 광고도 해피엔딩을 맞았을 것이다. 우리 중에 이 단어를 사용하면서 저작권료를 지불하는 사람은 없듯이 말이다.

죽음의 위협이 기적을 낳는다

'예스'에 대해서는 충분히 이야기했고, 이제 '노'로 넘어가보자. 누군가 업무와 관련된 아이디어를 떠올렸는데, 그 아이디어는 우리가 평소에 자주 듣는 한 단어라고 하자. 무언가를 할 수 없는 이유는 언제나 수없이 많지만, 그중 창의적 사고로 우회하지 못할 것은 몇 가지 안 된다. 따라서 동료나 협력사에서 '노'라고 하더라도 곧이곧대로 들을 필요는 없다. 대개의 경우, 그들은 일이 지나치게 많다거나, 일반적인 방식과 다르다거나, 또는 비용이 많이 든다든가 하는 이런저런 이유 때문에 거절부터 한다.

불가능이 정말로 불가능할 때도 있다. 반면에 그냥 어려울 것 같아서 불가능하다고 말할 수도 있다. 그러므로 패배를 인정하기 전에 부정적인 반응들을 충분히 살펴보며 심사숙고해야 한다. 간혹 무엇이 가능한지 순간적으로 판단해내는 특별한 능력을 가진 사람들이 있다. 잡스도 그런 사람이었다.

그는 무언가를 해내고 싶을 때 부정적인 반응을 보면 견디지 못할 때가 많았다. 확고한 목표가 있을 때는 비록 의심의 그림자를 털어낼 분명한 근거를 내세우지 못하더라도 잡스는 그 일을 추진하게 했다. 당신이 못한다면 할 수 있는 다른 누군가를 찾을 것이다. 물론 이것이 팀의 일원인 당신의 미래에까지 좋은 조짐은 아니다.

내가 가끔 밖에서 동료들을 만날 때면, 반대를 받아들이지 못하는 잡스의 오랜 성향에 대해 그들과 즉흥적인 정신분석을 할 때가 있다. 우리가 나눈 대화에서 이것만큼은 분명했다. 잡스는 스물한 살에 불과했던 1976년에 애플을 시작했다. 그전에는 HP와 아타리Atari에서 잠시 일했던 것이 전부였다. 따라서 잡스는 보통 사람들과 달리 누군가를 상사로 모시며 일한 경험이 거의 없다. 성인기의 거의 전부를 명령만 하며 보냈다. 무언가 이루어지기만을 기대했을 뿐이다.

이런 요구 행동은 상대를 가리지 않고 늘 잡스와 함께했다. 독불장군처럼 행동했다기보다는 자신이 상상한 것보다 낮은 수준에 안주하지 않는 잡스만의 방식이라는 표현이 더 적절할 것이다. 그가 당신에게 무엇을 기대하고 또 무엇을 바라지 않는지 확인하고 싶다면, 한 번만 그의 기대치에서 벗어나는 행동을 하면 알 수 있다. 다행스럽게도 나는 일찍 교훈을 얻은 덕분에 그 길을 피해 갈 수 있었다.

다시 아이맥 초창기로 돌아가보자. 우리는 새 모델을 홍보하기 위해 『타임』에 16쪽 분량의 삽입 광고를 넣기로 했다. 구상에서 사진 촬영, 문구 작성에 이르기까지 몇 주를 보낸 끝에 삽입 광고가 거의 마무리되었다. 잡스는 2주 뒤에 『타임』에서 이 광고를 보고 싶다고 우리에게 말했다. 내가 샤이엇의 인쇄 책임자에게 잡스의 말을 전하자 그는 코웃음을 쳤다. 우리가 광고 인쇄를 서두르는 것은 얼마든지 가능하지만, 문제는 『타임』 측이었다. 이 시사주간지 회사의 제작 일정표는 매우 엄격해서 수백만 부에 달하는 광고물을 인수해 인쇄할 때 끼워 넣으려면 적어도 몇 주의 준비 기간이 필요하다고 했다. 전혀 몰랐던 사실을 들은 나는 급히 잡스를 찾아가 그 소식을 전했다. 『타임』에서 우리의 요구를 받아들이기 어려우니 적어도 몇 주는 걸릴 거라고 내가 말했다.

"헛소리!" 잡스는 대뜸 이렇게 소리쳤다. 아예 들은 체도 하지 않았다. 대신 『타임』에는 매주 60쪽 분량의 광고가 게재되며 광고를 준비하는 작업도 며칠이면 충분하다고 지적했다.

나는 잡스가 말하는 광고와 삽입 광고는 다르다고 말하며 온갖 근거를 둘러댔다. 하지만 우리의 입장만 옹호하다보니 주장을 계속할수록 근거가 빈약하다는 느낌을 지울 수 없었다. 바로 그때 잡스가 자

그마한 폭탄 하나를 터뜨렸다.

“당신들이 할 수 없다면, 장담하건대 아널드는 더 빠른 해결책을 찾아낼 겁니다.”

앞에서도 언급한 적 있는 ‘아널드’는 잡스가 애플로 복귀하면서 새 광고대행사를 찾을 때 후보로 생각했던 회사였다. 아널드는 과거에도 그랬듯 여전히 애플에 발을 들여놓기를 원하고 있었다. 우리에게 최악의 경우는 아널드가 당당히 이 문제를 해결해 우리가 하지 못한 일을 깔끔하게 처리하는 것이었다. 광고대행사는 이렇게 고객을 잃는다.

나는 재빨리 우리 측 인쇄 책임자에게 달려가 다급한 상황이 더욱 위기로 치닫고 있다고 전했다. 삽입 광고가 더 빨리 『타임』에 등장하게 할 방법을 찾든지, 아니면 열고 싶지 않은 문을 억지로 열어야 하는 상황이었다. 급히 전화를 걸기 위해 자리를 뜨는 인쇄 책임자를 바라보며 나는 속으로 행운을 빌어야만 했다.

간청과 협박, 읍소가 적절히 조화를 이룬 덕분에 『타임』은 우리의 요구를 들어주었다. 인쇄물을 빨리 보내주면 2주 안에 광고를 시작하겠다는 확답을 받았다.

반가운 소식이지만 정작 이렇게 되니 나로서도 정리해야 할 것이 있었다. 불과 조금 전 잡스에게 『타임』의 규정을 바꿀 방법이 없다고 그렇게 목소리를 높였는데, 이제 와서 말을 바꾸려니 내 체면이 말이 아니었다. 내 말을 믿지 않는 그에게 한사코 내 입장만을 내세웠는데, 이제는 그의 말이 옳았다고 인정해야 할 상황이었다. 어쨌거나 우리가 문제를 해결하기는 했지만 말이다.

사실 나는 전문가의 증언을 바탕으로 말한 것뿐이지만, 잡스가 그랬던 것처럼 상식적인 차원에서 해결하려고 노력하지 않은 것은 분명한 실수였다. 결과적으로 나는 원하는 대답을 얻기 위해 '노'를 용납하지 않는 잡스의 믿음이 옳았음을 다시 한번 확인했다. 게다가 안타깝게도 앞으로 잡스가 샤이엇으로부터 무엇이 가능한지 혹은 불가능한지에 대한 말을 들을 때는 한 번 더 생각해야 한다는 근거도 함께 제시한 셈이었다.

사람은 누구나 살면서 마음에 상처를 입었던 순간을 돌이키곤 한다. 이 순간은 두고두고 나를 괴롭혔다. 그후로는 '노'라는 말을 들을 때마다 주의하게 된 것도 사실이다. 단순함을 끝까지 추구하기 위해서는, 누군가의 부정적인 반응에 직면했을 때 그 근거부터 사려 깊게 따져보는 것이 좋은 방법이다. 이것은 어쩌면 누군가에게 보통 이상을 요구하는 일일 수 있다. 하지만 이렇게 해서 얻는 것은 보통 이상의 결과뿐이다. 규칙이 존재한다면 그 규칙이 깨질 가능성도 존재한다. 누군가에게 면죄부를 준다면, 결국 당신의 아이디어만 망가질 뿐이다.

몇 년 후, 나는 델의 수석 디자이너 중 한 명과 얼마간 함께 일했다. 그 디자이너도 이와 비슷한 경험을 했다. 그의 신원을 보호하기 위해 믹이라 부르기로 하자.

믹의 이야기는 초슬림 맥북 에어의 경쟁 모델이자 불행한 운명의 주인공인 '델 아다모Dell Adamo'와 관련된다. 이 노트북은 지구에 불시착해 주목을 받으려 노력했으나 2년 뒤에 완전히 잠들었다. 그러나 초기에는 세상의 주목을 받았던 것도 사실이다. 델이 이런 식으로 제품을 개발한 경우가 처음이었기 때문이다.

델에서 열린 샤이엇의 첫 아다모 브리핑에 참석했다가 나왔을 때였다. 호텔로 돌아가려고 택시를 기다리다가 우연히 믹을 만난 나는 델 로비에서 그와 개인적인 이야기를 나누었다. 대화를 하다보니 맞추기 힘든 일정에 대한 이야기가 나왔고, 때마침 애플의 『타임』 삽입 광고 일을 했던 때가 떠올랐다. 나는 할 수 있는 일인데도 잡스에게 의문을 제기했다가 곤경에 처했던 이야기를 믹에게 해주었다.

"아다모를 개발할 때 제가 겪은 것도 똑같았습니다." 믹이 말했다. 그는 델이 초슬림 컴퓨터를 생산하기까지 있었던 회의 과정을 설명했다. 몇 개월 전에 믹은 델의 개인 고객 사업부 책임자 론 게리케즈를 만났다. 컴퓨터업계 사람들이 흔히 그렇듯 게리케즈도 세상의 주목을 받을 수 있는 컴퓨터를 개발하고 싶어했다. 애플에서 당시로서는 혁신적이라 할 만큼 얇은 맥북 에어를 출시한 상황에서, 델도 초슬림 노트북으로 시장을 공략해야 했다(사실 델이 이 부문의 선두가 될 가능성은 거의 없었다).

게리케즈는 믹에게 이 프로젝트의 일정을 수립해 보고하라고 지시했고, 믹은 즉시 엔지니어들로부터 자문을 구하기 시작했다. 이렇게 얇은 노트북을 실제로 디자인하고 개발할 실무자들은 제품을 시장에 출시하기까지 1년은 족히 걸릴 것이라고 했다. 초슬림 노트북을 개발하는 일은 데스크톱 컴퓨터보다 훨씬 어렵다. 제품을 극도로 소형화시키는 기술력을 갖추려면 시간이 필요하다.

믹은 이 사실을 자세하게 설명했지만 게리케즈는 전혀 인정하지 않았다. 게리케즈는 잡스와 닮은 구석은 별로 없었지만 단순함의 한 가지 원칙에 대해서는 누구보다 정통한 사람이었다. 자신이 원하는 것을 추구하되 '노'라는 대답은 용납하지 않았다. 지금 그는 초슬림 노트북 개발에 걸리는 시간을 일반적인 경우보다 절반으로 줄이고 싶어했다. 믹은 엔지니어들을 강하게 압박했지만 결과는 달라지지 않았다. 일정을 단축하기 어렵다는 단호한 입장만 돌아왔을 뿐이었다.

이 소식에 실망한 게리케즈는 직접 요령을 발휘했다. 과거에 그가 모토롤라 휴대전화 사업부와 일할 때는 소형화가 평소 생활방식이나 마찬가지였다. 모토롤라의 엔지니어들은 그 모든 놀라운 기술들을 주머니 속에 집어넣을 수 있다면, 노트북이라고 해서 이 기적이 통하지 않을 리 없다고 판단했다. 델을 나선 게리케즈는 모토롤라에서 함께 일했던 엔지니어 몇 명을 영입했다. 그리고 그들로부터 6개월 이내에 노트북을 완성하겠다는 약속도 받았다.

게리케즈가 자기 방식대로 움직이자 믹은 내가 그랬던 것과 비슷한 신세로 전락했다. 할 수 있는 일을 할 수 없다고 우기는 사람이 된 것이다.

여기서 게리케즈가 단순함의 원칙에 따라 반대를 무릅쓰고 원하는 일정 안에 신형 노트북을 개발했는데도 아다모가 실패한 이유는 무엇일까?

이 책의 서두에서 언급했듯이 단순함은 '전부 아니면 전무'의 문제다. 메뉴판을 보며 적당한 것을 고를 수 없다. 게리케즈는 단순함의 신봉자는 아니었고, 단지 원하는 것을 추구할 줄 아는 관리자였다. 프로젝트를 가동하면서 복잡함의 문을 닫았지만 불행히도 그 열쇠는 그대로 꽂아두었다. 그 때문에 아다모 프로젝트는 복잡함의 바다로 내던져졌고, 가격 책정과 목표 고객층 선정부터 마케팅과 제품 신뢰도 문제에 이르기까지 모든 것이 혼돈에 빠졌다.

600달러짜리 노트북으로 널리 알려진 회사에서 출시한 아다모의 가격은 무려 2500달러였다. 꼼꼼히 살펴보고 구입해야 하는 제품임에도 오로지 온라인으로만 주문할 수 있었다. 광고에도 마치 『보그』처럼 초특급 패션모델들이 등장했지만 정작 광고가 실린 곳은 온라인과 오프라인의 경제 관련지였다. 출시 후 몇 개월 동안 아다모의 판매량은 수천 대였다. 같은 시기에 맥북 에어는 수백만 대가 판매되었다. 1년 뒤에 디자인을 개선해 다시 출시했지만 아다모의 만회는 불가능했고 결국 델은 그 모두를 포기했다. 그래도 포기는 속전속결로 진행되었다.

사소한 것을 지지하라

애플 제품을 구입하는 사람들이 이따금씩 '개봉 경험unboxing experience'을 이야기할 때가 있다. 유튜브에도 애플의 제품 상자를 하나하나 개봉하는 장면을 찍은 영상들이 수없이 많다. 모르는 사람들에게는 이것이 애플 팬보이즘(fanboyism, 대상에 광적으로 집착하는 심리—옮긴이)의 하나로 보인다. 그깟 상자가 뭐라고, 그렇지 않은가?

애플에서 상자는 '그냥 상자'가 아니다. 애플은 고객들에게 최고의 경험을 선물하기 위해 믿기지 않을 정도로 신경을 쓴다. 그리고 첫 순간, 즉 고객이 제품 포장을 뜯는 순간이야말로 그 경험에서 매우 중요한 부분이다.

애플이 패키지에 신경을 많이 쓴다는 표현 정도로는 부족하다. 애플에서 패키지 디자인을 담당하는 부서는 커다란 크리에이티브 본부에서도 출입이 통제된 사무실에 위치한다. 엔지니어들이 내부의 기밀 장소에서 일하듯 그들도 이곳에서 보안에 각별히 신경을 쓰며 일한다. 그도 그럴 것이, 제품 자체를 훑어보는 것보다 패키지를 어떻게 디자인하고 구성하느냐에 따라 제품의 성능을 한눈에 파악할 수 있기 때문이다.

흥미로운 사실은, 애플이 과거에 이 패키지 문제 때문에 암흑기를 보낸 적이 있다는 점이다. 잡스가 쫓겨나고 애플에서 대규모 원가 절감 정책을 편 것을 기억하는 사람들이 있을 것이다. 그때부터 화려한 색상으로 인쇄된 광택 나는 흰 상자가 아니라 한두 가지 색상의 평범한 마분지 상자가 사용되었다. 내 벽장에도 이런 상자가 하나 있지만 차마 버리지는 못했다. 애플의 감성이 변화해온 과정을 상기시키는 흥미로운 물건이기 때문이다. 그것은 낡은 파워북 상자로, 속에는 제품의 각 부분을 고정시키기 위해 만든 계란판 모양의 마분지가 여러 개 있을 뿐이다. 우리가 상상할 수 있는 가장 허술하고도 단조로운 포장방식이다.

복귀한 잡스 덕분에 애플이 중요하게 생각하는 가치와 우선순위가 다시 진화하면서 이런 사소한 것들의 중요성도 다시금 부각되었다. 그러자 똑똑하고 합리적인 많은 소비자들이 너도나도 개봉 영상을 찍어 올리게 되었다.

애플에서 패키지 디자인을 담당하는 사람들은 아주 유능한 인재들이다. 하지만 그들이 비밀 사무실에서 직접 상자를 만드는 것은 아니다. 이상적인 패키지 디자인을 완성하기 위해서는 여러 협력사들의 의견도 필요하다. 또 "미안해요, 안 되겠네요"라고 말하는 이들에도 대처해야 한다.

몇 년 전, 애플 패키지 디자인팀의 수석 디자이너 한 사람이 애플이 패키지 디자인에 얼마나 신경을 쓰는지 짐작게 하는 사례를 들려준 적이 있다. 애플이 포장에 공을 들이는 이유는 당연히 고객들이 상자에 처음으로 손을 대는 그 순간에 최고의 느낌을 전달하기 위해서다. 사소한 몇 가지는 알아채지 못할 수도 있지만, 대체로 사람들은 '멋지다'는 느낌을 받으며 내용물을 더욱 궁금해한다. 패키지도 애플 스토어와 비슷한 효과를 발휘한다. 애플 스토어를 경험한 사람들도 세부적인 것을 지적하기보다는 스토어의 사려 깊고 품격 있는 디자인을 감지한다. 하지만 눈에 띄든 그렇지 않든, 사소한 모든 것들은 중요하다.

수석 디자이너는 협력사들이 패키지 방식의 문제점을 지적하며 수정을 요구하더라도 애플이 '노'를 절대 용납하지 않는다는 사실을 자랑스럽게 말했다. 한번은 이 디자이너가 애플의 신제품과 어울리는 멋진 상자를 제작했다. 상자 내부는 제품의 오목한 부분을 안전하게 둘러싸도록 작은 스티로폼 조각으로 채웠다. 그런데 스티로폼 조각의 형태가 꽤 정교한 바람에 제조 공정에 문제가 발생했다. 조형기의 열 때문에 조각이 녹아버리는 것이었다. 협력사에서는 즉시 애플에 이의를 제기했고, 애플은 물리학 법칙을 고려해 상자 디자인을 개선해야 했다.

패키지 디자인팀으로서는 달가울 리가 없었다. 그들에게는 나름의 관점이 있었는데, 외부 세력이 그 관점을 훼손한 셈이었다. 게다가 잡스도 제품의 세부적인 요소들을 고려하듯 이 패키지 디자인을 꼼꼼히 살펴본 후에 승인했다. 따라서 패키지 디자인을 바꾸든지 아니면 원래대로 협력사에 강력히 요구해야 한다고 누군가는 잡스에게 목소리를 높여야 하는 상황이었다.

이 디자이너는 애플의 방식에 따라 타협을 거부하기로 했다. 애플은 디자인을 바꾸지 않을 것이며 협력사에서 기계를 바꿔야 할 것이라고 분명하게 전달했다. 금형이 지나치게 뜨거워지는 게 문제라면 알루미늄으로 새로운 틀을 만드는 방법도 있지 않겠는가?

상당한 비용이 들었지만 결국 협력사는 그 방식을 택했다. 얼마 지나지 않아 스티로폼 조각들이 문제없이 대량으로 쏟아져나왔다. 이 특별한 제품의 구매자들도 상자를 개봉하며 기분좋은 경험을 할 수 있었다. 물론 이 작은 스티로폼 조각들이 상자 속에 들어 있다는 사실을 눈치챘는지는 알 수 없는 일이었다.

협력사에서 "그건 불가능해요"라고 이야기했을 때, 애플의 디자이너들은 그 말의 속뜻을 간파했다. 그러기 위해서는 엄청난 노력이 필요하다는 뜻이었다. 돈 되는 고객이 문을 박차고 나가려는 상황에서 사람들이 어떤 일까지 해낼 수 있는지 생각하면 그저 놀라울 뿐이다.

비관론자들을 무시하라: 애플 스토어 만들기

잡스의 스탠퍼드 대학교 연설은 많은 이들에게 감동을 주었다. 한마디 한마디가 그의 가슴에서 우러나왔기 때문이다. 그는 삶을 진정한 만족으로 이끌 길을 찾는 것이 중요하다고 했다. 솔직히 잡스 자신에게도 벅찬 일이었다. 이제 대학을 갓 졸업하는 학생들에게 말하고 있었지만, 정작 잡스 자신은 시작하기도 전에 낙오한 사람이었다. 그렇지만 미래의 직업인들에게 그가 전한 메시지는 수십 년 동안 직업에 몸담아온 사람들에게도 결코 적지 않은 의미가 있었다.

> 다른 사람들의 의견에서 비롯된 잡음 때문에 당신 내면의 소리가 휩쓸려서는 안 됩니다. 무엇보다 중요한 것은 당신의 가슴과 직관을 따를 수 있는 용기입니다.

이날 잡스는 직업적 진로를 선택하는 일에 대해 조언한 것이 아니었다. 그가 말하고 싶었던 것은 일을 하는 데 중요한 규칙이었다. 자기 스스로 평생에 걸쳐 고수해왔고 복잡함이라는 악을 피하는 데 도움이 되었던 규칙 말이다. 당신이 파멸의 길로 향하고 있다고 비관론자들이 확신하는 순간에도 당신의 목표를 향해 주저 없이 나아갈 수 있는 특별한 힘이 필요할 때가 있다.

그 첫번째 증거가 바로 애플 스토어다. 파산 직전에 이르렀던 애플이 회생해 성장을 구가하고 있을 무렵에도 극복하기 힘든 큰 산이 있었다. 잡스는 맥이 사용하기 수월한 컴퓨터라는 사실을 고객들에게 납득시키기 위해서는 일단 맥 앞에 앉힌 후 직접 보여주는 편이 가장 효과적이라고 생각했다. 문제는 이런 소통의 방식을 찾는 것이었다. 고객들이 직접 찾아가 맥을 살펴볼 수 있는 매장이 극히 드물었을 뿐 아니라 맥의 면모를 제대로 설명할 수 있는 판매원들은 더더욱 귀했다. 이때 애플은 온라인 애플 스토어를 막 시작했고 편의성도 좋았지만, 고객들에게 개인적인 경험을 선사하지는 못했다. 고객들과의 일대일 소통이 불가능했기 때문이다.

그래서 잡스는 1997년에 미국 소매 체인 컴프USA와 협약을 체결해 '매장 안의 애플 매장'을 열기로 했다. 이 제휴관계는 상당한 호응을 얻었다. 미국 전역의 고객들이 언제든 가까운 매장을 찾아 그곳에 전시된 애플 제품을 직접 만져볼 수 있었기 때문이다.

하지만 계획대로 일이 풀리지 않았다. 고객들이 찾아갈 공간이 생긴 것은 맞지만 컴프USA에서 애플의 매장은 구석진 곳에 자리했고, 그곳까지 찾아가는 길에 이미 다른 컴퓨터들이 즐비하게 늘어서 있었다. 게다가 컴프USA의 판매원에게 아이맥과 다른 컴퓨터를 비교해 묻기라도 하면, 그 판매원은 아이맥보다 훨씬 저렴한데다 세련된

HP 신형 컴퓨터를 추천할지도 모를 일이었다. 아이맥을 팔아봤자 손에 떨어지는 것도 별로 없으니까 말이다.

그랬다. 컴프USA는 애플의 문제를 해결할 수 없었다. 윈도가 지배하는 컴퓨터 세계에서 애플은 미운 오리였다. 고객들이 애플만의 특별한 분위기를 느끼게 하려면 컴프USA의 구석진 매장과 성의 없는 판매원과는 차별된 전용 공간이 필요했다. 암흑기에 잃어버린 시장점유율을 되찾으려는 상황에서 애플은 진지하게 '다르게 생각할' 필요가 있었다.

이렇게 해서 애플 스토어 아이디어가 탄생했다. 잡스는 기존의 타깃(Target, 미국의 대형 할인매장—옮긴이)을 고객들이 물건을 구매하기 편한 매장으로 탈바꿈시킨 것으로 유명한 론 존슨을 영입해 애플의 새로운 소매사업부를 맡기고 애플 스토어 개념도 발전시켰다.

오늘날 애플 스토어의 가치를 부정하는 사람은 찾기 힘들다. 소매 부문 역사상 가장 훌륭한 성공 사례 중 하나라는 사실을 누구도 부인하지 않는다. 애플 스토어는 평방피트 당 티파니(미국의 보석 브랜드—옮긴이)보다도 많은 수익을 올려 소매 부문의 척도로 자리매김했다. 그러나 지금은 결과가 지극히 선명하지만 당시에는 하나의 이론에 지나지 않았다.

그때도 소매업계의 하늘을 빙빙 돌며 위기에 처한 매장들을 노리는 독수리들이 있었다. 그 독수리들은 1996년에 문을 연 '게이트웨이 컨트리'를 좋은 먹잇감으로 바라보고 있었다. 이때 애플이 새로운 소매 매장을 연다면 그들이 다시 배고파졌을 때 눈이 어디로 향할지 뻔했다. 경쟁 컴퓨터 체인의 실패가 눈에 보이는 상황에서 애플이 초롱초롱한 눈망울로 그 길을 걷기 위해서는 상당한 용기가 필요했다.

애플의 소매업계 경험은 전무했고 컴퓨터 시장에서의 점유율도 3퍼센트에 불과했다(게이트웨이의 점유율과 비슷했다). 따라서 '채널 마케팅'의 대표 데이비드 골드스타인 같은 사람이『블룸버그 비즈니스위크』 인터뷰에서 애플에 대한 소견을 밝힌 것도 아주 뜻밖이었다.

> 매우 고통스럽고 값비싼 실수를 했다는 것을 깨닫고 매장에 불이 완전히 꺼지기까지 2년 정도 걸릴 것으로 봅니다.

널리 보도된 골드스타인의 이 한마디로 그는 끔찍한 엉터리 예측의 총아라는 오명을 얻었다.『블룸버그 비즈니스위크』가 「미안해요 스티브, 애플 스토어가 성공하지 못할 이유를 알려드릴게요」라는 기사에서 기술한 내용도 골드스타인의 그것과 별반 다르지 않았다.

현재 애플은 전 세계 주요 거점에 350곳 이상의 매장을 보유하고 있다. 놀랍게도 세계에서 한 해에 애플 스토어를 방문하는 고객 수는 월트디즈니 4대 테마파크의 방문객 수보다 많다. 2011년 중반을 기점으로 애플 스토어의 연매출은 30억 달러를 넘어섰다. 게다가 더 반가운 소식은 매장 방문자들의 절반 이상이 맥을 보기 위해 처음 찾아온 사람들이라는 점이다. 그만큼 애플의 소매사업부가 시장점유율 회복의 일등공신으로 성장했다는 뜻이다. 몇 년 전만 해도 애플이 컴퓨터 시장에서 지위를 되찾을 것이라고 말하면 웃는 사람들이 많았다. 그러나 지금은 명백한 사실이다. 2011년 중반을 기준으로 맥의 출하량 상승률은 20분기 연속으로 다른 컴퓨터들을 앞질렀다.

애플은 사람들의 발길이 잦은 곳에 단순함의 전당을 세우면 그동안 결여된 고객과의 일대일 관계를 창조할 수 있으리라 판단했다. 제품만큼이나 멋진 구매 경험을 고객들에게 제공하는 것이 목표였다.

애플 스토어를 세우는 것이 회사를 위한 현명한 선택이라는 확신이 있었더라도, 이런 식으로 매장을 세우는 것은 여전히 놀랍고도 위험한 발상이었다. 애플은 시어스(Sears, 미국의 대형 쇼핑센터—옮긴이)와 비슷한 느낌이 나는 게이트웨이 방식보다는 일류의 길을 선택했다.

먼저 뛰어난 건축가와 디자이너를 고용했다. 애플의 꿈을 실현하기 위해 최고의 자재만을 사용했고, 외국에서 들여와야 하는 자재라도 개의치 않았다. 그리고 일관성이 있었다. 수십여 곳의 매장이 먼저 등장했는데, 모두가 눈에 가장 잘 띄는 곳에 자리잡은 화려한 분위기의 플래그십 스토어flagship store였다.

한 예로 뉴욕 5번가의 애플 스토어는 높이가 채 10미터도 되지 않지만 고층건물이 즐비한 지역에서 유명 랜드마크로 알려졌다. 이 매장의 바닥 타일과 동일한 품질은 지구상의 단 한 곳에서만 볼 수 있다. 바로 이탈리아의 채석장이다. 내력기둥에 쓰인 스테인리스강의 제조 공정은 도쿄에서만 확인할 수 있으며, 유리 장식은 독일의 유명 디자인 회사의 작품이다.

애플 비평가들은 명백할 정도로 위험한 계획에 지나치게 많은 돈을 투자한다며 의아해했다. 하지만 그들은 애플이 자사 브랜드의 물리적 표상을 구축하고 있다는 점을 깨닫지 못했다. 애플 브랜드는 품질과 디자인, 단순함의 상징이었고, 애플 스토어는 이 세 가지 모두를 현실화했다. 세밀한 부분까지 섬세하게 고려한 덕분에 애플 스토어는 깔끔하고 매력적인 매장으로 탄생할 수 있었다.

애플이 경쟁사들을 압도하는 한 가지를 든다면 단연 고객의 경험일 것이다. 애플과의 전적인 관계를 통해 최고의 경험을 지속적으로 고객들에게 제공하는 것이 이 회사의 목표다. 텔레비전 광고와 웹사이트를 통한 구매부터 상자 개봉, 제품 수리, 고객 지원에 이르기까지 모든 과정에서 애플은 동일한 어조로 동일한 가치를 일관되게 선사한다.

애플 스토어가 등장하기 전에는 이 모든 과정에서 구매 경험이라는 한 가지 요소만이 부족했다. 애플로서도 어찌할 수 없는 부분이었다. 자사에 결여된 부분을 메우기 위해 다른 누군가의 노력에 의존해야 하는, 더군다나 그 노력의 수준도 보증할 수 없는 불편한 상황이었다. 고객 서비스도 신통치 않았다. 고객들은 전화나 독립된 서비스 제공회사를 통해야 비로소 애플과 소통할 수 있었다.

고객들에게 더 나은 구매 경험과 소유 경험을 선사하고 싶었던 애플은 그 모든 문제를 스스로 해결하기로 했다. 그리고 그 결여된 부분을 채울 주인공으로 애플 스토어가 탄생했다. 애플은 가능성에 회의적이던 사람들에게 회의적이었다. 소매 경영계획에 대한 애플의 믿음은 세상의 어떤 세력도 막을 수 없었다.

조직의 내부에서든 외부에서든, 반대에 휩쓸리지 않는 것도 비즈니스에서는 중요한 덕목이다. 잡스는 좋은 아이디어가 있을 때 부정적인 반응을 무시하고 앞으로 나아가는 데 집중해야 한다는 것을 일찍이 터득했다. 당신도 이런 좋은 아이디어들이 살아남도록 하려면 극단으로 나아갈 필요가 있다.

Chapter 10

전쟁을 생각하라 Think War

처음부터 압도적인 전력을 내세우지 못하면 한 번의 타격으로 무너질 수 있다.
일방적 경쟁우위를 확보하고 동원할 수 있는 모든 무기를 이용하는 것이
내 아이디어를 훼손 없이 존속시키는 최선의 방법이다.

"알다시피, 이 일로 우리가 진짜 소송을 당할 수도 있어요." 잡스가 말했다. "하지만 그리 나쁜 일만은 아닐 수도 있습니다."

1998년, 중역 회의실 탁자 위에 새 광고 캠페인 시안이 펼쳐지자 사람들의 눈이 휘둥그레졌다. 신문 두 페이지에 걸쳐 거대한 달팽이가 등장했고, 달팽이 등에는 PC용 최신 인텔 칩이 타고 있었다. 인텔을 대놓고 모욕하는 광고는 아니지만 이 광고는 주요 채널에 집중적으로 방영되었던 텔레비전 광고의 후속작이었다. 30초 내내 인텔 칩을 등에 업고 느릿느릿 힘들게 기어가는 달팽이의 모습을 클로즈업한 광고였다. 두 광고 모두 신형 맥에 장착된 칩이 인텔 칩보다 두 배나 빠르다는 점을 강조했다.

잡스가 옳았다. 이 광고에 대한 인텔의 반응은 그리 호의적이지 않았으며, 이것이 그의 정확한 노림수였다. 단순함이 복잡함과 지속적인 전쟁을 벌일 때는 적절한 호전성을 갖고 움직여야 하는 경우가 생긴다. 하지만 여기서 기억할 것이 있다. 이 모든 것이 잡스가 애플에 복귀한 지 불과 몇 개월 만에 벌어진 일이며, 애플의 컴퓨터 라인을 모두 인텔 칩으로 교체하기 한참 전이라는 것이다. '다르게 생각하라' 광고가 곳곳에서 등장하고 있었지만 아이맥은 여전히 연구실에서 부화중이었다.

이 무렵에는 PC가 세계 컴퓨터 시장의 97퍼센트를 점유하고 있었다. 거의 모든 PC에 인텔 프로세서가 장착된 반면, 맥은 IBM과 모토롤라에서 공동으로 개발한 '파워PC' 칩을 사용해왔다. 애플의 대중적 인지도 하락과 기존의 파워PC 칩이 그렇게 빠르지 않았다는 점 때문에, 대중의 머릿속에는 PC의 성능이 맥보다 뛰어나다는 개념이 자리잡고 있었다. 그러나 이때 우리는 애플 엔지니어링팀의 보고서를 통해 강력한 무기를 거머쥐었다는 확신을 얻었다. 비교 평가한 결과, 파워맥 G3에 장착된 신형 칩의 속도가 인텔 칩보다 훨씬 빠르다는 증거를 확보한 것이다.

이 광고를 보고 인텔이 취할 조치가 아주 다양하다는 것도 우리는 잘 알았다. 물론 그 첫번째는 소송이었다. "『블룸버그 비즈니스위크』에 등장할 기사가 상상이 돼요?" 잡스가 말했다. 그는 인텔 칩을 등에 업은 달팽이 그림이 대문짝만하게 실리고 인텔이 애플을 법원으로 끌고 갔다는 기사가 중앙에 배치된 장면을 상상하면서 흡족해했다. 또 한편으로는 인텔이 불쌍하고 여린 애플을 몰아붙이기가 만만치 않을 것도 알았다. 애플은 필사적이었기 때문이다. 더군다나 섣부른 소송으로 애플의 인지도만 높여줄 수도 있으므로 인텔로서는 법적 대응을 신중히 고려할 수밖에 없었다.

'달팽이'는 인텔을 겨냥한 일방적인 선전포고에 불과했다. 그 광고 뒤에서 크리에이티브팀과 아트 디렉터 마이클 릴랜더, 카피라이터 톰 위트는 두 번의 추가 공격을 감행하기 위해 힘을 모으고 있었다. 머잖아 그들은 인텔 광고에 등장했던 화려하면서도 깔끔한 의상을 입은 '버니 맨bunny man'을 불에 그슬린 캐릭터 '버닝 버니Burning Bunny'를 광고에 내놓았다. 이 광고에서 애플은 그처럼 뛰어난 벤치마크 대상을 "공개적으로 구워" 미안하다고 인텔에 사과했다. 3부작의 마지막은 '스팀롤러Steamroller' 광고로, 애플 파워북에 장착된 PC 압착 기능을 통해 노트북 라인을 짓이겨버린다는 은유적 내용이었다.

물론 PC 지지자들의 반발이 잇따랐다. 어떻게 감히 애플이 이런 주장을 할 수 있단 말인가? "맥이 PC만큼 빠르지 않다는 것은 누구나 알아요." "애플이 숫자를 놓고 속임수를 쓰는 게 분명해요." 인텔의 대응도 있었지만, 애플의 주장을 반박하는 평가 자료를 웹사이트에 공개한 것이 전부였다. 소송은 없었다. 이 문제가 논란이 되면서 애플이 목표를 달성하는 데 도움이 되었다. 애플의 수치를 믿지 않는 사람들도 대화 속에 맥을 집어넣기 시작했다. 그러면서 맥은 더이상 웃어넘기기 어려운 존재로 부각되었다.

이것이 바로 잡스가 노렸던 '목표'였다. 그는 애플의 기술력을 세상에 입증하는 동시에 애플이 과거 어느 때보다 역동적이라는 것도 보여주었다. 아이맥으로 시작될 거대한 혁명이 바로 눈앞에 와 있었다. 그러나 애플의 실권자로 복귀한 잡스에게 인텔과의 전쟁은 몸

풀기에 지나지 않았다. 더 많은 멋진 전투들이 기다리고 있었다.

적이 있으면 유익하다

단순함은 사람들을 하나에 집중하게 만든다. 거꾸로 하나에 집중하다 보면 단순함을 얻는 데 도움이 된다. 인텔을 향한 애플의 선전포고도 사람들을 하나에 집중하도록, 즉 PC의 대안으로 맥을 진지하게 고려하도록 하는 효과적인 방법이었다.

결과의 차이는 있었지만 애플이 적들을 규정하고 조준한 사례는 과거에도 여러 번이었다. 앞에서 소개했듯이 마이크로소프트를 겨냥해 매킨토시의 '쉬운 방식'과 윈도의 '어려운 방식'을 비교한 광고도 그 중 하나였다. 하지만 결과를 예단할 수는 없는 법이다. 즉 이 광고로 윈도 사용자들이 애플 캠프로 줄지어 투항했다고 할 수는 없다.

1997년에 애플로 돌아온 잡스는 직원들을 향해 생각을 바꾸라고 요구했다. 이 순간에도 단순함이 형체를 드러냈다. 잡스가 직원들에게 한 말을 요약하면 이랬다. "우리가 이기고 마이크로소프트가 져야 한다는 생각은 이제 머릿속에서 지워야 합니다. 데스크톱 컴퓨터 전쟁은 끝났습니다. 우리가 졌습니다." 이 시기에 애플의 적은 애플 자신이었다. 따라서 뛰어난 제품을 만들기 위해 모든 역량을 집중시키는 것 외에 적들까지 걱정할 필요는 없었다. 전쟁은 애플이 살아남은 이후에나 가능한 일이었다.

잡스는 애플의 경쟁사 목록에서 마이크로소프트를 제외하고 이제는 친구로 만들기 위해 애썼다. 그래서 복귀 이후 처음으로 맥을 출시했던 무렵에는 마이크로소프트와의 새로운 제휴를 발표했다. 애플이 마이크로소프트를 상대로 제기했던 기나긴 소송을 철회하고, 빌 게이츠는 향후 5년간 마이크로소프트 오피스를 맥에 지원하는 동시에 애플에 1억 5천만 달러를 투자하기로 약속했다. 시애틀의 게이츠와 연결된 거대한 화면 앞에서 이 내용을 발표하는 잡스의 모습에 숨막혀 했던 몇몇 이들은 신음을 내뱉기도 했다. 게이츠가 마치 애플의 유명 광고인 '1984'의 빅 브라더처럼 보이는 데 비해, 그 앞에 선 잡스는 그와의 계약이 성사된 기쁨을 감추지 못하는 표정이었다. 많은 사람들의 눈에 항복한 모습으로 비치는 것도 무리는 아니었다. 실제로 잡스의 전기를 쓴 월터 아이작슨은 잡스 자신이 이 순간을 자신의 프레젠테이션 역사에서 최악의 실수로 인정했다고 기술했다. 잡스를 휘감은 듯한 게이츠의 거대한 이미지 때문에 마이크로소프트가 애플보다 더 비중 있게 보였던 것이다.

잡스가 애플에 복귀한 직후 과연 그가 애플을 되살릴 수 있을지 많은 사람들이 의심했다. 마이클 델도 그런 사람들 중 하나였다. 애플의 최고경영자가 된다면 어떤 일을 하겠느냐는 질문에 델의 대답은 이랬다. "문을 닫고 주주들에게 돈을 돌려주겠습니다." 애플은 굳이 적을 찾아 돌아다닐 필요가 없었다. 델이 스스로 멋진 적이 되어준 것이다. 한 달 뒤에 열린 애플 행사에서 잡스는 프레젠테이션 화면에 마이클 델의 모습을 커다랗게 띄우고는 그 위에 과녁 이미지를 겹쳤다.

그러고는 이렇게 말했다. "당신을 곧 따라잡죠, 친구." 이 한마디에 애플 부대의 사기는 하늘을 찔렀다.

인텔을 적으로 규정한 것은 쉬운 결정이었다. 인텔 칩은 모든 주요 컴퓨터 제조사들의 심장과 다름없었고, 인텔도 '인텔 인사이드Intel Inside' 광고를 통해 전체 컴퓨터업계의 표상과 같은 존재로 부각되어 있었다. 따라서 인텔을 공격하면 다른 모든 컴퓨터 제조사들을 일일이 거명할 필요 없이 한꺼번에 공격하는 효과가 발생한다. 덕분에 애플에 많은 관심이 쏟아졌다. 드러난 모습으로만 보면 애플이 믿을 수 없는 싸움을 걸고 있는 셈이기 때문이었다.

지금에 와서 돌이켜보면, 애플이 인텔을 적으로 지목한 것은 커다란 역설이었다. 그로부터 몇 년 후, 잡스는 가장 극적인 행보를 보였다. 파워PC 플랫폼을 버리고 인텔 캠프로 합류한 것이다. 잡스가 이 내용을 발표할 때 인텔의 최고경영자 폴 오텔리니도 단상에 함께 서 있었다. 오텔리니는 인텔의 유머감각을 과시하기 위해 연설을 시작하면서 애플 광고 '버닝 버니'를 틀었다. 이 광고 이후로 두 회사의 달라진 관계를 보여주기 위한 의도도 있었다.

단순함이 인텔과의 전쟁을 부추긴 것도 있지만, 맥에 인텔 프로세서를 장착하기로 방향을 선회한 것 역시 잡스에게는 지극히 단순한 결정이었다. 이 결정으로 그는 애플의 심각한 논란거리 중 하나를 완벽하게 해결했다. 그러면서 맥과 PC는 한순간에 동등한 지위로 변했다. 이제 애플은 과거의 인식들을 해체하려고 애쓰는 대신 혁신과 디자인, 단순함이라는 자신들만의 장점을 부각시키는 광고에 집중할 수 있게 되었다.

몇 년 후, 애플은 새로운 적을 사냥하러 나섰고 이번에는 흥미롭게도 옛 적을 재활용했다. 과거 인텔이 전체 컴퓨터업계의 표상처럼 여겨졌듯이 이제 마이크로소프트도 그와 동일한 이력을 내세울 만했고, 잡스와 게이츠 사이의 거래 역시 이미 오래전에 종료된 상태였다.

마이크로소프트와의 새로운 전쟁은 2006년에 시작된 '맥 vs PC' 광고로 촉발되었다. 완벽하게 짜맞춘 맥과 PC 캐릭터의 대화에서 윈도의 약점이 낱낱이 공개되어 이후의 비스타까지도 영향을 받을 수밖에 없었다. 바이러스, 시스템 고장, 업그레이드 문제까지 애플은 한 치의 자비도 허용치 않았다. 이 광고가 인기를 끌면서 새 에피소드가 방영될 때마다 사무실과 친목 모임 등 사람들이 모이는 자리에서 자주 언급되었다. '맥 vs PC' 광고의 높은 인기는 마이크로소프트 입장에서 큰 부담이었다. 그래서 여기에 대응하기 위해 다양한 사람들이 나와 활기차게 "나는 PC에요"라고 말하는 자체 광고를 제작하기도 했다. 지금 '맥 vs PC' 광고를 기억하는 사람은 많지 않겠지만 유튜브에서는 아직도 이 영상을 볼 수 있다. 이 시기를 거치며 애플은 적이 있다는 것이 재미있을 수도 있다는 것을 알았다. 그리고 방법만 적절하다면 상당한 이익을 남길 수도 있다는 것 또한.

가능한 모든 무기를 이용하라

어느 일요일 오후, 나는 그 무렵에 작업하던 광고 때문에 상의할 일이 있어 잡스에게 전화를 걸었다. 집에서 전화를 받은 그에게 다른 회선으로 또 한 통의 전화가 걸려왔다. 양해를 구한 그가 잠시 후 전화기에 대고 이렇게 말했다. "10분 뒤에 다시 전화할게요." 그러고는 끊었다.

아니나 다를까, 10분 뒤에 전화기가 다시 울렸다. "누구랑 통화했는지 아세요?" 잡스가 말했다. 그의 어조에서 첫째, 내가 절대 알지 못할 사람이며, 둘째, 내게 빨리 말하고 싶어 안달이 난 느낌을 받았다. 나는 의례적으로 대답했다.

"아니요, 누군데요?"

"빌 클린턴이요."

요즘 이런 일이 생기더라도 더할 나위 없이 멋지겠지만, 당시 빌 클린턴은 현직 대통령이었다. 잡스는 클린턴 일가와 사이가 좋았다. 잡스의 가족이 살던 주택은 비교적 수수했지만 대지가 넓어서 클린턴 일가가 여러 행사로 이 지역을 방문할 때는 잡스의 주택에 머무르곤 했다. 언덕 위에 있는 주택을 넓은 대지가 둘러싸고 있는 형태여서 대통령 경호도 수월한 구조였다.

그날 클린턴이 전화한 이유는 잡스가 부탁한 일 때문이었다. 답변을 해주기 위해 전화한 것이다. 하지만 클린턴의 관심에 감사하기 전에 몇 주 전 시작된 일부터 살펴보는 것이 순서일 것 같다.

'다르게 생각하라' 캠페인이 한창 진행중일 때 많은 잡지와 광고 게시판에는 '영웅'들이 한 명씩 등장했다. 우리는 2주 단위로 잡스와 만나 광고에 등장시킬 '새로운 피' 수혈에 대해 상의했다.

새로운 영웅들에 대한 추천이 곳곳에서 들어왔고, 우리 역시 여러 경로로 살펴보고 있었다. 게다가 광고가 인기를 얻으면서 유명 인사들이 출연을 자처하며 연락해오는 경우도 있었다. 그러던 중 회의에서 잡스가 아이디어를 내놓았다. 그가 생각한 사람은 넬슨 만델라였다. 잡스는 만델라의 비범함을 설명하면서 그를 우리 광고에 등장시키면 큰 영광일 거라고 했다. 단순히 애플의 유명세를 위한 탐욕적인 책략이 아니었다. 잡스는 자신이 존경하는 사람에게 진심으로 경의를 표하고 싶어했다.

유일한 문제라면 그때 만델라는 남아프리카공화국의 대통령이었다는 점이다. 아무리 머리를 굴려보아도 한 나라의 대통령을 애플의 광고에 출연시키는 것은 이치에 맞지 않았다. 그래도 혹시 모를 가능성을 위해 문의라도 해보는 것이 좋겠다고 우리는 잡스에게 말했다. 답변을 받기까지 많은 시간이 필요치 않았다. 만델라 행정부는 고맙지만 거절한다는 뜻을 정중히 전해왔고, 우리는 그 소식을 즉시 잡스에게 알렸다.

화를 내지는 않았지만 실망한 눈빛이 역력했다. 하지만 그는 이번에도 단순함의 원칙을 발휘해 '아니오'라는 대답을 거부했다. 그러면서 한 가지 아이디어를 제시했다. "빌 클린턴 대통령에게 우리를 도와줄 수 있는지 물어보는 건 어떨까요?" 그가 말했다.

그랬다. 대통령. 물론이었다. 왜 우리가 그 생각을 못했을까? 잡스는 만델라가 애플 광고에 출연할 수 있도록 자신이 직접 클린턴에게 부탁하기로 했고 이후 며칠 동안은 이와 관련된 아무런 언급도 없었다. 운명의 일요일 오후, 내가 잡스와 통화하고 있을 때 자유 세계의 리더가 잡스가 낸 과제에 답을 하기 위해 다른 회선으로 전화를 한 것이다.

클린턴이 직접 만델라와 통화했는지 아니면 그의 '측근들'과 연락한 것인지는 확인할 수 없었지만, 이번에도 전해온 대답은 부정적이었다. 잡스의 말에 의하면 만델라가 이 문제를 생각해봤지만 대통령직에서 물러난 후 적어도 6개월은 지나야 가능할 것 같다고 생각한 모양이었다. 만델라의 퇴진 의사는 천명된 상태였지만 대통령직에서 물러나려면 최소한 몇 개월은 더 기다려야 했다.

따라서 '다르게 생각하라' 캠페인은 만델라의 지원 없이 계속 이어나가야 할 상황이었다. 어쩌면 만델라의 자리를 찰리 채플린 같은 인물로 대체하게 될지도 모를 일이었다. 잡스의 실망감은 여전했지만 자국 대통령까지 나서서 노력했다는 점을 그나마 위안으로 삼았다.

더 중요한 것은, 단순함의 가장 중요한 원칙들 중 하나를 스스로 실천했다는 사실이었다. 잡스는 굽히지 않았다. 목표를 달성하기 위해 동원할 수 있는 모든 무기를 이용했다. 성공하지 못했다고 해서 노력마저 부족했던 것은 아니다.

압도적 전력을 내세워라

당신이 대통령과 직접 연락하기는 어렵다. 대통령은 고사하고 하원의장의 도움을 받기도 쉽지 않다. 그러나 당신이 평소에 할 수 있는 일도 많다. 아이디어를 추진할 때는 절대 운에 맡겨서는 안 된다. 확실한 방법을 동원해야 한다. 스스로를 제약하지 말고 당신이 동원할 수 있는 가장 강력한 무기를 내세워 그 아이디어가 살아남도록 해야 한다. 전쟁이라고 생각하고(또 그렇기 때문에) 군사령관으로서 모든 권한을 가동해 압도적인 전력으로 나아가야 한다.

복잡함이라는 부대와 맞서 싸우면서 막상막하의 전투를 바라는 사람은 없다. 완벽하게 승리해야 한다. 그래야 미래의 전투에까지 영향을 미칠 수 있다. 결론은 이렇다. 대포를 날릴 수 있는 상황에서 권총을 들이대는 어리석음을 범해서는 안 된다.

저마다 처지는 모두 다르기에 자신이 동원할 수 있는 자원부터 파악해야 한다. 중요한 회의를 앞두고 지지자들을 확보해 일제히 같은 소리를 내면 한 사람의 목소리보다 훨씬 효과적이다. 어쩌면 당신의 관점을 밑받침하면서 반박을 잠재울 수 있는 연구 자료나 근거가 있을지도 모른다. 최고경영자의 집무실을 당당히 찾아들어가 허락을 구함으로써 이후의 절차에서 빚어질 어려움들을 사전에 완화시킬 수도 있다. 또 컨설턴트를 동원해 화력과 신뢰성을 한층 강화할 수도 있다.

가장 중요한 것은 당신의 일을 고위층에게 설명하기 위해 당신이 가진 권한 내의 모든 것을 이용해야 한다는 점이다. 아이디어를 고안하는 데도 권리장전이 있다면 이것이 첫번째 조항이 될 것이다. 당신의 일을 의뢰자나 당신 회사의 경영진에게 설명할 때 다른 사람이 그 역할을 맡는다면 당신만큼의 열정을 보여주기 어렵다. 그랬다가는 반대에 부딪혔을 때 당신에 비해 아주 쉽게 항복할 수도 있고 적당히 타협하고 넘어가려 할지도 모른다. 이것이 인간의 본성이다.

그러므로 당신의 본성을 누그러뜨려서는 안 된다. 엇비슷한 결과를 바라는 사람은 없다. 이 싸움에서 무승부는 곧 복잡함을 의미하기 때문이다. 그리고 소총 교전에 뛰어들 이유도 없다. 복잡함에 흠집을 내는 정도가 아니라 아예 날려버려야 한다. 자칫하면 당신의 아이디어뿐 아니라 회사에서 당신의 지위까지 날아가버릴 수도 있다.

처음부터 압도적 전력을 내세우지 못하면 두 가지 고민스러운 상황에 처한다. 우선 실패의 확률이 높아진다. 그리고 애초에 중화기 부대를 불렀으면 상황이 어떻게 달라졌을지를 생각하느라 뜬눈으로 지새우는 밤이 늘어난다.

새로운 모든 아이디어들과 계획들은 저항의 벽을 넘어서야 한다. 이 저항의 벽은 현상 유지를 바라는 회의론자들일 수도, 아이디어를 믿지 못하는 사람들일 수도, 그 아이디어를 실현하는 데 필요한 만큼의 노력을 쏟을 자신이 없는 사람들일 수도 있다.

압도적인 전력을 내세우면 이 저항의 벽도 쉽게 허물어진다. 혼자 할 수 없을 것 같다고 당황할 필요는 없다. 잡스 같은 사람도 권능의 한계를 깨달았다. 하지만 무언가를 이루기 위해 주저 없이 전화기를 집어들었다. 설령 전화를 받는 이가 나라를 운영하느라 바쁜 사람일지라도.

단순함, 궁극의 무기

알다시피 단순함은 손상되기 쉽다. 그래서 어떤 프로젝트나 시도를 계획하는 단계에서부터 흠집이 나지 않고 제 모습이 온전히 드러나도록 지켜줄 수 있는 투사가 필요하다.

복잡함의 벽을 뛰어넘어 당신이 추구하는 방향을 고수하기 위해서는 이처럼 전투적인 마음가짐이 큰 도움이 된다. 적을 규정하고 압도적 전력을 앞세워야 한다. 하지만 이 모든 조건들의 핵심은 단순함을 빛나게 하는 데 있다. 단순함이야말로 이 시대의 가장 강력한 비즈니스 무기이기 때문이다.

그 증거로 1세대 아이폰이 출시될 무렵 세상이 보인 관심을 들 수 있다. 온갖 첨단기술을 말 그대로 손가락 끝에 집약시킨 아이폰은 단순함의 물질적 화신이었다. 애플은 또다른 휴대기기 혁명으로 스스로의 입지를 증명했다. 게다가 이 제품은 그렇고 그런 물건에 익숙했던 고객들의 시선을 사로잡으며 시장의 중심부를 곧장 파고들었다.

바꿔 말해 아이폰은 단순함의 '결정판'이었다. 애플이 하루는 맥을 양산하고 다음날은 스마트폰을 출시했다면 상황은 크게 달라졌을지도 모른다. 하지만 애플은 아이폰을 출시하기까지 약 6년 동안 아이팟과 아이튠스로 이미 큰 성공을 거두었을 뿐 아니라 세상마저 바꾸어놓았다. 이 과정에서 진정으로 인류의 욕망을 반영한 휴대기기를 창조할 수 있는 역량을 보여줘 맥과 PC 사용자 모두의 마음을 사로잡았다. 아이팟과 아이튠스 둘 다 수많은 사람들로 하여금 애플의 가능성에 눈을 뜨게 했고, 삶을 변화시키는 주체적 역할을 했다.

기술적 측면에서 볼 때 애플은 소형화의 대가로, 철학적 측면에서는 단순함의 대가로 자리매김했다. 그래서 애플이 새 스마트폰을 개발한다는 소문은 꼬리에 꼬리를 물고 퍼져나갔다. 하지만 평범한 소문과는 차원이 달랐다. 당시 통용되던 스마트폰과 그 제조사를 바라보는 못마땅한 시각까지 더해져 소문은 일파만파로 확대되었다. 스마트폰은 대부분 멋도 없고 기능도 시시하다는 인식이 지배적이었고, 제조사들의 이미지 또한 고객을 신경쓰지 않는 거대 조직에 가까웠다. 자신이 가지고 생활하는 전화기에 애착을 보이는 경우 역시 드물었다. 소문의 진원지였던 아이폰은 이 시장의 새로운 도전자였을 뿐 아니라, 그동안의 고난에서 사람들을 구해낼 구세주로 비쳐졌다.

아이폰을 앞세워 애플이 공략하려던 세상은 이미 '블랙베리'가 지배하고 있었다. 블랙베리는 언제 어디서든 이메일에 접속할 수 있다는 장점 하나만으로 '최상killer'의 지위를 확보했다. 게다가 애플에서도 아이폰 제품개발팀을 포함해 많은 직원들이 블랙베리로 업무에 도움을 받고 있었다.

그러나 단순함을 열렬히 추종하던 애플은 블랙베리의 분명한 약점을 찾아냈다. 복잡했다. 몇몇 기능은 괜찮은 편이었지만, 그 기능의 바탕이 되는 메뉴가 복잡해 기술에 해박한 사람들조차 제대로 파악하기 어려웠다. 애플은 단순함에서 해답을 찾았다. 전화와 이메일뿐 아니라 아이팟과 인터넷 기능까지 통합된 스마트폰을 개발하기로 했다. 그리고 가장 중요한 것은, 그 모든 기능을 사용하는 일이 제2의 본성처럼 느껴질 수 있도록 아주 쉽고 명확하게 만들겠다는 것이었다. 그렇게 애플은 자신들의 스타일대로 사용설명서가 굳이 필요치 않은 제품을 꿈꾸었다.

아이팟과 아이튠스로 입증한 전문성, 잠식 가능한 수십억 명의 세계 시장(그중 상당수는 보유 제품에 불만이 많았다), 기존의 스마트폰으로는 상상할 수도 없는 디자인과 성능 등을 감안할 때 그동안의 개인용 전자제품 중에서도 아이폰은 일찍이 본 적 없는 결정판이었다. 그리고 아이폰은 실제로 그 일을 해냈다.

기술을 기반으로 탄생했지만 아이폰이 사람들에게 사랑받을 수 있었던 이유는 바로 단순함에 있었다. 애플이 매우 달콤한 조합물이자 고성능의 무기인 아이폰을 탄생시킨 것이다. 이 무기의 위력은 대단했다. 애플이 비단 블랙베리라는 거대 조직과의 전쟁만을 염두에 둔 것이 아니었기 때문이다. 애플은 돈 많은 거대 조직들로 가득한 이 시장 전체를 겨냥했다. 이 시장에 막대한 돈을 쏟아부은 거인들과 대결했고 거기에는 통신사뿐 아니라 엘지, 모토롤라, 노키아 등 휴대전화 제조사들이 모두 포함되었다.

아이폰이 출시된 지 불과 얼마 되지도 않아 우리는 단순함이라는 무기의 잠재력을 직접 확인했다. '혁명'이라는 단어만으로는 부족했다. 아이폰은 기술 애호가들뿐 아니라 컴퓨터광들의 절대적인 지지를 받았다. 손에 넣기도 전에 사용법을 쉽게 알 수 있었던 것도 한 가지 이유였을 것이다. 단순함을 향한 애플의 애착에서 탄생한 아이폰은 컴퓨터와 다르게 움직이면서도 컴퓨터의 역할을 충실히 할 수 있었다.

많은 사람들이 쉽게 아이폰에 빠져들었다. 품격 있는 디자인과 놀라운 기능을 갖춘 아이폰은 고객이 손을 대는 순간 미소를 짓게 하는 그런 제품이었다. 물론 아이폰은 애플이 그동안 일관성 있게 해오던 일의 연장선일 뿐이었다. 아이폰이 등장하기 전인 2006년 잡스는 『뉴스위크』 인터뷰를 통해, 복잡한 것을 단순하게 만드는 애플의 능력을 이렇게 언급했다.

> 어떤 문제를 해결하려고 마음먹었을 때 내놓는 첫번째 해결책은 지나치게 복잡한 경우가 많습니다. 그래서 대부분이 여기서 포기하지요. 하지만 계속 문제를 고민하며 양파 껍질을 벗기다보면 아주 고상하고 단순한 해결책에 이르는 경우가 많습니다.

잡스는 애플과 수많은 경쟁사들의 차이를 이 몇 마디로 집약해 표현했다. 애플이 해결책을 찾은 그 순간은 끝이 아니라 시작에 불과하다. 애플은 복잡함의 껍질을 하나씩 벗겨내면서 '마법'을 발휘하기 시작한다. 당신이 이 원칙을 적용하기 위해 굳이 제품까지 개발할 필요는 없다. 프레젠테이션을 준비할 때도 동일한 원칙을 활용할 수 있다. 이제 더이상 단순화하기 어려운 문단에까지 이르렀다. 꼭 기억하기 바란다. 더 노력하고 더 자세히 살펴보면 잘라낼 수 있는 부분들이 얼마든지 있다. 그렇게 해서 아이디어의 본질에 도달할 때, 그 속에서 당신이 진정으로 자부할 수 있는 무언가를 얻게 될 것이다.

Chapter 11

앞서 생각하라 Think Ahead

애플은 비즈니스적 성공을 넘어 인류의 진보를 이루었다.
애플의 성패는 단기 이익보다 미래를 실현할 혁신에 집중했던
잡스의 가치관을 어떻게 이어나가느냐에 달렸다.

이 장에서는 잡스가 사망한 이후 애플이 단순화에 매진해온 과정을 조명해보려 한다.

'선지자.' 사람들이 잡스를 묘사할 때 가장 많이 사용하는 단어다. 대다수 사람들에게 선지자란 '미래의 모습을 구상화하는 능력을 가진 이'를 뜻한다.

그런데 선지자에는 2가지 유형이 있다. 하나는 미래를 그저 읽어내는 노스트라다무스 유형이며, 다른 하나는 미래를 실제로 창조하는 스티브 잡스 유형이다. 당연히 후자가 훨씬 드물다.

잡스는 뛰어난 디자이너와 엔지니어, 마케터 들을 고용한 후 자신의 구상과 지휘를 통해 '인류의 진보를 앞당길' 제품을 고안하고 창조했다.

그 모든 과정을 정확히 파악하려면 앞으로도 많은 시간이 필요할 것이다. 하지만 이것만은 분명하게 말할 수 있다. 잡스가 고수한 가치

체계는 다국적 대기업들이 '정상'으로 여기는 그것과는 완전히 달랐다. 그는 뛰어난 제품을 창조하기 위해서라면 기꺼이 그리고 과감하게 거액을 투자했다. 그리고 모든 결정도 성공에 대한 확실한 담보물보다는 직감과 믿음을 바탕으로 이루어졌다.

더욱이 잡스의 최우선 순위는 돈벌이가 아니었다. 천문학적인 돈을 긁어모으는 애플을 자랑스러워한 것은 사실이지만 그에게 금전적 이익은 놀라운 컴퓨터와 장치를 창조한 데 따르는 부산물일 뿐이었다.

애플의 디자인 책임자 조니 아이브는 2009년 영국 왕립예술대학 연설에서 잡스의 철학에 공감을 표했다.

> 애플의 목표는 돈벌이가 아닙니다. 우리의 목표는 좋은 제품을 디자인하고 개발해 시장에 내놓는 것입니다. 그 결과로 얼마의 돈을 얻는 거라고 우리는 믿습니다. 하지만 우리는 우리의 목표가 무엇인지 확실히 알고 있습니다.

애플의 방식으로 돈을 벌 수 있다고 '믿는' 용기와 확신이 있는 기업은 극히 드물다. 대부분은 명확한 목표 이익을 설정하고 그 목표에 도달할 방법을 찾는다. 반면 애플은 높은 목표를 설정할 역량을 스스로 부여하는 동시에 그만큼 실패 가능성도 인정함으로써 더 과감하고 위험한 결정도 마다하지 않는다. 그리고 훨씬 큰 금전적 이익을 거둔다.

잡스도 금전적 이익의 중요성을 잘 알았고, 이윤을 창출하는 더 나은 방법이 있다고 믿었다. 더러는 가장 혁신적인 방식을 선택하다보니 더 큰 장기 이익을 얻기 위해 단기 이익을 포기하는 경우도 있었다. 애플 스토어가 바로 그런 사례다. 이 아이디어의 성공 가능성을 입증하기까지도 상당한 투자가 필요했다.

물론 잡스가 걸어온 길을 잘 아는 사람이라면 훌륭한 아이디어에 투자하려는 그의 욕구가 오히려 젊은 시절 애플에서 그가 겪었던 몰락을 초래했다는 사실도 안다. 회사의 재정 상태를 제대로 살펴보지도 않고 연구 개발에 엄청난 돈을 쏟아붓겠다는 그 기꺼운 의지는 존 스컬리가 잡스를 내쫓을 궁리를 하도록 빌미를 제공했다.

어떠한 비즈니스 감각으로 잡스를 몰아내었든 이후 애플은 끔찍한 시련을 겪었고 그동안의 상상력도 차츰 빛을 잃는 듯했다. 애플은 꿈을 좇는 신생 회사로는 성공적인 기업이었다. 하지만 정장을 걸친 후로는 예전 같지 않았다.

1997년, 애플로 돌아온 잡스는 과거보다 더 현명한 리더이자 더 훌륭한 선지자가 되었다. 애플은 잃었던 혁신 역량을 되찾았고 과거 어느 때보다 과감한 혁신에 나섰다. '앞서 생각하는' 애플의 역량 덕에 젊은 시절의 잡스는 상상조차 할 수 없었던 엄청난 규모의 이익이 눈앞에 다가와 있었다.

그렇지만 어떤 사람이나 기업도 완벽할 수 없다. 누구나 실수를 한다. 애플의 앞날을 살펴보기 전에 그 길이 결코 순탄하지 않으며 어떤 것은 드러내는 것조차 매우 어렵다는 점부터 인정할 필요가 있다. 잡스 같은 선지자라도 말이다.

사실 잡스도 기술사에서 대단히 중요했던 기회들 중 하나를 깨닫지 못한 적이 있다. 더군다나 그 사건은 그의 이력에서도 꽤 후반에 일어났다. 다행히 똑똑한 그였기에 다시 한번 찾아온 혁신의 시기에 때맞춰 경로를 수정할 수 있었다.

심하게 구속당한 아이폰

애플을 좋아하든 싫어하든 아이폰이 휴대전화 산업의 판도를 뒤집었다는 사실은 누구도 부인할 수 없을 것이다. 애플리케이션 세상을 움직이는 터치스크린 전화기라는 아이디어는 모든 것을 바꿔버렸다.

2012년 중반 무렵 앱 스토어에는 무려 65만 개 이상의 애플리케이션이 존재했고 다운로드 수도 300억 건을 뛰어넘었다. 앱 스토어 매출의 30퍼센트가 애플의 몫임을 감안하면 애플리케이션이야말로 애플의 거대한 수입원 중 하나다.

아이폰은 놀라운 성공을 거뒀지만 1세대 아이폰에는 애플에서 개발한 애플리케이션(날씨, 주식, 시계 등)만 있었다는 사실을 기억하는 사람은 많지 않다. 잡스는 아이폰에 제삼자가 만든 애플리케이션을 제공하지 않을 거라고 천명했다. 아이폰이 바이러스로 인한 잠재적 오작동에 노출되거나 인가받지 않은 데이터에 접속될 가능성이 있었기 때문이다.

잡스는 개발자들에게 애플의 웹 브라우저인 사파리에서 작동하는 '웹 애플리케이션web apps'을 개발하도록 허용하는 것이 바람직한 해결책이라고 주장했다. 사실상 웹 애플리케이션은 애플리케이션처럼 기능하도록 코드화된 미니 웹페이지로, 아이폰이 인터넷에 연결된 상태에서만 작동했다.

심지어 2007년 애플 세계개발자회의에서 아이폰용 웹 애플리케이션 개발 기술을 집중적으로 논의하도록 했다. 그리고 이 행사 관련 보도자료에서 애플은 이렇게 밝혔다. "웹 2.0 기반 표준을 활용하는 우리의 혁신적인 접근법을 통해 아이폰은 보안과 신뢰성을 유지하고, 동시에 개발자들은 새롭고 놀라운 애플리케이션을 개발할 수 있습니다."

이것은 이른바 제삼자가 만든 애플리케이션에 대한 애플의 공식 입장이었다. 아이폰의 순수함과 신성함을 지켜낼 듬직한 존재는 오직 애플뿐이었던 것이다.

애플이 자신의 입장을 고집하는 사이, 개발자들은 사탕 가게의 열쇠를 먼저 차지하기 위한 다툼을 계속했다. 애플 내부의 일부도 같은 생각이었다. 몇몇 요직 임원들도 애플리케이션이 완전히 새로운 세상을 향해 문을 활짝 열 거라며 잡스를 설득했다.

한동안 거부하던 잡스도 결국 생각을 바꿨다. 그동안 금기시되어 온 애플리케이션은 그로부터 채 1년도 지나지 않아 아이폰의 놀라운 성장(애플의 가장 중요한 수입원 중 하나)의 원동력으로 변모했다.

아이폰 출시에 발맞춰 애플리케이션이 등장한 것은 아니지만 애플은 경쟁자들이 본격적으로 모방에 나서기 전에 앱 스토어를 구축했다. 사용 가능한 애플리케이션 라이브러리가 급속히 확장되면서 앱 스토어의 규모와 범위는 아이폰의 가장 큰 셀링 포인트 중 하나가 되었다.

이 사례에서는 앞서 생각하는 애플의 역량에 분명한 제약이 따랐다. 심지어 잡스가 모든 일을 '지나치게' 단순화하려고 고집을 피운다고 말하는 사람도 있었다.

분명한 것은 잡스 없는 애플이 앞으로 나아가다보면 분명히 비틀거릴 때가 있으리라는 사실이다. 잡스와 '함께한' 애플이 그랬듯이 말이다. 혁신은 울퉁불퉁한 비포장도로와 같다. 잡스를 떠나보낸 후 맞이한 애플의 첫 해도 그렇게 불안한 시간들이었다.

설립자 없이 앞으로

애플이 성공을 거듭할수록 애플을 바라보는 눈길도 몹시 엄격해진다. 잡스가 사망한 바로 그해 애플이 세계에서 가장 가치 있는 기업으로 등극하면서 많은 관찰자들이 의문을 갖게 되었다. '앞으로는 어떨까?'

잡스가 지휘하지 않아도 애플은 계속 일류의 길을 걸을 수 있을까? 잡스의 가치관이 앞으로도 회사에 남아 있을까? 신임 최고경영자 팀 쿡은 아주 중대한 의사결정을 잡스처럼 효과적으로 할 수 있을까?

늘 그렇듯 애플에 대한 과도한 분석은 엉터리 결론으로 이어지곤 한다. 제대로 알고 싶다면 명백한 사실에서 시작하는 것이 최선이다. 잡스는 아주 특별한 사람이었다는 사실 말이다. 그 없이 애플이 예전처럼 최고의 자리를 유지하는 것은 절대로 불가능하다.

잡스는 비전과 엔지니어링, 디자인, 마케팅 등 많은 영역에서 리더십을 발휘했다. 어느 누구도 그를 대체할 수 없으며, 여러 명이 힘을 모아 그를 대신해야 한다. 다행히 그의 주변에는 유능한 사람들이 많았고, 아직은 경영진 대부분이 자리를 지키고 있다. 그들은 무엇이 애플을 특별하게 하는지 잘 알 뿐 아니라 애플의 가치를 함부로 훼손하지도 않는다.

잡스 없는 애플의 역량을 평가하기에 한두 해로는 부족할 수 있지만 대부분의 징후는 긍정적이다. 2012년, 애플은 아이폰5와 2가지 차세대 아이패드, 아이패드 미니, 새로운 아이팟 제품군, 새롭게 디자인한 아이맥 제품군 등 꽤 여러 신제품을 출시했다.

최고운영책임자로 일하며 이미 보여줬듯 팀 쿡은 탁월한 운영 능력의 소유자이며, 2012년 가을에 다양한 신제품 출시를 관리하면서 그 능력을 다시금 입증했다. 주요 제품들 모두 휴가철이 되기 훨씬 전에 재고 없이 순조롭게 시장으로 풀려나갔다.

하지만 잡스가 사망한 이후 논란이 전혀 없었던 것은 아니며, 애플을 지켜보던 많은 이들이 논란의 원인을 곧바로 잡스의 부재와 연결 짓기도 했다.

가장 시끄러웠던 사건은 애플 맵 출시의 대실패였다. 애플은 iOS6와 아이폰5를 통해 구글 맵을 자체 제작 지도로 대체했다. 이 문제를 두고 애플이 자기 무덤을 팠다고 말하는 사람들이 많았지만 진상은 그보다 훨씬 복잡했다.

첫 애플 맵은 실제로 문제가 많았다. 출시된 지 채 몇 분도 지나지 않아 주소가 부정확하고 없는 주소도 많다는 보고가 밀물처럼 밀려들었다. 한곳에서 다른 곳으로 이동할 때 누구나 믿고 의지할 수 있다는 선전이 무색해졌다. 게다가 하루하루 지날수록 더 큰 결함들이 속속 드러나면서 상황은 점점 악화되었다. 몇몇 지역은 통째로 누락되었고 주요 랜드마크도 엉뚱한 곳에 표기되었다.

빠르게 확산되는 문제에 대한 팀 쿡의 대응은 그가 더이상 잡스의 그늘에 있지 않음을 입증했다. 그는 애플 웹사이트에 공개 서한을 올려 이 문제에 대해 (철저히 공개적으로) 사과했다. 훌륭한 제품을 만들기 위한 애플의 헌신이 '부족했다'는 점도 인정했다. 그러면서도 상황은 점점 나아질 거라고 약속했을 뿐 아니라, 애플이 문제 해결에 주력하는 동안 사용할 만한 애플 맵의 대안을 제시하기도 했다. 애플이 자사가 아닌 다른 회사의 제품을 추천한 경우는 처음이었다.

이 사례 역시 흥미로운 의문들을 자아냈다.

잡스가 그처럼 대놓고 사과한 적이 있었던가? 이 사건이 팀 쿡을 잡스보다 나은 리더로 만들 것인가, 아니면 그 반대인가? 잡스였다면 애플 맵을 바로 출시하도록 허락했을까? 물론 정답이 없는 이야기다. 잡스 자신도 직업 인생 내내 수많은 판단 착오를 저지르지 않았던가?

아이폰4의 '안테나게이트' 논란(아이폰4를 특정 방식으로 거머쥐면 수신 불량이 발생하거나 아예 통화가 끊기는 문제를 말한다) 때 잡스는 기자회견을 자청하는 전례 없는 조치를 취했다. 그 자리에서 그가 한 발언은 잘못에 대한 인정이라기보다 방어에 가까웠다. 잡스는 절대로 팀 쿡처럼 사과하지 않았다. 그는 모든 휴대전화에 이와 유사한 문제가 있다는 증거를 산더미처럼 제시하고는 애플의 진보한 연구 설비를 자랑했다. 그리고 아이폰4 소유자들에게 문제를 해결할 수 있는 범퍼 케이스를 무료로 제공하겠다는 것이 그가 한 '사과'의 전부였다. 잡스는 팀 쿡처럼 애플이 '부족했다'는 점을 결코 인정하지 않았다. 실제로 그 반대였다. 그는 애플이 전화기 디자인의 선도자임을 입증하기 위해 애썼다.

사실 애플은 안드로이드 기술을 앞세워 최고의 경쟁자로 부상한 구글과 달리 제 길을 가야 한다는 분명한 사업적 이유를 갖고 있었다. 잡스는 애플의 사용자 경험을 명확하게 구현하기 위해 다른 회사들이 끼어들 여지를 허용해서는 안 된다고 오랫동안 강조해왔다. 아이폰에서 운용할 어도비 플래시 개발계획이 수포로 돌아가자 잡스는 플래시를 포기하고 그 당시 한창 떠오르던 HTML5 공개 표준으로 방향을 선회했다. 그후로 잡스는 애플의 중요한 기능과 서비스를 외부 회사에 의존하여 제공하는 일이 다시는 없도록 했다.

하지만 애플 iOS의 핵심부를 좌우하던 구글이 있었다. 아이폰과 아이패드에 구글 맵을 사용하기로 한 애플과 구글의 협약이 아직 1년 정도 남아 있었다. 구글은 안드로이드 기반 휴대전화에 2년 동안 제공해온 턴바이턴(turn-by-turn, 음성이나 시각적 요소로 목적지에 이를 때까지 방향을 안내하는 방식—옮긴이) 기능을 아이폰 사용자들에게는 허용하지 않았다. 아이폰 고객들이 최상의 경험을 만끽하지 못하는 사이 안드로이드는 경쟁우위를 점해버렸다.

결국 애플은 '진퇴양난'에 처했다. 기능이 빠진 구글 맵으로 힘든 한 해를 더 보낼지, 아니면 턴바이턴 기능에 플라이오버(flyover, 애플이 개발한 3D 위성 지도—옮긴이)처럼 구글 맵에는 없는 기능까지 제공하는 애플만의 애플리케이션을 개발할지 고민해야 했다.

하지만 애플의 진로에 대한 논쟁은 근본적으로 하나의 가정에서 출발해야 했다. 즉 애플 맵이 애초부터 경쟁력이 있어야 구글 맵과의 승부도 고려할 수 있지만, 현실은 그렇지 않았다. 따라서 이후 애플이 선택한 길에 대해서는 변명의 여지조차 없었던 셈이다. 애플의 모든 제품이 현장 테스트를 거치므로 애플 맵의 심각한 기능 결함이 분명히 드러났을 것이다. 때문에 누가 언제, 무엇을 알았는지를 두고 의문들만 증폭되었다.

애플 맵 논란에 대한 팀 쿡의 대응과 안테나게이트에 대한 잡스의 대응을 비교해보면, 팀 쿡이 맵과 관련한 의사결정을 비즈니스적 맥락에서 고려하는 데 조금도 주저하지 않았다는 사실이 분명해진다. 그는 단순하게 사과했다. 그것도 아주 기꺼이. 어쩌면 구차한 변명을 늘어놓지 않고 진심으로 사과하고 싶었는지도 모른다. 덕분에 비판가들이 반박할 여지는 없었다.

이것 역시 단순함을 실현한 흥미로운 사례다.

팀 쿡은 소란을 피우기보다 문제를 인정하고 애플의 높은 품질 기준을 재차 언급하면서 애플 맵을 보완하는 일이 최우선 과제임을 세상에 천명했다.

이러한 쿡의 전략은 주효했던 것으로 보인다. 그의 사과에 대한 반응은 대부분 긍정적이었고, 더러는 그가 사용한 인간적인 표현을 인용하기도 했다. 맵의 결함에 대한 공개적인 논란은 급속히 잦아들었고, 이제는 애플이 적절한 기한 이내에 해결책을 제시할 차례다. 그렇지 않으면 미래의 어느 날 또다시 비난에 직면할 것이다.

그러나 불행히도, 2012년 애플의 과오는 맵이 전부가 아니었다.

천재답지 못한 광고 캠페인

텔레비전으로 방영되는 행사야말로 광고주들에게는 가장 매력적인 무대이며, 특히 황금시간대는 새 캠페인의 베일을 벗기기에 더없이 좋은 시점이다. 슈퍼볼, 오스카 시상식, 월드시리즈 등이 대표적인 예다.

2년마다 방송을 타는 올림픽도 광고주들에게 인기 있는 행사다. 경기 시간이 긴 만큼 광고주들이 끼어들 여지도 많기 때문에 자사의 주요 광고를 내보내기 위해 거액의 투자도 마다하지 않는다.

2012년 하계 올림픽 때 애플은 대형 광고계약을 체결했다. 맥 제품의 새 광고 캠페인을 위해서였다(대성공을 거둔 '맥 vs PC' 캠페인 이후 처음이었다). 기업 입장에서 결코 소홀히 해서는 안 되는 상황이었다. 엄청난 비용을 들였기에 계획도 일찌감치 수립해야 했다. 대개 올림픽에서 선보이는 광고들은 경기가 끝난 후에도 그 수명이 연장되는 경향이 있기 때문에 광고에 드는 막대한 비용도 웬만큼 정당화될 수 있다.

애플의 새로운 시도는 천재Genius 캠페인이었다. 이 캠페인은 애플 스토어에서 일하는 젊고 매력적이며 천재적인 인재를 부각하는 3개의 광고로 구성되었다. 캠페인의 대략적인 줄거리는, 애플 스토어의 천재가 일하지 않는 시간에도 도움이 필요한 애플 고객이 있는 곳이면 비행기나 아파트, 길거리 등 어디서든 구원의 손길을 내민다는 내용이다.

그러나 이 캠페인은 실패했다. 블로고스피어(blogosphere, 소셜 네트워크처럼 서로 연결되어 있는 모든 블로그들의 집합—옮긴이)에서도 비난이 잇따랐고 그 이유들도 충분히 근거가 있었다.

무엇보다 재미가 없었다. 과장된 캐릭터는 마치 시트콤 배우 같은 느낌을 주었다. 더 정확히 말하면, 재미없는 대본을 읽는 시트콤 배우 같았다. 광고의 질도 평소 애플 광고의 높은 수준에 턱없이 못 미치는 조악한 수준이었다.

그런데 이보다 더 심각하고 혼란스러운 문제는 따로 있었다. 원래부터 애플 제품의 가장 큰 강점은 사용하기 쉽다는 것이었다. 애플 덕분에 보통 사람들도 손쉽게 멋진 경험을 할 수 있었다. 그런데 이 새 광고 캠페인에는 애플 제품을 두고 혼자 어찌할 바를 모르는 사람들이 등장했다. 다양한 수준의 허둥거림과 간절히 도움을 바라는 모습들뿐이었다.

캠페인의 결과는 애플 역사상 전례가 없을 정도였다. 대중의 격렬한 야유에 밀려 광고는 몇 주 만에 사라졌다. 하지만 애플은 이 광고의 방영 기한이 원래 짧았으며, 자사의 일정을 계획대로 완수했다는 성명까지 발표했다.

하지만 여러 사실을 종합해보면 애플이 이 캠페인을 실제로 어떻게 받아들였는지 짐작할 수 있다. 광고 방영이 중단되었을 뿐 아니라 애플 광고들을 한동안 제공하는 웹사이트에서마저 볼 수 없었다. 보통 꽤 오랫동안 광고를 게시하던 애플 유튜브 채널에서도 볼 수 없었고, 누군가 자신의 유튜브 채널에 광고를 올리면 저작권 침해를 이유로 곧바로 삭제시켰다.

이 광고들 때문에 애플의 심기가 불편했음은 분명하다. 다시는 광고에 대해 말조차 꺼내고 싶지 않은 상황이라면 증거도 인멸하는 것이 당연하다.

한마디로 이 광고들은 애플의 기준에 맞지 않았을 뿐만 아니라 대중의 비난에 대한 회사의 대응도 솔직하기보다는 의심스러웠다. 다행히 삶은 계속 흘러가는 법이다. 제품에 결함이 있는 것보다 광고에 문제가 있는 게 차라리 낫다. 방영을 중단하자 그 광고들의 존재도 대중의 기억에서 상당히 빨리 잊혔다. 애플이 다시 희망을 품을 수 있게 된 것이다.

그러나 이 광고 캠페인의 실패는 잡스의 사망 이후 애플이 내리막길을 걷고 있음을 입증하는 확실한 새 증거였다. 과거 잡스는 모든 광고에 적극적으로 개입했기 때문에 '천재' 캠페인에 대해 '잡스라면 절대 승인하지 않았을 광고'라는 평가가 붙는 것도 어쩔 수 없었다.

개인적인 경험에서 보면, 잡스는 종종 마케팅 부서 최고위직 인사들의 견해조차 묵살할 때가 있었다. 그랬던 잡스가 이제는 회의실에 없으니 거부당할 만한 것들이 통과되는 일도 분명히 있을 것이다. 그렇지만 잡스라면 각 사안에 대해 어떤 지시를 내렸을지 정확히 말할 수 있는 사람은 아무도 없다.

왜 애플이 여러 면에서 결함투성이인 캠페인을 기획했는지 나 역시 의아하다. 누구나 다양한 비판의 말을 한마디씩 던질 수 있겠지만, 중요한 핵심은 많은 사람들이 이 광고를 싫어했다는 사실이다. 기업이 고객들에게 인상을 남기기 위해 큰돈을 지출해야 하는 상황이라면 그 인상이 긍정적일 때만 좋은 결실을 맺을 수 있다.

이 캠페인을 옹호하는 사람들은 애플 제품에 익숙한 기존 사용자들이 아닌 사용이 서툰 신규 고객들의 부담을 덜어주기 위해 광고를 기획했다고 주장한다. 하지만 광고를 아는 사람이라면 이런 주장이 얼마나 터무니없는지 잘 안다. 과거 '맥 vs PC' 캠페인은 경이적인 성공을 거두었다. 이 캠페인도 신규 사용자들을 겨냥했지만 기존 고객들에게도 즐거움을 주었다. 더욱이 이 캠페인은 기존 사용자들이 전도사가 되어 친구나 동료에게 마음껏 복음을 전하도록 유도했다. 이처럼 훌륭한 캠페인은 특정 집단을 목표로 한다고 해서 다른 집단을 소외시키지 않는다.

나는 개인적으로 '천재' 캠페인에 실망했지만, 그렇다고 애플에 파멸이 임박한 징조로 여기지는 않았다. 아무리 의도가 좋더라도 새 캠페인은 제작 과정에서 어디론가 탈선할 수 있다. 꿈을 좇다보면 어느 순간 길을 잃기도 하는 것이 창의성의 본질이다. 내가 중요하게 여긴 것은 후속작이었다. 만약 애플이 어설픈 캠페인을 연이어 제작했다면 나는 굉장히 걱정했을 것이다.

다행히 애플은 과거에 연연하지 않았다. 그후 나온 아이폰5 캠페인은 누구도 부인할 수 없는 근래 최고의 광고였다. 배우 제프 대니얼스가 내레이션을 맡았고, 기발하고 지적이며 끌림이 있었다. 내 생각에 이 캠페인은 잡스 시절에 제작된 어떤 아이폰 광고보다 훌륭했다. 각 광고는 단순하고 매력적인 이미지로 아이폰5의 기능을 하나씩 표현함으로써 단순함을 향한 애플의 사랑을 효과적으로 반영했다.

이 캠페인을 선보인 후 또다른 신제품인 아이패드 미니 캠페인도 이어졌다. 이 광고들은 아이패드와 아이패드 미니를 나란히 배치해 흥미롭게 비교하는 방식으로 더욱 단순했다. 보는 사람을 미소 짓게 하는 이 광고들이 전하는 메시지는 선명했다. 더 작은 아이패드가 등장했다는 것이다.

덕분에 마케팅 경보기는 잠잠해졌다. 애플의 훌륭한 광고 이력이 '천재' 캠페인으로 잠시 주춤했지만 그후 이어진 아이폰5 캠페인과 아이패드 미니 캠페인으로 곧 질서를 회복했다. 하지만 누구든 '천재' 캠페인에 책임이 있는 사람들은 아마도 질책을 들었거나 그보다 더 가혹한 경험을 했을 것이다.

애플 제품의 디자인처럼 애플의 광고도 앞으로 여전히 높은 수준을 유지할 것이다. 운영자들이 회사의 핵심가치를 충실히 유지하는 한 말이다.

잘못을 바로잡은 팀 쿡

2012년 말, 팀 쿡은 과감한 인사를 단행했다. 애플의 경영진을 뒤흔든 것이다.

첫번째 인사는 당연한 결정이었다. 론 존슨의 뒤를 이어 애플 스토어 책임자로 영입된 존 브로윗을 해고했다. 브로윗은 영입 단계에서부터 어리석은 결정이라며 언론의 호된 공격을 받았다.

브로윗은 오로지 애플 스토어의 이익을 제고하는 데만 골몰하는 듯했고, 이를 위해 직원들의 근무 시간을 단축할 계획까지 세웠다.

앞에서 내가 '어리석다'고 표현한 이유는, 애플에 조금만 관심이 있는 사람이라면 고객 서비스야말로 애플 스토어의 가장 큰 장점이며 수익성도 이미 충분하다는 사실(최근 연이익이 50억 달러 이상이다)을 잘 알기 때문이다. 따라서 고객 서비스보다 이익을 앞세우는 것은 어느 모로 보나 잘못된 생각이었다. 게다가 더 큰 문제는 이것이 전혀 애플답지 않다는 점이었다.

쿡은 브로윗을 해고함으로써 과거 자신의 잘못을 간단히 바로잡았다. 브로윗의 영입 사실을 발표했을 때 많은 이들이 의아해했지만 그를 애플의 소매 책임자로 선택한 사람은 바로 자신이었다. 게다가 브로윗은 애플과는 가치관이 너무도 다른 유럽의 소매 체인 딕슨스Dixons 출신이었다.

이보다 더 충격적인 인사도 단행되었다. 바로 스콧 포스톨의 해고였다. 포스톨은 넥스트 시절부터 잡스가 아끼던 사람으로 iOS 소프트웨어 플랫폼 책임자였다. 아이폰과 아이패드를 움직이는 iOS는 애플 근대사에서 가장 인상적이면서도 중요한 소프트웨어다.

사람들은 포스톨과 잡스 사이에 닮은 부분이 많다고 했다. 포스톨은 거칠고 공격적이지만 맡은 일은 철저히 완수했다. 워낙 특별한 성격 탓에 가던 길을 멈추고 포스톨의 행동을 지켜보는 사람이 있을 정도였다. 하지만 사람들은 잡스의 행동방식을 잡스에게서 보는 것만 받아들일 수 있었다. 다른 사람이 잡스처럼 행동하니 대단히 힘든 시간이었다.

iOS가 애플의 사업적 핵심 동력으로 부상하면서 포스톨의 역할도 더 중요해졌다. 잡스의 후원 아래 iOS의 특정 기능들이 OS X에 포함되었고, 덕분에 사용자들은 컴퓨터와 단말기 사이에서 한층 일관된 경험을 할 수 있었다.

그런데 문제는 바로 여기에 있었다.

치열한 스큐어모피즘Skeuomorphism 논쟁

애플의 디자인 책임자 조니 아이브가 스콧 포스톨을 좋아하지 않는다는 소문이 한동안 떠돌았다. 소문은 점점 심각해져 아이브가 포스톨이 있는 회의에는 참석을 거부한다는 이야기마저 있었다.

성격적인 문제도 분명히 있었다. 포스톨의 공격적 성향과 아이브의 깔끔한 영국인 성향이 잘 어울릴 리 없었다. 게다가 디자인 문제가 둘 사이에 불화를 야기했다. 그 디자인 문제는 스큐어모피즘이었다.

컴퓨터 인터페이스에서 스큐어모프Skeuomorph란 인터페이스 요소 중 하나로, 실생활에서 익숙한 사물을 상기시켜 그 용도를 명확히 드러내는 장식 디자인을 의미한다. 컴퓨터 바탕화면의 폴더나 휴지통, 날씨 애플리케이션을 뜻하는 온도계 모양 아이콘이 간단한 예다.

스콧 포스톨 세계에서 많은 디자이너들이 이 스큐어모피즘 때문에 힘들어했다. 예를 들어 아이폰과 아이패드에서 아이북스iBooks 애플리케이션을 실행하면 구식으로 보이는 나무 선반이 등장한다. 그리고 애플이 의도적으로 iOS 기능을 맥 세계로 이전하면서 OS X도 이런 유형의 인터페이스 디자인에 물들었다.

OS X 라이온의 달력 애플리케이션이 느닷없이 할아버지 책상 위의 크고 낡은 일정관리장처럼 보였다. 전화번호부 애플리케이션은 가죽 디자인으로 변했다. 노트 애플리케이션도 노란색 메모장에 종이 윗부분이 찢어진 형태로 마무리했다. OS X는 단순하고 우아한 인터페이스로 알려져 있었는데, 이제는 이런 스큐어모프로 복잡해졌을 뿐 아니라 사용자들이 이것을 제거할 방법도 전혀 없었다. 엎친 데 덮친 격으로 이 인터페이스에서는 일관성도 찾기 어려웠다. 달력과 전화번호부는 가죽 디자인인 데 반해 메모장과 사전처럼 평소에 자주 사용하는 다른 애플리케이션은 그대로였다.

현대 인터페이스에 과연 스큐어모프가 필요한지 논란도 벌어졌다. 오늘날 사용자 대부분은 기술과 함께 성장했기 때문에 굳이 현실 세계를 반영하지 않더라도 불편해하지 않는다. 스큐어모프에 전혀 문제를 느끼지 못하는 사람들조차 애플의 스큐어모프는 우리가 한 번도 사용한 적이 없는 물건(가죽 일정관리장처럼) 같다고 지적했다.

조니 아이브가 비통해할 만도 했다. 멋지게 디자인한 하드웨어가 낡고 싸구려 같은 스큐어모프가 들어찬 스크린 때문에 그 수준이 떨어졌으니 말이다.

더 중요한 사실은 포스톨과 아이브의 불화가 애플 내부에서 점점 커져가던 심각한 문제를 더욱 두드러지게 했다는 점이다. 1세대 매킨토시가 등장한 이후 가장 많이 주목받은 애플의 강점은 하드웨어와 소프트웨어의 완벽한 통합이었다. 기능들의 순조로운 조화를 위한 노력의 결과였다. 하지만 이때는 가장 중요한 두 부문인 하드웨어와 iOS의 책임자들이 서로 삐그덕거리고 있었다. 디자인과 관련된 중요한 사안도 합의가 어려웠고, 동료애라고는 눈곱만큼도 찾아볼 수 없었다. 그래서 디자인 수준에서라도 하드웨어와 소프트웨어의 통합을 추구했지만 결국 이루어지지 않았다.

팀 쿡은 과감한 쇄신으로 이 문제를 단번에 영구적으로 해결했다. 그는 포스톨을 쫓아내는 한편, 아이브에게는 애플 전 제품을 아우르는 인간 중심 인터페이스Human Interface에 대한 책임을 더 무겁게 지웠다.

애플이 단순화에 매진할 수 있도록 거대한 그리고 행복한 진보가 또 한번 이루어진 셈이다. 이제 애플이 생산하는 모든 컴퓨터와 기기에 들어가는 하드웨어와 소프트웨어에는 단일의 디자인 감각만이 통용될 것이다. 시간이 흐를수록 서로 다른 기기들 사이의 일관성도 더욱 확대될 것이다.

아울러 달력 애플리케이션도 머잖아 가죽 포장을 벗을 거라고 나는 확신한다.

애플의 전향적 사고

여기저기에 몇 차례 흠집이 생기긴 했지만, 애플은 잡스가 없는 상황에서도 전반적으로 평소처럼 비즈니스를 이끌어왔다. 그러나 애플의 입장에서는 평소 같은 비즈니스겠지만 시장 전체의 입장에서는 평소 같지 않다.

좋은 현상이다. 지금이야말로 현금화에 대해 진지하게 생각하는 애플 주주들같이, 애플이 남들처럼 행동하기 시작해야 할 때다.

최근 팀 쿡이 단독으로 진행한 경영진 인사만 보더라도, 애플은 여전히 전향적으로 사고하고 있으며 그 구상이 앞으로 등장할 제품들에 고스란히 반영되리라는 증거라고 할 수 있다. 단순함, 우아함, 일관성이 환한 안내등 역할을 할 것이다.

애플의 신제품과 관련한 소문은 언제나 계속될 것이다. 최근에도 애플 텔레비전에 관한 소문이 1년 넘게 회자되었다. 이런 소문이 떠도는 이유는, 애플이 실제로 이런 제품을 만든다면 아마도 특유의 참신함과 단순함으로 그 업계를 혁신할 것이라는 사람들의 상상과 기대가 깔려 있기 때문이다.

이것이 사람들이 애플의 재능을 바라보는 방식이다. 그리고 이것이 애플이 충족시키려 애쓰는 기대치다.

아이폰5와 신형 아이패드 제품군 등에서 확인할 수 있듯이, 애플의 기존 제품들은 꾸준히 회사의 브랜드 이미지를 잘 대변할 것이다. 한때 어려움이 있었지만 마케팅도 점점 향상되고 있다. 그리고 더욱 다행스러운 것은 하드웨어와 소프트웨어 디자인의 균열이 모두 메워져 앞으로의 추세가 더욱 긍정적으로 변할 거라는 사실이다.

단순함의 위력은 변하지 않는다.

마치는 글

다르게 생각하라 Think Different

단순함의 위력을 믿는 당신은 이제 '다르게 생각하라'의 개념에도 이르렀다. 당신은 그 소수에 포함된다. 단순함은 세상에서 가장 강력한 힘 중 하나이며 소수만을 위한 무기다.

비즈니스 측면에서 보더라도 이것은 아주 반가운 소식이다. 흔하지 않은 존재인 이 단순함에는 커다란 가치가 있다. 그 힘을 이용하는 회사는 경쟁사들을 압도할 수 있다. 그 힘을 터득한 개인도 조직에서 매우 소중한 자원이 될 수 있다.

단순함은 언제나 독창적이다

단순화 기술을 현실에서 실천하기 전에 당신이 유념할 중요한 사실이 하나 있다. 단순한 아이디어라고 해서 항상 훌륭한 것은 아니다. 중요한 것은 '질quality'이다.

당신이 정말로 신선하고 매력적인 무언가를 시작할 때는 단순함의 원칙이 당신을 환상적인 우위를 점하도록 할 것이다. 그러나 아무리 단순화하더라도 나쁜 아이디어는 나쁜 아이디어일 뿐이다. 게다가 단순함을 신봉한다고 해서 저절로 나쁜 아이디어에서 벗어날 수 있는 것도 아니다.

지성과 상식의 요새를 자처해온 애플이지만 심각한 실수를 범한 역사적 순간들도 있었다. 몇몇은 추진하기에 바람직하지 않은 아이디어였고, 다른 몇몇은 좋은 아이디어였지만 결과가 좋지 못했다. 다행히 애플에는 꽤 넉넉한 보험증권이 있었다(2011년 10월 기준으로 800억 달러 이상의 현금 예치금이 쌓여 있었다). 잡스에게서 이 사실을 들은 나는 애플이 이 자금을 바탕으로 자유로이 상상의 나래를 펼칠 수 있겠다는 생각을 했다. 날아올랐다가 문제가 생겨도 안전하게 내려설 기반이 있었던 것이다.

우리 대부분은 은행에 큰돈을 예치할 형편이 못 되므로, 단순함이 하나의 보완책 역할을 해주는 것만 해도 다행스러운 일이다. 그 원칙을 따르는 사람은 실수를 하더라도 조금 더 쉽게 만회할 방법이 있음을 알게 되며, 더러는 더욱 강한 존재로 거듭나기도 한다.

숨죽인 마우스

가장 널리 알려진 애플의 실패작 중 하나는 1세대 아이맥과 곧이어 나온 파워맥 G3에 포함된 '하키퍽 마우스hockey puck mouse'였다. 애플의 골수팬들조차 이 마우스만큼은 싫어했다. 둥근 모양 때문에 어느 방향을 지시하는지 분간할 수 없었다. 컴퓨터 앞에서 작업을 하다보면 스크린의 커서가 엉뚱한 방향으로 돌아다니는 일도 많았다. 애플이 출하 전에 그 사실을 발견하지 못한 이유가 납득이 가지 않는다. 하키퍽 마우스는 가뜩이나 애플이 기능보다 겉모습에 치중한다고 비판하던 사람들에게 좋은 구실이 되고 말았다.

하키퍽 마우스가 등장한 지 몇 개월이 지나고 뉴욕에서 맥월드 전시회가 열리기 전, 잡스가 그때 진행하고 있던 몇 가지 광고들을 검토하기 위해 나를 자신이 묵고 있던 맨해튼 호텔 객실로 불렀다. 검토를 끝내고 다른 이야기로 화제가 옮겨갈 때 나는 그 마우스에 대한 궁금증을 참을 수 없었다. 언론의 평가는 점점 거칠어지는데다 아이맥을 사용하던 나조차도 하키퍽 마우스를 포기하고 더 편한 마우스를 구입한 참이었다.

나는 잡스 자신도 인정하는 몇 가지 사실들을 터놓고 말했다. 먼저 이 모험으로 애플 브랜드가 타격을 입었다고 말했다. 하지만 나를 정말로 힘들게 했던 것은 우리가 전문가용 사용자들을 홀대하는 것이 아닌가 하는 점이었다. 아이맥 구매자들(대부분이 개인용 사용자들이었다)에게 이 마우스를 제공하는 것 자체가 문제였고, 더군다나 파워맥

G3는 전문가용이었다. 그들에게 이 마우스는 그저 쓰레기에 지나지 않았다. 하루종일 정확하게 일 처리를 해야 하는 사람들에게 이처럼 꼴사나운 마우스는 도무지 어울리지 않았다.

"전문가용 사용자들에게는 이 마우스가 정말 무례한 것이라고 생각합니다." 내가 말했다.

잡스는 잠시 입을 닫은 채 미소도 없이 묵묵히 서 있었다. 순간 내가 지나친 게 아니었나 하는 생각이 들었다. 바로 그때, 그가 무표정한 얼굴로 내 눈을 바라보더니 한마디 내뱉었다. "엿 같네!"

잠깐 동안 나를 조바심 나게 했던 그가 느닷없이 웃음을 터뜨렸다. 전문가용 사용자든 아니든 고객을 누구보다 사랑하던 그가 내 불평에 잠시 장난을 친 것이다. 그는 애플의 실수를 분명히 알고 있으며 다른 마우스로 대체하라는 지시도 이미 내렸다고 했다. 그러고는 아이같이 흥분된 목소리로 신형 마우스에 대해 설명하기 시작했다. 속이 비치는 멋진 외형에 초정밀도를 자랑하는 레이저 마우스를 제작할 것이라고 했다. 그 정도면 다른 사람들은 물론이고 전문가용 사용자들도 반길 듯했다. 애플은 이미 실수를 딛고 일어나 해결책까지 수립한 상태였다. 오로지 해결책의 공개만 남아 있었다. 어느 인터뷰에서 잡스는 이런 말을 했다.

혁신을 추구하다보면 실수할 때도 있습니다. 그때는 빨리 인정하고 다른 방면으로 혁신을 발전시키는 것에 매진하는 것이 최선입니다.

단순함은 지난 문제에 얽매이는 것을 싫어한다. 오직 앞으로 나아가기만을 바랄 뿐이다. 실수를 인정하려면 고통도 따르지만 고객들은 그런 정직함을 인정한다. 신형 마우스를 공개하자 하키퍽 마우스도 금방 옛 기억으로 변했다.

파워맥 G4 큐브. 뛰어난 디자인으로 뉴욕 현대미술관 영구 소장품에 선정된 이 컴퓨터도 애플의 유명한 실패작 중 하나다. 큐브의 가장 큰 문제는 지나치게 비싼 가격이었다. 애플의 엔지니어들이 가격을 낮추기 위해 노력했지만 한계가 있었다. 우리와의 정례 회의 직전에 이 소식을 접한 잡스는 당황하는 기색이 역력했다. 일반 소비자들도 구입할 수 있는 수준에서 가격을 책정하기 위해 혼신을 다했지만 결국은 전문가용보다 비싼 가격을 받아들일 수밖에 없었다. 실망감 속에서 그는 이 제품의 실패를 예견했다. 실제로 이 모델은 공개 후 1년 만에 생산을 포기했다.

하지만 이것 역시 애플이 문제를 신속히 해결하고 앞으로 나아간 모범적 사례였다. G4 큐브는 애플의 역사에 오점으로 남았지만, 그 빈자리를 다른 혁신 제품들이 재빨리 메웠다.

브랜드 은행의 현금처럼

잡스가 '브랜드 은행brand bank' 개념의 광신자가 된 이유는 성공과 실패를 반복하는 비즈니스의 숙명 탓이었다. 그는 회사의 브랜드가 은행

계좌와 비슷하다고 믿었다. 인기 제품을 출시하거나 유명 광고를 방영하는 것처럼 회사에 좋은 일이 있을 때는 브랜드 은행으로 예금이 들어오는 것을 의미한다. 반대로 어설픈 마우스나 값비싼 컴퓨터의 출시처럼 경영에 문제가 생겼을 때는 돈이 빠져나간다. 브랜드 은행의 잔고가 충분할 때는 힘든 시기도 무난히 헤쳐나갈 수 있지만, 잔고가 바닥났을 때는 긴축을 적극적으로 고려하게 된다.

잡스는 강력한 브랜드를 구축해야 하는 중요성에 대해 여러 번 강조했다. 그리고 브랜드 은행의 잔고를 넉넉하게 유지한 덕분에 여러 차례 득을 보기도 했다. 최근에 가장 부정적이었던 사례 하나는 그 유명한 '안테나게이트' 논란이다. 아이폰4가 출시되자 일부 언론과 유명 블로거들이 안테나 디자인의 결함을 거론하며 애플을 공격했다. 언론의 부정적인 보도뿐 아니라 방송 진행자들의 비아냥거림에도 불구하고 애플의 고객들은 믿음을 잃지 않았다. 시간이 흐르면서 이 사례는 과잉반응의 예로 기억되었을 뿐이며 더이상의 악영향도 없었다. 브랜드 은행의 잔고가 넉넉했던 덕분에 애플은 차별화된 대응을 할 수 있었다.

단순함의 위력 활용하기

지난 10년간 애플이 거둔 성과만 해도 측정이 불가능할 정도다. 유능한 엔지니어들과 디자이너들, 생산자들, 마케터들이 집단을 형성하고 기술력과 예술 감각, 허세까지 절묘하게 조합해 기적을 창조한 결과다. 또한 그들 모두는 사소한 부분까지 완벽함을 요구하며 스스로 높은 기준을 유지한다.

그렇다면 단순함을 통해 당신도 미래의 애플을 건설할 수 있을까? 업계에서 가장 유능한 직원들을 대량으로 확보한다면 얼마든지 가능하다. 단순함을 통해 당신의 회사에서도 놀라운 성과를 거둘 수 있을까? 당연하다. 단순함은 그 자체가 목표가 아니다. 단순함은 회사의 목표를 달성하도록 돕는 방향등이다. 당신의 일과 회사의 경영 프로세스에 단순함의 원칙을 적용하는 시점부터 그 위력을 실감하게 될 것이다.

이것이 애플이 추구해온 방식이다. 애플은 이처럼 근원적인 힘을 포용했고 회사 내부의 모든 영역에 적용했다. 단순히 어려운 차원을 넘어서는 힘겨운 일들도 많지만 애플은 가차없이 단순함을 추구해 성공을 쟁취했다.

단순함의 옹호자로서 당신의 목표 역시 매우 높아야 한다. 단언컨대 단순함이 당신의 회사를 높은 경지로 이끌 것이며, 당신이 아주 유익한 기술을 터득하는 데도 도움을 줄 것이다.

인간은 본능적으로 단순함에 끌리기 때문에 누구라도 그 힘에 다가갈 수 있다. 지금까지 당신은 애플이 단순함의 원칙들을 고수해온 과정을 지켜보았다. 이제는 당신이 애플과 같은 길을 걷는 데 필요한 실용적인 수단들이 무엇인지 생각할 시간이다.

냉혹하게 생각하라 Think Brutal 심술궂게 굴 필요까지는 없지만 냉혹할 정도로 솔직해야 한다. 솔직하되 지엽적인 진실을 피하라. 당신과 관계된 사람들에게도 동일하게 요구하라. 무엇을 생각하고 있는지 추측할 필요가 없을 때 사람들은 더 집중하고, 더 긍정적이며, 더 생산적으로 변모한다. 긍정적이든 부정적이든, 솔직함이 모든 상호작용의 바탕이 되게 하라. 앞으로 당신은 소중한 시간과 에너지의 낭비를 피할 수 있을 것이다.

작게 생각하라 Think Small '똑똑한 사람들의 작은 집단' 개념을 신봉하겠다고 맹세하라. 새로운 프로젝트팀을 구성할 때 이 개념이 유익하다는 사실을 기억하라. 이 개념은 단순함의 핵심요소이며, 당신이 그 투사가 되어야 한다. 똑똑한 사람들의 작은 집단은 더 나은 결과와 더 높은 효율로 이어지며 사기도 높다. 또한 최종 의사결정권자가 정기적으로 참여하지 않는 프로젝트는 의심해야 한다. 중요한 부분이다. 의사결정권자가 프로세스의 막바지에 나타나 이러쿵저러쿵하는 것은 실패의 지름길이다.

최소로 생각하라 Think Minimal 상대가 고객이든 동료든, 한 가지 이상을 이야기할 때는 주의가 분산될 수 있음을 명심하라. 여러 메시지를 전해야 할 때는 그 모두를 하나로 묶을 수 있는 공통의 주제를 찾아 강조할 필요가 있다. 당신의 말을 기억시키고 싶을 때는 여러 가지를 말할수록 상대방은 받아들이기 힘들다는 사실을 기억해야 한다. 선택의 바다에서는 아무것도 선택할 수 없다. 내용이 최소화된 제안일수록 인상적이다.

가동성을 생각하라 Think Motion 완벽한 프로젝트 기한을 설정하기란 성배를 찾는 일만큼이나 쉽지 않다. 상당한 노력이 필요하지만, 기한을 제대로 정한다면 이미 성공의 기반을 닦은 것과 다름없다. 당신에게 기한 설정의 책무가 없더라도 그 일을 담당한 이들에게 영향력을 행사할 수는 있다. 많은 사람들이 마감 기한을 그저 받아들이고서는 지키지 않는다. 적절한 기한 설정은 적절한 인력 배치만큼 중요하다. 늘 '느긋한' 기한을 경계해야 한다. 누구나 알고 있듯이 어느 정도의 압박감이 있어야 목표에 더 빨리 다가갈 수 있기 때문이다. 일정에 여유가 있으면 생각이 많아져 자칫 아이디어가 훼손될 수 있다. 항상 가동성을 생각해야 한다.

상징을 생각하라 Think Iconic 마케팅 업무와 관련이 없는 직종이더라도 당신의 아이디어와 정신을 상징화하는 이미지를 고안함으로써 생각을 구체화할 수 있다. 특히 마케팅에 종사하는 사람은 이런 방식의 사고가 절대적으로 필요하다. 무엇을 발표하고, 어떤 제품을 판매하고, 누구를 설득하려 하든, 듣는 이들을 매료시키는 이미지의 힘을 간과해서는 안 된다. 효과적인 이미지를 찾는 것과 파워포인트로 프레젠테이션을 포장하는 것은 완전히 다르다. 세상은 이미 포장으로 넘쳐나며 대부분은 아무 의미도 없다. 당신이 가진 아이디어의 본질을 포착할 수 있는 개념적 이미지를 찾아야 한다. 단순하고 확실해야 좋다.

동료나 대중과 소통할 때도 동일한 원리가 적용된다. 개념적 이미지는 사람들이 당신의 회사나 아이디어, 제품 등을 오래도록 기억하게 하는 손쉬운 방법이다. 기억하기 쉬운 이미지는 단어보다 훨씬 효과적으로 전달된다. 단순함을 추구하는 사람들이 이미지에 의존하는 이유도 여기에 있다.

표현 방식을 생각하라 Think Phrasal 모든 업종에서 더 많이 고민해야 할 부분이다. 단어의 위력은 크지만 많은 단어를 쓴다고 해서 더 효과적인 것은 아니다. 오히려 혼란만 가중시키는 경우도 많다. 회사 내부의 일에서든 아니면 고객과의 소통에서든, 완벽한 논문을 제시한다고 해서 반드시 똑똑하다고 할 수 없다. 도리어 사람들을 내쫓는 결과를 초래하기도 한다. 많은 카피라이터들이 본질을 놓치고 있다. 지적인 단어를 쓴다고 해서 더 똑똑하게 보이는 것은 아니다. 당신과 회사를 더 똑똑하게 보이게 하는 가장 좋은 방법은 아이디어를 단순하고 명확하게 표현하는 것이다. 듣는 사람이 누구든 이것이 가장 효과적이고 자연스러운 소통 방법이다. 단순한 문장, 단순한 단어를 사용해야 한다. 단순함이 곧 현명함의 양식이다. 적은 말로 많은 의미를 전할 수 있다.

애플의 웹사이트는 지적 소통의 입문서와 같다. 처음부터 끝까지 내용이 명쾌하며, 간결함과 솔직함 속에서 애플의 '똑똑함'이 잘 드러난다. 수많은 사람들이 수많은 시도를 거듭하는 이 세상에서는 단순함이 오히려 최고의 청량제일 수 있다.

제품 네이밍도 마찬가지다. 단순하고 자연스러운 이름은 사람들에게 오래 기억되지만, 이상한 용어와 제품 번호 같은 것들은 그렇지 않다. 사람들이 당신의 제품에 다가서도록 하려면 자연스럽게 연결되는 제품명이 필요하다. 제품 네이밍은 단순함으로 즉시 성과를 거둘 수 있는 영역 중 하나다.

평소처럼 생각하라 Think Casual 잡스는 대기업의 함정을 피하려 노력했다. 규모가 작고 위계질서도 느슨한 회사를 경영하는 것이 모두에게 생산적이며 더 큰 회사로 성장할 가능성도 높아진다. 정형화된 회의나 형식적인 프레젠테이션으로도 정보를 전달할 수 있지만 팀을 더욱 가깝게 묶어주거나 의욕을 북돋우기는 어렵다. 일방적인 설명보다는 오가는 대화를 통해 더 많은 것을 얻을 수 있다는 사실을 기억하라. 사실 아직도 예전 방식으로 옷을 입고 행동해야 할 때가 많다. 하지만 내부적으로, 또 의뢰인들과의 일상적인 관계에서는 형식에 얽매이지 않도록 애써야 한다.

실제로 창조적 아이디어의 상당수는 브리핑 도중에 나누는 자유로운 대화를 통해 중요 단어나 문장이 오가면서 생겨난다. 샤이엇에서 애플을 위해 만든 유명한 문구들도 이런 식으로 탄생했다. 단순함의 이득을 거머쥐고 싶다면 크게 생각하되 행동도 그래서는 안 된다. 잡스가 증명했듯이 대기업으로 성장하는 가장 효과적인 방법은 작은 회사의 문화를 유지하는 것이다.

인간을 생각하라 Think Human 무뚝뚝해야 하는 직종에서 일하지 않는 이상, 일하면서 무뚝뚝할 필요는 없다. 때로는 수치나 도표를 과감히 무시하고 가슴으로 말할 수 있는 용기도 필요하다. 보이지 않는 것도 매우 중요할 수 있음을 기억하라. 사람과 관계를 형성하는 가장 간단하고 효과적인 방법은 사람의 목소리로 말하는 것이다. 회사에서 특정 목표집단을 공략할 때도 꼭 기억해야 한다. 모든 표적은 사람이며 사람은 단순함에 반응한다. (같은 인간으로서) 당신의 종족을 진실하게 대해야 한다.

회의적으로 생각하라 Think Skeptic 사람들의 첫 반응이 회의적일 수 있다고 예상하라. 조금만 더 노력하면 충분히 가능한데도 복잡함은 자꾸만 당신에게 어렵다고 속삭인다. 덮어놓고 부정적인 반응부터 보이는 사람보다 저마다 가진 재능을 통해 기적을 창조할 수 있다고 믿는 사람이 더 좋은 결과를 달성할 수 있다.

다른 사람들의 낙담이 당신의 아이디어를 훼손하지 못하도록 해야 한다. 밀고 나가야 한다. 한 사람 또는 한 협력사와 만족할 수 없다면 다른 이를 찾아야 한다. 잡스는 누구든 선뜻 할 수 없는 이 일을 가장 잘 했다. 이 일에 관해서만큼은 명성을 얻을 만했다. 그는 가차없이 아이디어를 실행했고 사람들에게도 그렇게 하도록 요구했다.

당신의 독자성과 타당성에도 자부심을 가져야 한다. 정황에 부합하는 사실과 의견을 구해야 한다. 조언하는 사람들의 전문성을 엄격히 고려하고, 당신의 장기적 목표처럼 그 조언자들의 전문성을 넘어서는 범위도 감안해 그들의 조언을 평가해야 한다. 잡스는 단기 비용이 상당히 많이 들더라도 미래의 수익이 더 크다면 개의치 않았다. 진정한 리더에게는 정황을 살펴보고 합리적으로 판단하는 능력이 있다. 단순함은 상식에 부합하는 행동을 주저하지 않는다. 그 행동이 설령 전문가의 의견과 상반되더라도 말이다.

전쟁을 생각하라 Think War 극단의 시기에는 극단의 척도가 필요하다. 당신의 아이디어가 삶과 죽음의 문제와 직결된다면 극단의 시기가 맞다. 전쟁터의 군인은 한 번의 타격으로 무너질 수 있다. 따라서 먼저 타격해야 한다. 모든 방해물을 제거해야 한다. 당신이 가진 아이디어의 생명이 위태로울 때는 정면 승부밖에 도리가 없다. 가능한 한 모든 무기를 동원하라. 가능하면 일방적인 경쟁 우위도 활용해야 한다. 그리고 당신에게 가장 효과적인 무기는 바로 당신의 '아이디어를 향한 열정'임을 잊지 마라.

단순함이라는 종교를 널리 전하자

크고 작음을 떠나 변화에 저항하는 것은 인간의 자연스러운 본성이므로 조직 구성원들의 태도와 행동양식을 바꾸는 일 역시 만만치 않다. 하지만 잡스의 유산 덕분에 그 일이 조금이나마 수월해졌다. 잡스는 비범한 기업을 건설해 화려하게 성공했고, 가장 치열하게 싸운 경쟁자들로부터도 존경을 받았다. 그의 업적은 비단 기술과 마케팅 부문만을 매혹시킨 것이 아니다. 거의 모든 업계가 그의 업적에 매료되었다. 그만큼 애플의 혁신이 세상에 끼친 충격은 컸고, 잡스의 삶 자체도 놀라운 뉴스거리가 되었다.

그러므로 앞으로 당신이 전파할 단순함의 가치는 모호한 경영 전문가들이 지지하는 이상한 이론들과는 차원이 다를 것이다. 비즈니스 역사에서 가장 성공적이고 또 중요한 인물들 중 한 사람이 휘두른 무기에 대해 이야기하게 될 테니 말이다. 단순함을 도입해 애플이 만끽한 성공을 언급하고 당신의 비즈니스와도 적절히 병행해 설명한다면 매우 유익한 시간이 될 것이다.

프로젝트를 진행하면서 만나는 사람들이나 팀들에게 단순함이라는 종교를 설파할 수도 있다. 이보다 더 좋은 방법은 팀을 만들거나 전사적 회의를 개최해 어떻게 하면 회사를 단순화할 수 있을지 의논하는 것이다. 이런 회의를 할 때는 미리 팀을 편성해 회사를 단순화할 아이디어를 찾도록 하는 것도 좋다. 전형적인 업무방침부터 프로젝트 팀 구성과 위임방식까지, 제품과 서비스의 개발 및 개선방식부터 회사와 의뢰인의 교류방식에 이르기까지 많은 분야에서 단순화 아이디어를 찾아낼 수 있을 것이다. 사람들에게 새로운 규칙을 따르도록 강제하는 일은 늘 어렵지만, 자기만의 단순화 아이디어를 생각해보게 한다면 회사 내부에서는 하나의 움직임으로 확산될 수 있다.

단순함은 전염된다. 사람들이 당신을 통해 그 이점을 깨닫는 순간부터 바람직한 집착으로 발전할 수 있다. 애플의 역사적인 성과에서 보듯이 말이다.

잡스의 '단순함의 기념비'

애플이 보여주듯이 단순함은 여러 형태로 표출된다. 하나의 아이디어일 수도, 하나의 완제품일 수도 있다. 영감이나 최종 결과일 수도, 하나에서 다른 하나로 이어지는 프로세스일 수도 있다.

단순함이 다른 어떤 개념보다도 우수한 이유가 여기에 있다. 단순함은 당신이 하는 일의 모든 측면과 당신을 둘러싼 모든 일들, 당신의 회사가 운영되는 모든 방식을 포괄적으로 바라보는 개념이다. 단순함의 렌즈를 통해 세상을 바라보기 시작하면 당신의 비즈니스를 개선할 방법이 얼마나 많은지 깨닫고 놀라게 될 것이다.

당신의 비즈니스 중 특정 부분을 심플 스틱으로 내려칠 수도 있다. 그러나 단순함의 진정한 힘은 애플이 그랬듯이, 전사적인 집착에서 비롯된다. 애플을 북돋아 파산 직전에서 엄청난 기적으로 이끈 이 단순함을 따라, 당신 회사의 모든 부분들이 연합해 거대한 힘을 발휘할 수 있다. 잡스는 단순함이라는 종교를 회사의 영혼 깊숙이 주입해 애플이 오랫동안 번영을 이룰 수 있는 기반을 조성했다.

이런 의미에서 보면, 잡스가 거둔 최대의 업적은 맥이나 아이팟, 아이폰, 아이패드가 아니다. 그는 일찍이 누구도 생각지 못한 무언가를 성취했다. 그것은 바로 단순함의 기념비다. 그리고 그 기념비가 바로 애플이다.

애플은 단순함의 위력을 입증하는 증거물이자 그 길을 따르려는 사람들을 위한 청사진이다. 단순함은 오로지 당신의 이해와 헌신, 열정을 요구한다. 물론 잡스 같은 냉혹함이 더해진다면 더 큰 힘을 발휘할 것이다.

어려움도 많을 것이다. 그만큼 당신은 복잡한 세상에서 일하며 살아가고 있다. 그러나 그렇기 때문에 열매도 더 달콤할 것이다. 복잡함이 곳곳에 도사리는 이 세상에서도 단순함을 지향하는 사람들은 분명히 남들과는 다른 열매를 얻게 될 것이다.

단순함을 위하여!

이 책은 지난 10~20년에 걸쳐 나도 깨닫지 못한 사이에 서서히 스며 나왔다. 문을 열어젖히고 눈을 뜨게 해준 사람들에게 큰 빚을 졌다.

그 사람들 중 첫번째는 단연 스티브 잡스다. 나를 제대로 면접할 기회조차 없었음에도 우리가 만났을 때 다행히 나를 사무실 밖으로 내쫓지 않은 그에게 감사한다. 만약 그가 나를 내쫓았다면 이 책의 소재가 보험회사 광고를 만드는 과정이 되었을지도 모르겠다.

깊은 감사를 전해야 할 또 한 사람은 TBWA샤이엇데이의 대장이자 내게 잡스의 크리에이티브 디렉터로 일할 기회를 준 리 클로우다. 이 일은 샤이엇데이 광고회사에서 내가 맡은 네번째 임무였는데, 세번째 임무를 끝냈을 때 그가 내게서 볼 건 다 봤다고 판단했더라면 역시 이 책은 존재하지 못했을 것이다.

그런데 잡스와 클로우에게 감사할 수 있는 것은 스티브 헤이든 덕분이다. 그는 존 스컬리 시절에 샤이엇에서 BBDO로 자리를 옮기면서 처음으로 내게 애플과 일할 기회를 줬다. 그리고 몇 년 후에는 오길비Ogilvy에서 IBM의 세계를 접할 수 있게 해주었다. 헤이든은 애플 고유의 목소리를 만들어냈을 뿐 아니라 내게는 카피라이팅의 신과 같은 존재다.

이 모든 일을 책 한 권에 모으기로 한 것은 최근의 일이다. 오스틴에서 일하던 시절, 동료였던 밸러리 하우스라덴에게 책임을 돌려야 할지도 모르겠다. 그녀의 블로그 만드는 일을 도와주다가 나만의 블로그를 시작하게 되었고, 그녀의 책 『전문직의 운명Professional Destiny』의 편집을 도와주다가 내 책을 쓰게 되었다. 책을 쓰다가 잘 안 되면 뉴욕 도서박람회에 가보라고 제안한 사람도 밸러리였고, 덕분에 그곳에서 나의 구상은 더욱 선명해졌다.

멋있고 통찰력 있는 이웃이자 당시 출판계에서 일하던(나중에 생각을 바꿔 컵케이크 사업으로 전향했다) 세라 슈나이더가 도서박람회에 나온 자기네 부스에 한 번 들르라고 말한 적이 있었다. 순전히 우연이었지만 세라는 나를 경영서 전문가인 토드 새터스턴에게 소개했고, 그는 내 아이디어에 크게 흥미를 느끼고 이런저런 조언을 해주었다. 그는 이 업종에 대해 놀랄 정도로 많은 것을 알고 있었다.

토드는 유명한 에이전트들과도 친분이 있었다. 문학 에이전트인 크리스티 플레처를 소개받았는데, 처음 만난 그날 이후 크리스티는 늘 열정적이고 협조적인 태도를 보였다. 비록 사무실 밖에서 울리던 요란한 착암기 소리 때문에 어떤 이야기를 나눴는지 제대로 기억나지 않는 첫 만남이었지만 말이다.

그 무렵 나를 에이드리언 잭하임이 창립한 포트폴리오와 연결해 준 사람도 크리스티였다. 에이드리언은 내 아이디어에 활기를 불어넣었을 뿐 아니라 가능한 모든 방법을 동원해 포트폴리오를 마치 내 공간처럼 느낄 수 있도록 해주었다. 편집자 코트니 영에게도 깊은 감사를 전한다. 수많은 단어들을 가로지르며 사고를 구체화하고 정제하는 그녀의 능력은 정말 놀라웠다. 그녀의 명석함은 제쳐두더라도, 그녀는 나를 내 자신으로부터 구원시켜줄 능력도 있었다. 이외에도 감사해야 할 포트폴리오 사람들이 많다. 홍보팀의 어맨다 프리츠커, 에릭 메이어스와 디자인팀, 그들 모두가 내게 큰 도움을 주었다.

골드버그 맥더피의 정열적인 홍보담당자 앤절라 헤이예스와 동료들에게도 깊이 감사한다. 더불어 수많은 사람들의 도움과 인내와 조언이 없었더라면 이 책은 오래전에 불쏘시개가 되었을 것이다.

마이클 릴랜더와 톰 위트는 넥스트 시절부터 20년 넘게 크리에이티브 파트너이자 절친한 친구, 또한 곁에서 양심을 일깨워주는 존재로 함께해왔다. 마이클은 이 책을 디자인하는 데 큰 보탬이 되었고, 톰은 이 책을 읽고 현명한 조언을 해주는 데 많은 시간을 할애했다. 두 사람 덕분에 희미했던 기억들을 훨씬 선명하게 재구성할 수 있었다. 여러 해 동안 동료로 지내온 스티븐 소넨펠드와는 IBM과 인텔, 델과의 전투를 함께 치렀다. 자신의 기억과 분석을 이 책에 담을 수 있도록 도와준 그에게 감사한다.

포르투갈에서 언어 전문가로 일하고 있는 누이 지타 시걸 네토는 내 24시간 문장 위기대응팀이었다. 지타는 내게 정말 소중한 존재다.

남동생 노엄도 이 책의 법률팀을 지휘하며 내가 감옥에 가는 일이 없도록 늘 대기중이다.

'다르게 생각하라' 시절에 애플 수석 마케터를 지낸 앨런 올리보는 힘들고도 아름다웠던 시간을 함께 보낸 전우이자 기억을 되살리는 능력이 탁월한 친구였다. 로스앤젤레스의 영혼을 지닌 오스틴의 디자이너 롭 켈은 나의 크리에이티브 공명판이자 신선한 관점을 지닌 한 쌍의 눈이자 가끔은 기대어 울 수도 있는 어깨와 같은 존재였다. 『나를 꿈꾸게 하는 회사Bury My Heart at Conference Room B』의 저자 스탠 슬랩은 저술과 홍보라는 마법 같은 세상을 내게 이해시키느라 많은 시간을 소비하면서도 자애로운 모습을 잃지 않았다.

마지막으로, 지난 1년 동안 내가 문 닫힌 방안에 틀어박혀 있었던 것을 이해해주고, 이제야 그 증거를 확인하게 된 아내 수전과 아들 제러미에게 특별한 고마움을 전한다. 날 두고 둘만 휴가를 다녀왔으니 이제는 공평한 것 같다. 이 두 사람은 참으로 놀라운 인내심을 가졌다. 가끔은 그러한 인내심을 또 보여주기를 기대하고 있다.

지금까지 소개한 이들 외에도 이 책이 빛을 보기까지 도움과 의견을 준 이들이 많다. 그 모두에게 진심으로 감사를 전한다.

켄 시걸

"심플함이 복잡함보다 더 어려울 수 있습니다.
심플해지려면 생각을 비우려고 노력해야 합니다.
그러나 결국 이것은 그럴 만한 가치가 있습니다.
심플함에 이르는 순간, 산맥도 옮길 수 있을 테니까요."

스티브 잡스

옮긴이 김광수

중앙대학교 문과대학을 졸업하고 미국 인디애나 주립대학에서 연수 프로그램을 이수했다. 2000년부터 경제경영서 및 자기계발서 전문 번역가로 활동하고 있다. 주요 역서로는 『우리는 어떤 사람에게 끌리는가』 『서번트 리더십』 『우리는 왜 실수를 하는가』 『순간 설득』 등이 있다.

미친듯이 심플

1판 1쇄 2014년 4월 4일
1판 18쇄 2023년 11월 27일

지은이 켄 시걸 | 옮긴이 김광수
책임편집 고선향 | 편집 황은주 임혜지 박영신
디자인 김현우 최미영 | 저작권 박지영 형소진 최은진 서연주 오서영
마케팅 정민호 서지화 한민아 이민경 안남영 왕지경 황승현 김혜원 김하연 김예진
브랜딩 함유지 함근아 고보미 박민재 김희숙 박다솔 조다현 정승민 배진성
제작 강신은 김동욱 이순호 | 제작처 한영문화사(인쇄) 경일제책(제본)

펴낸곳 (주)문학동네 | 펴낸이 김소영
출판등록 1993년 10월 22일 제2003-000045호
주소 10881 경기도 파주시 회동길 210
전자우편 editor@munhak.com | 대표전화 031)955-8888 | 팩스 031)955-8855
문의전화 031)955-3579(마케팅) 031)955-1905(편집)
문학동네카페 http://cafe.naver.com/mhdn
인스타그램 @munhakdongne | 트위터 @munhakdongne
북클럽문학동네 http://bookclubmunhak.com

ISBN 978-89-546-2438-1 03320

잘못된 책은 구입하신 서점에서 교환해드립니다.
기타 교환 문의 031) 955-2661, 3580

www.munhak.com